本书为2022年辽宁省社会科学规划基金重点项目"体认语言学视域下的英汉隐喻性习语研究"（项目编号：L22AYY007）的部分研究成果。

中英教育交流史

王　静　著

湖南师范大学出版社

·长沙·

图书在版编目（CIP）数据

近代中英教育交流史 / 王静著. —长沙：湖南师范大学出版社，2022.11
ISBN 978-7-5648-4474-5

Ⅰ.①近… Ⅱ.①王… Ⅲ.①教育—国际交流—教育史—中国、英国—近代 Ⅳ.①G523.3

中国版本图书馆 CIP 数据核字（2022）第 019073 号

近代中英教育交流史
Jindai Zhong-ying Jiaoyu Jiaoliu Shi

王　静　著

◇出　版　人：吴真文
◇组稿编辑：李　阳
◇责任编辑：李　阳
◇责任校对：李　航
◇出版发行：湖南师范大学出版社
　　　　　　地址/长沙市岳麓区　邮编/410081
　　　　　　电话/0731-88873071　0731-88873070
　　　　　　网址/https：//press.hunnu.edu.cn
◇经销：新华书店
◇印刷：天津画中画印刷有限公司
◇开本：710 mm×1000 mm　1/16
◇印张：15.75
◇字数：280 千字
◇版次：2022 年 11 月第 1 版
◇印次：2024 年 8 月第 2 次印刷
◇书号：ISBN 978-7-5648-4474-5
◇定价：68.00 元

凡购本书，如有缺页、倒页、脱页，由本社发行部调换。
投稿热线：0731-88872256　微信：ly13975805626　QQ：1349748847

序

　　王静博士的中英教育交流史研究从 2012 年开始,至今已近十年。在中外教育交流史研究领域,虽然也曾发表过大量近代中英教育交流的学术论文,但是全面系统的研究相对较少。因此,抱着强烈的好奇心,凭借勇于探索的精神以及查阅英文资料方面的一定优势,她毅然决然地踏上了这条艰辛的拓展之路,从收集原始资料着手,夯实研究基础。

　　2013 年,王静博士采用"关键词共词"分析方法,了解改革开放以来近代中英教育交流研究成果所涉及的主要问题领域,以相关问题领域研究中的薄弱环节为项目研究的生长点,启动原始资料的查阅整理工作。

　　2014 年,在浙江大学的图书馆、教育学院图书资料室,王静博士初步掌握了研究所涉及的主要中英文专著、基本史料线索,制作资料目录。

　　2015 年,她利用高等教育文献保障系统(CALIS)管理中心与香港特别行政区大学图书馆长联席会(JULAC,包括香港大学、香港中文大学、香港城市大学、香港科技大学、香港浸会大学、香港理工大学、香港教育学院、岭南大学 8 所高校成员馆)的文献传递服务平台,在其开放期间,每天到辽宁师范大学图书馆,按照规则及时登录平台,共提出 23 篇文献传递申请,最终获得 23 篇珍贵英文原始文献的部分章节。其次,去上海徐家汇藏书楼，查阅英国传教士在中国活动的原始记载；在华东师范大学图书馆，下载与中英教育交流相关的硕士和博士论文（英文版）。再次，去北京国家图书馆、中国第一历史档案馆，收集"奏为留学英国海军毕业生考试成绩比照成案量予奖励恭折仰祈""英国政制考目录""奏为英绅设立学会研究中国文明掌故拟恳"等原始档案。最后，去上海图书馆、复旦大学图书馆，在中外电子数据库里，采集到一部分电子原始文献。

2016年，她两次去香港沙田商务印书馆、海港城的诚品书店，搜寻及阅读相关文献。去北京大学图书馆特藏阅览室（318室），阅读缩微资料Missionary Periodicals from the China Mainland（中国大陆教会期刊汇编），复制并购买了英国教会在华兴办学校、医院及教堂等方面的电子原始文档。通过交流，她结识了在北京图书馆的其他资料收集者，间接获取到英国Adam Matthew Publications出版公司来自欧洲、北美洲与澳大利亚的图书馆与档案馆馆藏的原始手稿、稀有图书以及其他学术资源。

2017年，她去辽宁省档案馆、中国医科大学（沈阳）盛京医院档案管理中心，查阅英国传教士在奉天创办教会学校的历史档案，收集苏格兰基督会司督阁传教士创办奉天医科大学的详细资料。

另外，她还请中国留学生张丹阳博士、美国弗吉尼亚大学访学者曲大鹏博士、美国阿尔弗莱德大学访学者王云老师等，远道邮寄在国内收集不到的部分英文原始资料。以上原始资料的运用可从全书注释中得到印证。这是本著作的一大亮点，为后继的研究提供了有价值的资料线索。

王静博士以中外文化传播理论为主要依据，建构理论分析框架。从排异与相容、修正与调适、疏离与溯源、假借与发明等多个维度，梳理近代中英教育交流复杂、多变、衍生、迭代的全过程。从历史性与时代性、民族性与世界性、普遍性与特殊性等多种属性出发，分析概括近代中英教育交流的阶段性特征和文化互动的外在原因及内在动力。结合运用文献分析法和个案研究法，从宏观、中观、微观三个角度，客观描述近代中英教育交流的主要事实，力求揭示近代中英教育交流发展的基本规律，谨慎评价近代中英教育交流的历史影响与当代价值。

近代中外教育交流是在殖民扩张背景下，在西方帝国主义武装侵略与文化渗透交错进行的复杂格局中逐步展开的。鸦片战争爆发，中国败北，充分暴露了封建社会制度的没落。东西方思想的碰撞与视域融合，触及近代中国社会的根本性变革，这是中外教育交流的重要社会功能之一。在近代中国社会走向世界的起伏动荡历程中，英国成为19、20世纪对中国影响最大的国家之一。从时间上看，英国利用宗教对中国进行文化输入，早于利用坚船利炮进行武装侵略。

罗伯特·马礼逊是近代中英教育交流的先驱者。早在1807年，他受英国伦敦传道会派遣，以传教为使命，来到中国。1818年，他在马六甲创办英华书院（后迁校到香港），这是英国基督教最早在中国创办的学校。不过它的教育对象并非中国人，而是英国传教士。这表明文化传播具有辩证关系：其一，欲求输出必先输入。近代英国传教士首先主动学习中国语言，尽管目的在于向中国输入基督教文化。其二，"文化共享性"与"文化不可通约性"相辅相成。最早在中国建立的英式教堂，几乎都以圣母玛利亚替代耶稣圣像，这是利用东方"观音送子"的文化图式传播西方宗教文化的一种表象。其深层意蕴为："文化共享性"是文化传播的基本前提，即文化的不可通约性是文化传播的主要障碍。

刺激传教士来华办学的原因是直接向中国人传播基督教的效果微乎其微，这迫使他们不得不另辟蹊径，尝试从差会教育体制入手，兴办在华教育机构。而中国传统教育在抵御西方列强入侵时的"空疏无用"，导致其在近代中国社会变迁中的失落，为英国教会教育输入提供了一种内在契机。传教士们通过兴办教会学校，将西方宗教和西方自然科学同时输入中国，与中国先进志士追求"师夷长技以制夷"的初心和动机产生了某种契合。因此，从19世纪40年代到20世纪初，英国教会学校在中国迅速建立，形成"初等教育—中等教育—高等教育"这样一套完整的教会教育体系，成为近代中国新教育体系建立过程中无法漠视的一种参照系。其中，苏格兰基督会传教士司督阁创办的奉天医科大学，在办学特色、办学模式上都成为中国北方高等医学教育的一个范例。伴随中国社会的现代发展，民族与民主意识的觉醒，中国教育现代化的内部动力和资源也逐渐形成与活跃起来。直至1949年中华人民共和国成立，英国教会学校被全部收回，经过根本性改组，并入了中国教育体系之中。

1840—1949年，中英教育交流始终伴随着冲突与融合、革旧与创新的博弈。英国传教士曾以在中国传播西学的主导者自居，积极推动晚清中国教育改革，不断向清政府及其官员提出建议、拟订方案、发表意见，并直接参与中国的新式教育改革运动。李提摩太是其中最为典型的一位代表。张之洞是在看过他递呈山西巡抚的改革方案之后，才发生了从"清流党"到"洋务派"的转变，遂成清末中国教育改革的领军人物。说李提摩太的教育主张影响了张之洞，并非言过其实。

与此同时，中国最早的报纸、杂志等媒介，都在积极传播英国教育思想。例如，1909年，上海商务印书馆创办了《教育杂志》，1919年创办了《新教育》等，都大肆介绍、引进和宣传"英国基础性教育学科""应用性教育学科"和"英国教育主张及其教育革新"，包括洛克的绅士教育、赫胥黎的科学教育、斯宾塞的学科教育、罗素的进步主义教育等，反映近代中英教育交流对中国教育走向世界发生过一定的积极作用。

近代中国虽战乱丛生，但从未放弃过对世界教育发展的主动追求。持续不断地派遣中国赴英留学生的事实可以提供佐证。从晚清朝廷到北洋政府，再到南京国民政府，一以贯之地派遣留英学生。官费包括中央派遣、地方派遣、军队派遣以及中英庚款公费留学等方式。在官派影响下，民间自费留学也逐渐兴起，包括学生自费留学、英国协会资助留学等方式。留学英国在近代整个中国留学教育中位列前茅。留英学生群体在开创近代中国新式教育中贡献较为突出。如官费留英学生严复，是清末倡导新式教育的杰出代表，在近代中国教育界占据重要地位；民间留学生曾宝荪，因率先倡导湖南女子教育，成为近代中国提倡女子教育的先锋人物；北洋舰队的管带大多数为1876年赴英，在海军学校学习和实习过五年的留学生，他们在中国海军建设方面的贡献有目共睹。其中不乏为国捐躯的爱国志士，成为国人学习的榜样。

毋庸置疑，近代中英教育交流主要特征是双向互动。漂洋过海的中国人必然携带着中国历史、哲学、文化、教育等领域的知识，生活在英国，使接触过他们的英国人受到潜移默化的影响。另外，英国大学也曾主动邀请中国学者前往英国进行教学和演讲。其中的代表人物有王韬、李四光、张彭春、费孝通等。为方便交流活动的展开，专门的机构——中英文化协会于1933年成立。中国文化教育向英国传播，从隐性到显性，就这样静悄悄地发生了。

同样，近代大批英国传教士、外交官和商人，乘着鸦片战争的炮船到达中国后，也开始了认识、熟悉、理解、研究中国的历程。一些原本就具有学术背景的传教士和外交官，潜心观察、深入研究，写出和发表了很多关于中国文化、思想、制度、习俗等方面的文章和著作，使古老的中华文明播撒在英国的文化土壤之中。一些英国有识之士开始寻求在大学推动设立汉语班，以此作为研究中国学问的前沿阵地。伦敦大学、牛津大学、剑桥大学等大学纷纷设立了相关汉学研究职位，以适应中英教育交流越来越广泛的需要。而较为熟悉中国的传教士自然而然就成了汉学教授的首选之人，如牛津大学的理雅各、布勒克、苏慧廉就是代表性人物。汉学在英国得以传播，间接否定了殖民语境中的"文化优劣说"，使"文化差异"是"教育交流原始动力"的文化传播理论得以验证。

在近代中英教育交流过程中，各自的文化要素会在碰撞中成为影响对方文化突变的重要因素，或者变为对方文化要素中的一个重要组成部分。在两种文化之间，不可避免会发生一种视域融合现象，由此促进各自民族文化的创新和发展。这种相互排异与吸收、相互冲突与融合的互动过程，就是近代中英教育交流的全过程，它展现出教育交流的文化共享性、文化互惠性、文化创新性，这也是当代中外教育交流的动机与归宿，折射出近代中英教育交流史研究的重要现实价值。

王静博士的研究还处于起步阶段，其研究成果还仅仅是冰山一角，还有更多的问题有待探究。

是为序。

杨　晓

2021年12月于新华同仁轩

目 录

绪论 …………………………………………………………………… (1)

第一章 近代英国在华教育的启动与演进 ………………………… (31)
  一、近代英国在华教会教育产生的历史背景 ……………………… (31)
    （一）英国资本主义的发展及殖民扩张 ………………………… (31)
    （二）新教外传与世界格局的动荡 ……………………………… (32)
    （三）英国教会教育渗透中国的契机 …………………………… (34)
  二、近代英国在华教会学校的产生及发展 ………………………… (37)
    （一）1840—1900 年：英国在华教会教育起步阶段 …………… (37)
    （二）1900—1922 年：英国在华教会教育拓展阶段 …………… (41)
    （三）1922—1949 年：英国在华教会教育停滞阶段 …………… (51)
  三、近代英国在华教会高等学校的个案研究 ……………………… (54)
    （一）司督阁与奉天医科大学的创建 …………………………… (55)
    （二）奉天医科大学的医学教育 ………………………………… (57)
    （三）奉天医科大学的历史意义及局限性 ……………………… (77)

第二章 近代英国教育思想在中国的译介与传播 ………………… (80)
  一、李提摩太的教育主张对清末中国教育改革的介入 …………… (80)
    （一）从传教为业到关注教育的角色转换 ……………………… (82)
    （二）提出改革中国教育的主张 ………………………………… (83)
    （三）践行改革中国教育的主张 ………………………………… (87)
    （四）对近代中国教育改革的影响 ……………………………… (91)

二、《教育杂志》对英国教育思想的导入 …………………（92）
　　（一）介绍英国基础性教育学科 ……………………（93）
　　（二）介绍英国应用性教育学科 ……………………（94）
　　（三）宣传英国教育主张和教育革新思想 …………（97）
三、英国教育家的教育思想在中国的传播 ………………（102）
　　（一）近代报刊对英国教育家的引介 ………………（103）
　　（二）罗素教育思想在中国的传播 …………………（105）

第三章　近代中国的留学英国教育 …………………………（115）
一、近代中国留学英国教育概貌 …………………………（115）
　　（一）官费留学派遣 …………………………………（116）
　　（二）民间自费留学 …………………………………（129）
　　（三）近代中国留学英国教育的主要特征 …………（135）
二、近代中国留英学生人文社会科学博士论文的文本分析 ……（137）
　　（一）近代人文社会科学的留英博士名录 …………（139）
　　（二）近代人文社会科学留英博士论文的统计分析 ……（152）
　　（三）近代人文社会科学留英博士群体的教育作为 ……（156）
三、留英生严复、曾宝荪的教育贡献 ……………………（159）
　　（一）严复的留英经历及其在中国教育界的重要地位 ……（159）
　　（二）曾宝荪的留英经历及其归国后的教育活动 …（167）

第四章　近代以降汉学在英国的传播 ………………………（175）
一、向英国传播汉学的中国学者和机构 …………………（175）
　　（一）晚清时期对英国传播汉学的学者代表 ………（176）
　　（二）民国时期对英国传播汉学的学者代表 ………（177）
　　（三）中英文化协会对汉学向英国传播的推动 ……（181）
二、英国大学汉学研究的概况 ……………………………（181）
　　（一）牛津大学的汉学研究 …………………………（182）
　　（二）剑桥大学的汉学研究 …………………………（184）
　　（三）伦敦大学的汉学研究 …………………………（187）
　　（四）利物浦大学、维多利亚大学欧文学院的汉学研究 ……（190）

三、活跃在牛津大学的汉学教授 ……………………………（190）
　（一）牛津大学设立汉学教授岗位 ……………………（190）
　（二）研究与传播汉学的先锋学者：理雅各 …………（193）
　（三）研习汉学的典型：布勒克 ………………………（195）
　（四）从归国传教士到汉学家：苏慧廉 ………………（204）
　（五）未能成行的牛津大学汉学教授：陈寅恪 ………（211）

结语 …………………………………………………………（215）

参考文献 ……………………………………………………（219）

后记 …………………………………………………………（236）

绪 论

一、选题缘起及意义

（一）问题提出

教育交流是人类文化交流的重要内容，是促进各民族、国家和地区教育发展的强大动力①，无论这种交流是在什么背景下发生的。然而，在当代中外教育交流史的研究热潮中，关于近代中英教育交流的研究寥寥可数，这引发了我强烈的好奇心。当我回顾百年前的历史时，无论政治、经济，还是文化方面，都不得不承认英国当属最强盛的国家。1840年，世界霸主英国用它的坚船利炮打开了中国的大门，迫使中国这艘古老的航船也驶入了世界的海洋。"……这个十九、二十世纪的怪物帝国主义，乃完全成熟，举世界一切的弱小民族，弱小国家，乃无一不为欧洲的洪水所淹灭，无一不为欧洲的势力所笼罩，于是这个不幸的东方，不幸的中国，也为大潮所卷，卷入漩涡，一直到今日还无由自拔。"② 正如马克思在《中国革命与欧洲革命》中提及："英国的大炮破坏了中国皇帝的威权，迫使天朝帝国与地上的世界接触。"③ 中英教育关系就发生在这样一种历史境遇之中，它需要有人进行系

---

① 田正平. 中外教育交流史［M］. 广州：广东教育出版社，2004：1.
② 国民外交丛书社. 中英关系略史［M］. 上海：中华书局，1929：7.
③ 中共中央马克思恩格斯列宁斯大林著作编译局. 马克思恩格斯选集（第二卷）［M］. 北京：人民出版社，1972：3.

统与全面的研究，来进一步拓展和丰富中外教育交流史的研究。因为当时的很多文人都认为此乃五千年中华帝国第一次败给了外来蕞尔小邦，以孔孟之道为中心的中华文化败给了西方外来的"蛮夷"文化，这使关心中国的士大夫阶层为之震撼。于是传播西学、师夷长技已然成为朝野共识，中国有识之士开启了向西方探索、学习和交流的过程。那么，一边是老牌帝国主义、殖民主义的工业化国家，一边是饱受外国列强欺辱的半殖民地半封建社会的中国，双方军事与政治层面的对抗，不可能与文化精神层面毫无关系[1]。伴随着武装入侵，其文化渗透也逐步深入。可以说，中英鸦片战争拉开了中国近代史的序幕，也开启了中英教育交流之门。在这种两国经济政治地位极其不平等的情况下，中英教育交流是如何展开的，对两国文化教育发展又产生了什么作用呢？

笔者通过查阅相关文献资料发现：迄今为止，对近代中英教育交流进行系统、深入历史考察的研究成果尚不多见，仅有一些专题研究散见于各种专著、期刊之中。"多年来，中国学者在研究近代中国与外国国家间关系时，凡20世纪对中国影响越大的国家，其与中国的关系得到的研究就越充分。英国和美国可以说分别是19、20世纪对中国影响最大的国家，但近年中英关系史的研究成果在数量上与中美关系史研究根本不成比例。后者有一个较为庞大的研究队伍，有专门的学会，而研究晚清中英关系史的学者却屈指可数。"[2] 因此，如果想进一步全面深入系统地开展近代中英教育交流史的研究，必须对相关研究进行梳理，了解已有研究的主要问题领域，分析其研究的不足，以发现该领域研究的新视点、新问题。笔者自2012年起追随导师杨晓教授学习中外教育交流史，并受到史学研究的基本训练，同时从事英语语言的学习和研究已逾二十年，使用英语查阅文献驾轻就熟，以此为基本前提，大胆地以"近代中英教育交流史"为题，力求在充分挖掘史料的基础上，考察1840—1949年间中英教育交流的历史进程及影响。

---

[1] 叶隽. 异文化博弈：中国现代留欧学人与西学东渐[M]. 北京：北京大学出版社，2009：20.

[2] 吴义雄. 国史、国际关系史与全球史：晚清时期中外关系史研究的三个视角[J]. 史学月刊，2017（7）：13-14.

（二）选题意义

英国历史与哲学家柯林伍德曾指出：历史研究的终极目的并非使人知晓过去，而是需要理解现在①。并且，"一切历史都是当代史"②。因而，本书关于近代中英教育交流的历史探析，力图凝聚理论和实践两个层面的价值，为当代中外教育交流提供可资借鉴的经验。

1. 填补近代中英教育交流专门、系统研究的空白

近年来中外教育交流的整体研究已取得了丰硕的成果，例如宏观上的中外教育交流史的专著已经面世，国别史研究中的中美、中日教育交流的研究已经硕果累累，中法教育交流史专著也已出版；但对于中英教育交流的研究却很不充分，大量的英文资料尚未被挖掘与利用。长期以来，中英教育交流研究仅限于中欧教育交流研究的一个组成部分，至今没有一部独立完整的近代中英教育交流史专著问世。因此，本书力图以宏观与微观相结合的视角，揭示近代中英教育交流的特点及互动关系。

2. 丰富和深化中外教育交流的国别研究

以近代中英教育交流现象作为研究对象，通过对其全面、系统和深入的研究，把教育交流放在中国整个教育现代化进程中加以考察，可以揭示这种交流对加快我国教育现代化步伐所产生的影响，并深化中外教育交流的历史进程研究。本书力求辩证地揭示英国传教士在中国近代教育交流中的地位和作用、英国教育思想在中国的传播与实践、留英生在中英教育关系中扮演了何种角色以及近代以降汉学如何在英国传播等一系列问题。

与此同时，"近现代中外关系史，就其地缘政治和国际关系角度来说，顾名思义当属'跨国史'及'共有的历史'范畴。因为这部历史本身就是一部中国人和外国人共同参与（无论是正面抑或负面）的历史，深受国际和国内各种综合因素的影响和制约。"③ 因此，考虑到英国对近代中国的实际影响以及英国在当时国际关系体系中的重要地位，展开中英教育交流研究

---

① COLLINGWOOD R J, DRAY W H, VAN DER DUSSEN W J. The Principles of History and Other Writings in Philosophy of History [M]. New York: Oxford University Press. 1999: 140.
② 克罗切. 历史学的理论和实际 [M]. 傅任敢, 译. 北京: 商务印书馆, 1982: 1-3.
③ 徐国琦. 作为方法的"跨国史"及"共有的历史"[J]. 史学月刊, 2017 (7): 20.

还可以加深国别研究。

3. 启迪与促进当代中外教育交流的实践

"在中国国力迅速增强、国际地位持续上升的情况下,无论是为了维护、增进国家和国民的海外利益,还是为了更好地承担国际责任,都需要我们全方位地、更加深入细致地了解中国与外国交往的历史,以形成明智、理性、有效、具有前瞻性的策略和整体战略。"① 也就是说,随着中华文化教育日益走向世界,中外教育交流也相继在世界范围内广泛地开展起来。在这个过程中,我们若能及时有效地掌握中国与外国文化教育交流的一般规律和历史经验,将为中国文化教育走向世界奠定重要的理论基础。因此,总结、检讨并反思近代中国和英国之间教育交流的历程,可以启迪与促进当代中外教育交流实践。当前,文化自信成为全民共识,而中华文化的发展和复兴必然要主动地对外进行文化传播和文化宣介。其中,在教育交流方面要以史为鉴,在当下及未来展开中英国际教育交流时,既要在吸收和借鉴中开拓中国教育的新征途,也要在文化自信的引领下通过融合、创新的方式用中国文化教育去影响世界。

二、研究现状综述

就笔者所查阅和掌握的文献资料而言,迄今为止对近代中国和英国之间教育交流做系统、深入的历史考察的研究成果尚未得见。近代中英教育交流的研究零散地、片段化地分布在专题研究和相关著作中。专题研究中,笔者首先运用"关键词共词"计量分析方法对中国知网(CNKI)数据库提供的数据进行检索,从而探索已有关于近代中英教育交流研究的主要问题领域;然后借助档案、回忆录、日记、书信、文集等基本史料和专著中部分章节,用质性分析方法进一步探索和补充近代中英教育交流研究的领域。对中英教育交流问题的相关研究可从现存的中英关系史、中外文化交流史、中外教育

---

① 吴义雄. 国史、国际关系史与全球史: 晚清时期中外关系史研究的三个视角[J]. 史学月刊, 2017 (7): 14.

交流史研究领域发现部分内容与章节。

(一) 中英教育交流史专题研究概要

关于专题研究概要,笔者主要从两方面展开。首先,以1978年改革开放为时间起点,运用"关键词共词"计量分析方法对中国知网(CNKI)数据库的相关研究数据,对教育交流的主体和载体这两个维度进行检索,以勾勒出近四十年来我国近代中英教育交流研究发展的基本脉络;然后借助档案、回忆录、日记、书信、文集等基本史料和专著中部分章节的材料进行质性分析并描述已有专题研究的主要观点、内容、方法及贡献。

1. 基于期刊论文的"关键词共词"计量分析

具体操作步骤:第一步,以"近代—教育、晚清—教育、民国—教育"为关键词,对1978年到2017年的文献进行精确检索,共检索出33,513条相关文献。第二步,以"英国"作为检索条件,对33,513条相关文献进行第二次检索,共检索出12,017条相关文献。第三步,对12,017条相关文献进行优化,剔除重复文章及关联不紧密的文章后,最终获取相关性较高的文献共383篇,并以此作为基本材料,分析并描述1978—2017年中英教育交流研究成果发展的基本脉络,如图0-1所示。

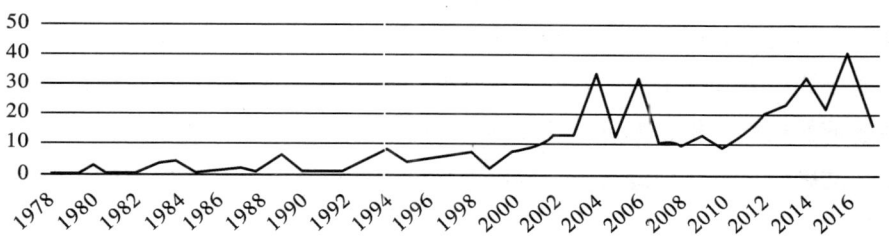

图0-1 1978—2017年近代中英教育交流研究文献折线图

由图0-1可知,1978年以来,我国近代中英教育交流研究成果的数量时高时低,但整体趋向增长。进入21世纪,研究成果较为突出的四个年度分别为2004年、2007年、2014年和2016年。通过阅读文献原文进行深入分析,笔者未能发现这四个峰值年有什么特殊背景,似乎是随机的。这从一个侧面反映出学术研究的旨趣及热潮的兴起与时势和政治经济发展并非只具有线性关系。这引发了笔者对中外教育交流研究基本原理问题的一种思考。

首先，教育与政治、经济的非线性关系决定文化可以作为政治与经济的中介作用于教育。其次，中外文化教育交流具有相对独立性。表现为：在时间上，它与政治、经济对教育的影响作用可以是不同步的，即可以超越或落后于现实政治经济的发展，这是由文化的历史延续性决定的；在空间上，文化的影响可以超越一定经济共同体、政治共同体的区域范围而流传，这是由文化的普遍性决定的。文化的这两种属性决定了它对教育还具有直接作用。由此，在中外教育交流过程中，不可避免地会产生文化教育对政治与经济的偏离现象以及文化教育超越经济和政治共同体的区域范围的流动现象。这两种现象的存在，必然导致中英教育交流研究的复杂性和不确定性，因此，需要进行更多方面的深入探究才能更加客观地反映事实真相。而对已往研究的主要问题领域进行考察，是拓展更多方面新研究的必要前提。

关键词是学术论文的眼，是论文的核心思想所在。通过关键词，不仅可以检索到文献，还可以了解文献涉及的领域和内容[①]。"关键词共词"分析是指通过对揭示文献主题概念的关键词出现频次的统计，总结出这一领域的研究热点，然后将采集到的数据、信息进行归纳、总结，从而进行分析，并转化为图像、图形等直观的视觉表现形式，即以可视化形式显示结果（也称之为知识图谱[②]）。这种分析作为一种文本内容分析技术[③]，具有两大特征：一是通过分析在同一个文本主题中的款目（单词或名词短语）共同出现的形式，确认文本所代表的学科领域中相关主题的关系；二是通过对高频主题词的聚类分析，发现已有的研究热点。本书采用这种技术，目的是直观、准确地描述和把握改革开放以来我国近代中英教育交流研究的主要问题领域。

首先，通过对关键词词频进行分析，可以有效地确定研究重点。关键词出现的频率越高，则越能体现出该领域的研究重点（见表0－1）。

---

① 姜春林，杜维滨，李江波.经济学研究热点领域知识图谱：共词分析视角 [J].情报杂志，2008（9）：78.
② 陈悦，刘则渊.悄然兴起的科学知识图谱 [J].科学学研究，2005（2）：149－154.
③ 刘则渊，尹丽春.国际科学学主题共词网络的可视化研究 [J].情报学报，2006（5）：634－643.

表 0-1　1978—2017 年近代中英教育交流研究文献高频关键词

排名	关键词	频次	百分比	排名	关键词	频次	百分比
1	近代中国	36	2.9%	15	近代化	12	0.96%
2	教会学校	34	2.7%	16	新式学堂	11	0.88%
3	晚清	29	2.3%	16	洋务运动	11	0.88%
3	近代	29	2.3%	17	女子教育	10	0.8%
4	留学生	28	2.2%	17	影响	10	0.8%
4	福州船政学堂	28	2.2%	18	李提摩太	9	0.72%
5	教育近代化	23	1.8%	18	傅兰雅	9	0.72%
6	传教士	21	1.67%	18	北洋水师学堂	9	0.72%
7	严复	20	1.59%	19	基督新教	8	0.64%
8	近代教育	19	1.51%	19	封建教育	8	0.64%
9	留学教育	18	1.44%	19	新教传教士	8	0.64%
10	教育	17	1.36%	19	特殊教育	8	0.64%
11	基督教	16	1.28%	19	传教活动	8	0.64%
12	中国近代教育	15	1.2%	19	中国教育	8	0.64%
13	教育思想	14	1.12%	20	郭嵩焘	7	0.56%
14	西方传教士	13	1%	20	教育改革	7	0.56%
15	山西大学堂	12	0.96%				

经过 Excel 软件统计，对 383 篇文献去重优化，共统计出 1254 个关键词，而排在前 12 位的高频关键词如表 0-1①，分别是教会学校（34）、留学生（28）、福州船政学堂（28）、教育近代化（23）、传教士（21）、严复（20）、留学教育（18）、基督教（16）、教育思想（14）、西方传教士（13）、山西大学堂（12）和近代化（12）。由此可见，教会学校、留学生、福州船政学堂、教育近代化是这一领域首要的研究重点，而传教士、严复、留学教育、基督教、教育思想、西方传教士、山西大学堂、近代化次之。这种仅仅以高频度为标准抽取的关键词，是对研究重点的一种聚类分析。然

---

① 注：此处不包括"近代中国、晚清、近代、近代教育、教育、中国近代教育"等没有分析意义的关键词。

而，它无法区分各个研究主题之间的并列或包含关系。例如：有关教会学校的研究无法脱离传教士研究，这便是词频分析的一种局限性。因此，虽然量化分析应用于历史研究比质性分析更具有说服力，但是，量化分析与质性分析的结合才更具合理性。

其次，通过可视化分析建立研究重点的网络图谱。利用 Ucinet 软件将关键词进行可视化分析，得到"关键词共词"网络图谱（如图 0-2 所示），图中每一个节点代表一个关键词。

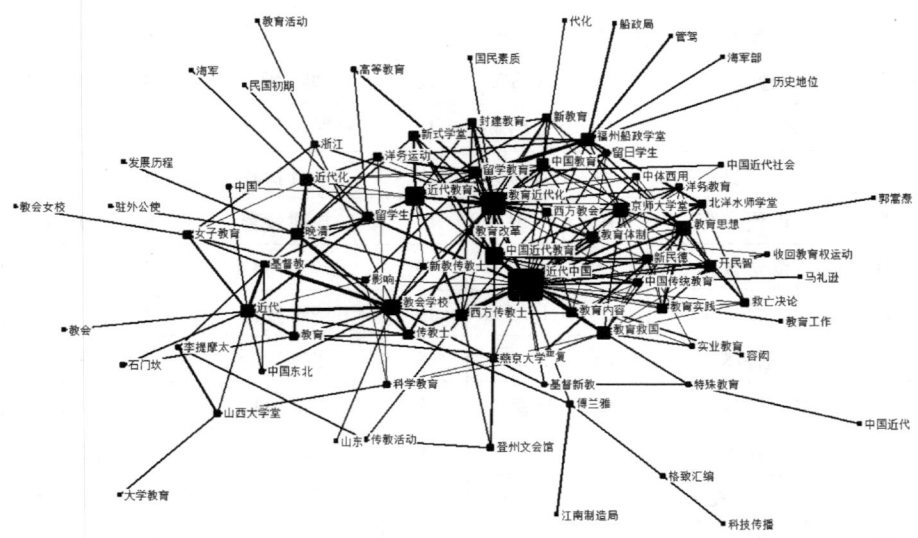

图 0-2　1978—2017 年近代中英教育交流研究相关文献"关键词共词"网络图谱

由"关键词共词"网络图谱可知，围绕在关键词"近代中国"四周中心度最高的关键词，首先是教会学校、留学教育、留学生、福州船政学堂、教育思想等；其次，虽然节点大小程度并不突出，但连线较多的是西方传教士、山西大学堂等；另外，通过对各节点之间连线的观察，可以看出教会学校、留学生、留学教育、西方传教士、教育近代化等关键词与近代中国的联系相对较为密切。这一分析结果与词频分析的结果基本一致，它有效地印证了通过词频分析得出研究重点的相对可靠性。结合前人收集原始资料的情况，笔者认为，研究重点与历史史实的吻合度相对较高。这从另一个侧面反映出中英教育交流史的研究重点首先受制于史实，其次受限于收集到的资料，而并非仅由主观想象力和现实需要所决定。其中，关于研究在一定程度上受制于是否占有充分的原始资料这一点，也可以说明研究重点与现实政治经济发展之间存在一种非线性关系。当然，对研究重点关注的程度与投入精力的多少，还与研究者的价值取向与学术兴趣等主观因素密切相关。这些主观制约因素的存在仍然是研究重点与政治经济发展之间存在非线性关系的一种旁证。

以词频与可视化分析为基本前提，结合对相关研究文献内容的深入阅读理解，笔者将已有研究重点归纳为三个主要问题领域：一是以学校为交流载体的英国传教士在华教育活动的研究，二是以中国留学生为交流主体的赴英人员教育交流活动的研究，三是以译著与期刊为交流载体的英国教育思想在中国传播的研究。

2. 基于综合史料、专著的质性分析

基于期刊论文"关键词共词"分析得到的三个近代中英教育交流研究的主要领域。笔者通过文本内容分析验证以往研究的主要领域，然后综合收集到的中英文史料、专著中的部分章节和学术论文的文本资料，找寻到中英教育交流专题研究的其他领域，如关于英国"庚款兴学"的研究以及汉学在英国传播的研究。

（1）英国传教士在华教育活动的研究

国外学者对英国传教士在华教育活动的研究颇多。Cui Dan（1998）[①]指出近代中国现代教育的起源和发展与许多传教士紧密相连，他们的影响极其深远。其专著第四章讲述了20世纪20年代英国教会的教育成就。在20世纪20年代后期，英国教会教育机构数量增加，尽管规模并不是很大，但其品质上升却十分明显。通过提高教育质量，完善新的科学成果，教会教育者们将主要注意力集中在他们作为教育模范的角色上。在中等和高等教育阶段，他们明确的教育政策就是提高学术的标准和效率，并把英国的初等和中等教育模式移植到中国，通过教会之间的合作来强化高等教育的作用。安德鲁·波特（Andrew Porter）（2004）[②]探讨了英帝国的历史、英国国内以及全球范围内特征显著区域或殖民地社团的宗教和教会的历史、教会与帝国相互作用的特定主题。其专著第八章论及鸦片战争后进入中国的第一位传教士

---

① CUI D. The Cultural Contribution of British Protestant Missionaries and British—American Cooperation to China's National Development during the 1920s [M]. Lanham: University Press of America, 1998: 1–41.

② PORTER A. Religion Versus Empire: British Protestant Missionaries and Overseas Expansion (1700—1914) [M]. Manchester: Manchester University Press, 2004: 191–211.

雒魏林（Dr William Lockhart，1811—1896）及其继任者的医学传道。德贞博士（Dr John Dudgeon，1837—1901）被聘任为京师同文馆的解剖学教授，使得同文馆很快成为西学传播的载体。1872—1875 年"伦敦宣道会三杰"之一的艾约瑟（Dr Joseph Edkins，1823—1905）在北京创办近代中文期刊《中西闻见录》（*The Peking Magazine*），该刊每月一期，介绍近代西方的科技知识、工艺技术等。伟烈亚力（Alexander Wylie，1815—1887）因将西方的数学专著译成中文而出名，他还积极帮助创建上海格致书院。同时他作为皇家亚洲学会华北分会（习称亚洲文会，North China Branch of Royal Asian Society）的创立者，为西学传播到中国做出了巨大贡献。对他而言，世俗活动和宗教活动，两者没有任何冲突。威尔士浸礼会传教士李提摩太（Timothy Richard，1845—1919）因参与过 1876 年到 1879 年中国北方的洪灾治理，建议中国建立与西方文明相关的基督教，并且认为通过教育精英将基督教传播到中国是非常重要的。由此可见，雒魏林及后继者都非常赞同基督教与支撑教育机构背后的西方文明的紧密关联，然而这些传教士传播西学活动却带有英帝国对外征服的侵略烙印。Ling（1999）① 在专著的第一章具体探讨了从 1807 年到 1945 年英国传教士在中国具体语境中对福音传播所做出的调整，从而使他们兼有医疗工作者、教育工作者和社会工作者等身份；在 20 世纪 20 年代的反基督教运动、30 年代的新生活运动和 40 年代的共产主义运动中，传教士在传教工作中采取了综合性的传教策略。第二章到第五章探讨了传教工作的复杂性。

布鲁斯·劳里（Bruce R. Lawrie）（1979）② 主要从两个方面来探讨中国的基督教教育，一方面从历史的纵向来探讨，另一方面从个案研究的角度探讨了由英、美、加拿大三国基督教会的 5 个差会共同开办的华西协合大学，得出建立华西协合大学的意义：其一，为当地学习西方文化和技术建立了一个活生生的榜样；其二，大大影响了学生的世界观和生活方式；其三，大学教育者的理论思想对中国社会秩序，特别是社会流动产生一定程度的影响。

---

① LING O K. The Changing Role of the British Protestant Missionaries in China (1945—1952) [M]. London: Associated University Press, 1999: 25 – 51.

② LAWRIE B R. Educational Missionaries in China: A Case Study of the Educational Enterprise of the Canadian Methodist Mission in Szechwan, West China (1891—1925) [D]. Toronto: University of Toronto, 1979: 180 – 191.

尤妮斯·约翰逊（Eunice V. Johnson）（2001）①的博士论文指出：1880年，英国传教士李提摩太首次表明了他对中国高等教育的见解，并且在担任《时报》主编、广学会总干事以及作为中华教育会的积极分子时，积极传播他的教育改革观。论文聚焦于李提摩太通过山西大学堂的建立，践行他对中国近代高等教育改革的主张。本杰明·路易斯·费舍尔（Benjamin Louis Fischer）（2008）②的博士论文指出尽管传教士为特定的福音群体，但其文字作品的影响从普通文化领域扩展到鸦片战争中的外交政策。该文论证了英帝国对华传教事业的改变主要是通过英国文化中的福音霸权主义来实现的。

国内学者研究英国传教士在华的教育活动众多。近代中英教育交流中的开拓者和先锋是1807年受英国伦敦传道会（Church Missionary Society）派遣来中国传教的罗伯特·马礼逊（Robert Morrison，1782—1834）。国内关于马礼逊的研究颇多，其中与教育交流相关的研究有：史静寰（1988）③，熊月之（1994）④，仇华飞（1995）⑤，孙培青（2000）⑥，朱秀平、马明霞（2004）⑦，丁伟（2004）⑧，商颖（2007）⑨，乐璐璐（2016）⑩ 等人的研究，这些研究均论及了马礼逊创办的英华书院以及它在中国近代教育变革中的地位。

19世纪后半期在中国最为著名的来华西人之一傅兰雅，与其相关的教育交流的研究也较多。刘雪河（1995）⑪指出，1874年，英国传教士傅兰雅和化学家徐寿创办了我国最早的科学教育机构之一——上海格致书院，同

---

① JOHNSON E V. Educational Reform in China (1880—1910): Timothy Richard and His Vision for Higher Education [D]. Gainesville: University of Florida, 2001: 160 - 183.
② FISCHER B L. "Opium Pushing and Bible Smuggling": Religion and the Cultural Politics of British Imperialist Ambition in China [D]. South Bend: University of Notre Dame, 2008: 114 - 122.
③ 史静寰. 马礼逊与英华书院 [J]. 文史知识, 1988 (12): 88 - 92.
④ 熊月之. 西学东渐与晚清社会 [M]. 上海: 上海人民出版社, 1994: 93 - 129.
⑤ 仇华飞. 马礼逊教育会与马礼逊学校的创办 [J]. 华东师范大学学报（哲学社会科学版）, 1995 (2): 21 - 25.
⑥ 孙培青. 中国教育史 [M]. 上海: 华东师范大学出版社, 2000: 291 - 294.
⑦ 朱秀平, 马明霞. 简论教会书院的产生及其影响 [J]. 晋图学刊, 2004 (3): 78 - 80.
⑧ 丁伟. 布朗与马礼逊教育会学校的英语教学 [J]. 广西社会科学, 2004 (5): 177 - 180.
⑨ 商颖. 论马礼逊学校西式教育模式及对中国近代教育的影响 [J]. 浙江社会科学, 2007 (3): 108 - 113, 126.
⑩ 乐璐璐. 马礼逊学校与中西文化交流 [D]. 南昌: 江西师范大学, 2016.
⑪ 刘雪河. 我国最早的科技期刊 [J]. 上海高校图书情报学刊, 1995 (2): 36.

时也创办了我国最早的科技期刊——《格致汇编》，并且介绍西方科技知识。王扬宗（2000）① 阐述了英国人傅兰雅在清末输入西方科学技术过程中所起到的作用及其所做的贡献。王红霞（2006）② 在博士论文中首先介绍了1861年来华的英国人傅兰雅在中国香港、北京和上海所从事的教育活动，即对江南制造总局翻译出版的各类关于近代西方科技知识的书籍进行时间上和学科上的统计分析，然后列出了傅兰雅所办《格致汇编》的出版情况及发表的文章等，最后论述西书中译的意义和他在格致书院的筹建中发挥的作用。戴吉礼（2010）③ 呈现了收藏在美国加州柏克利大学档案馆的全部傅兰雅英文档案。徐淑兰（2013）④、刘汝举（2014）⑤ 侧重介绍傅兰雅的翻译西书事业、筹建格致书院创办《格致汇编》以及其在美国加州大学执教指导学生，与世界著名高校东方学学者交流，广开世界了解中国和中国融入世界的大门。李敏、王金凤（2006）⑥，宫宏宇（2012）⑦，于潇（2009）⑧ 等也探讨了傅兰雅在上海英华书馆和格致书院所从事的教育活动。

有关英国伦敦会传教士艾约瑟与教育关系的研究也有。汪晓勤（2001）⑨ 侧重介绍艾约瑟在中西科学交流方面所做的工作。吴霞（2005）⑩ 的研究主要涉及艾约瑟在中西文化交流中的影响，其影响包括不仅使中国人了解到许多西方科技知识，而且还对中国丰富的科技知识进行了研究。此外，艾约瑟对汉语言有研究，特别是对上海的方言研究；艾约瑟还支持女子教育，并提出女子教育的标准，使其正规化。邹小站（2008）⑪ 详细地介绍

---

① 王扬宗. 傅兰雅与近代中国的科学启蒙 [M]. 北京：科学出版社，2000.
② 王红霞. 傅兰雅的西书中译事业 [D]. 上海：复旦大学，2006.
③ 戴吉礼. 傅兰雅档案 [M]. 桂林：广西师范大学出版社，2010.
④ 徐淑兰. 傅兰雅与中西文化交流 [J]. 兰台世界，2013（4）：115-116.
⑤ 刘汝举. 傅兰雅对中西文化交融的贡献 [J]. 兰台世界，2014（19）：13-14.
⑥ 李敏，王金凤. 傅兰雅在华英语教学研究——以上海英华书馆为个案研究 [J]. 中国西部科技，2006（23）：83-84.
⑦ 宫宏宇. 基督教传教士与西国乐法东渐——从傅兰雅的教学实践看"主音嘎乏"教学法在晚清的传播 [J]. 南京艺术学院学报（音乐与表演版），2012（3）：1-8，161.
⑧ 于潇. 在历史与现实之间——格致书院办学特色及其启示 [J]. 河北师范大学学报（教育科学版），2009，11（1）：59-64.
⑨ 汪晓勤. 艾约瑟：致力于中西科技交流的传教士和学者 [J]. 自然辩证法通讯，2001（5）：74-84.
⑩ 吴霞. 英国伦敦会传教士艾约瑟研究 [D]. 福州：福建师范大学，2005.
⑪ 邹小站. 西学东渐：迎拒与选择 [M]. 成都：四川人民出版社，2008：271-276.

了艾约瑟翻译的《西学略述》和《格致总学启蒙》。

关于李提摩太在中英教育交流方面相关的研究有：李提摩太（2005）① 详细记录了他在晚清的 45 年经历，其中有关山西大学堂的创建最为全面，并强调山西大学堂为深处内陆的山西省打开了一个通向世界的窗口；史降云，申国昌（2006）②，王李金、段彪瑞（2011）③，段彪瑞、王李金（2012）④ 等探讨了李提摩太创建山西大学堂及他对办学的思考；刘雅军（2004）⑤ 介绍了李提摩太译介的西方历史书籍《泰西新史揽要》；刘中猛（2007）⑥、柯惠娟（2015）⑦ 还讨论了李提摩太倡导大兴中国教育，客观上促进了中西文化交流。

关于苏慧廉中英教育交流方面，沈迦（2013）⑧ 记录了苏慧廉在中英教育交流中做出的贡献。其中苏慧廉编写《四千常用汉字学生袖珍字典》并操办了温州艺文学堂，其妻苏路熙创办了艺文女校，开设识字、音乐、女红及简单的数学。1907 年苏慧廉正式履任山西大学堂西斋总教习，积极推进山西大学堂专业教育。在中国典籍翻译中，苏慧廉为非专业的英语读者提供了一个更现代的儒家经典《论语》的译本。苏慧廉对在中国办高等教育情有独钟，但其筹备并筹资创办的"华中联合大学"因第一次世界大战而夭折。1920 年，苏慧廉接受牛津大学的聘请，担任汉学讲座教授，成为"英国传教团为中国学术历史提供的首屈一指的人才之一"。1926 年，苏慧廉成为英国庚款顾问委员会威灵顿代表团中三位英方代表之一，直接参与庚款教

---

① 李提摩太. 亲历晚清四十五年——李提摩太在华回忆录［M］. 李宪堂，侯林莉，译. 天津：天津人民出版社，2005：282-295.
② 史降云，申国昌. 李提摩太与山西大学堂［J］. 山西师大学报（社会科学版），2006（4）：109-112.
③ 王李金，段彪瑞. 李提摩太的教育主张及参与创建山西大学堂的实践［J］. 高等教育研究，2011，32（3）：92-98.
④ 段彪瑞，王李金. 关于李提摩太"庚款"办学问题的思考［J］. 山西大学学报（哲学社会科学版），2012，35（5）：35-38.
⑤ 刘雅军. 李提摩太与《泰西新史揽要》的译介［J］. 河北师范大学学报（哲学社会科学版），2004（6）：119-124.
⑥ 刘中猛. 论李提摩太的教育思想［J］. 淮阴师范学院学报（哲学社会科学版），2007（4）：499-501.
⑦ 柯惠娟. 英国传教士李提摩太对中西文化交流的影响［J］. 兰台世界，2015（13）：92-93.
⑧ 沈迦. 寻找·苏慧廉［M］. 北京：新星出版社，2013.

育基金会筹建这起重大事件。吴艳玲（2013）① 论及英国循道公会来华传教士苏慧廉及其夫人苏路熙在晚清时期将英国音乐传播到中国，促进了中英音乐交流。文中指出，为了宗教传播，苏慧廉和苏路熙通过创办教会学校，组建唱诗班，教习西洋唱名、记谱法和演唱技巧等，客观上有利于中英音乐文化交流。端木敏静（2015）② 侧重用跨文化交际和传播的理论视角去考察和审视苏慧廉的文化传播以及与晚清温州社会文化的互动，并且从学术上对苏慧廉的汉学作品进行了研究。其论文第一章第三节基督教的本土化里涉及苏慧廉对圣乐的本土化的尝试，第二章第一节和第二节中涉及苏慧廉与艺文学堂、艺文女学，第四章侧重苏慧廉的中学西传及他的汉学作品研究。

张恩耀（1989）③、黄修义（1995）④、东人达（2003）⑤、何幼兰（2007）⑥、马玉华（2008）⑦、杜晓华（2014）⑧ 等探讨了英国循道公会在以石门坎为中心辐射滇川黔边的特殊文化区域开办的教会学校所进行的教会教育。

崔薇圃（1996）⑨、谷雪梅（2008）⑩、赵萍萍（2011）⑪、吴宁（2012）⑫、蔡香玉（2012）⑬、李蔚（2012）⑭、尹翼婷（2013）⑮、王默

---

① 吴艳玲. 苏慧廉夫妇在华音乐活动及创作［J］. 人民音乐, 2013（11）: 62-65.
② 端木敏静. 融通中西, 守望记忆——英国传教士、汉学家苏慧廉研究［D］. 杭州: 浙江大学, 2015.
③ 张恩耀. 基督教对苗族文化教育的影响［J］. 中央民族学院学报, 1989（5）: 29-33.
④ 黄修义. 论近代外国传教士对彝族教育的影响［J］. 民族教育研究, 1995（1）: 69-75.
⑤ 东人达. 滇黔川边基督教传播研究（1840—1949）［D］. 北京: 中央民族大学, 2003.
⑥ 何幼兰. 从近代石门坎民族教育得到的启示［J］. 云南民族大学学报（哲学社会科学版）, 2007（2）: 48-50.
⑦ 马玉华. 国民政府对贵州石门坎苗民基督教文化的改造政策［J］. 民国档案, 2008（2）: 61-67.
⑧ 杜晓华. 教会在石门坎的办学经验及现代启示——以课程设置及语文教材教法为中心［D］. 贵阳: 贵州师范大学, 2014.
⑨ 崔薇圃. 近代中国女子学校教育论述［J］. 妇女学苑, 1996（1）: 34-37.
⑩ 谷雪梅. 基督教传教士与近代浙江女子教育［J］. 宁波大学学报（教育科学版）, 2008（5）: 32-35.
⑪ 赵萍萍. 近代浙江教会女校研究［D］. 宁波: 宁波大学, 2011.
⑫ 吴宁. 播道与兴学——晚清英国循道会女传教士在广州活动考述［J］. 西北民族大学学报（哲学社会科学版）, 2012（4）: 72-78.
⑬ 蔡香玉. 清末民国潮汕新旧教会的妇女事业［J］. 汕头大学学报（人文社会科学版）, 2012（5）: 30-37.
⑭ 李蔚. 云南少数民族女子教会教育的历史研究（1881—1949）［D］. 成都: 四川师范大学, 2012.
⑮ 尹翼婷. 近代中国妇女宣教运动研究: 以东方女子教育促进会和英国圣公会女部为中心［D］. 济南: 山东大学, 2013.

(2014)① 等从女性研究的角度考察了英国教会所创办的女子教会学校。

高明（2003）②、邹丹丹（2006）③、胡发群（2008）④、唐伯友（2009）⑤、林炜（2014）⑥、赵倩（2016）⑦等硕士论文分别论述了湖南、东北、杭州、重庆、福建、陕西等地的教会学校发展的起源、历程以及教会学校对当地社会发展所产生的影响，其中涉及英国差会在当地所建立的神学性质及世俗化的学校教育，指出教会学校在客观上开当地新式教育的先河，推动了中国教育近代化。

（2）中英教育交流的人物研究

关于中英教育交流的人物研究主要包括在留英学生和中英政府官员、外交使节和民间人士的教育考察。

舒新城（1928）⑧ 的《近代中国留学史》是一部较早的关于近代留学生研究的著作，其中"欧洲留学之始"这章论述了留学英国教育的史实。汪一驹（1978）⑨ 认为留学生导演了中国近代史。汪著以历史的眼光，阐释了早期留学运动对中国所带来的影响，给国人提示了自强寻根的途径，也廓清了现代化过程中从西方所应移植的文化范畴。书籍第二篇描述了留英学生的概貌，第三篇详细地论及留英生严复的政治思想和嬗变中知识界的先锋人物留英生丁文江在地理学科中的作为。

李喜所（1987）⑩ 研究了早期留欧生，但没涉及民国政府和抗战时期的留英学生。黄新宪（1991）⑪ 探讨近代化进程中的留欧教育：洋务派的人才观与留欧学生的派遣、专业学习与实际历练相结合构成留欧教育的重要特征、留欧教育与新式知识人才群的崛起和历史的延续——戊戌变法失败后的

---

① 王默. 近代直隶教会女子教育研究 [D]. 石家庄：河北师范大学，2014.
② 高明. 近代湖南教会学校研究 [D]. 长沙：湖南师范大学，2003.
③ 邹丹丹. 近代中国东北基督教教会学校研究 [D]. 长春：东北师范大学，2006.
④ 胡发群. 近代杭州教会学校研究 [D]. 杭州：浙江大学，2008.
⑤ 唐伯友. 近代重庆教会学校教育之初步研究（1886—1952）[D]. 重庆：西南大学，2009.
⑥ 林炜. 福建教会学校的历史演变及其对现代教育影响研究 [D]. 福州：福建师范大学，2014.
⑦ 赵倩. 近代陕西教会学校研究（1891—1952）[D]. 西安：陕西师范大学，2016.
⑧ 舒新城. 近代中国教育史料（1）[M]. 上海：中华书局，1928.
⑨ 汪一驹. 中国知识分子与西方——留学生与近代中国（1872—1949）[M]. 梅寅生，译. 新竹：枫城出版社，1978.
⑩ 李喜所. 近代中国的留学生 [M]. 北京：人民出版社，1987.
⑪ 黄新宪. 中国留学教育的历史反思 [M]. 成都：四川教育出版社，1991.

留欧教育，这些内容里都涉及留学英国教育。王奇生（1992）① 记述了留欧的历史并客观分析了部分留欧学生在近代社会诸多方面的贡献与影响。

安宇、周棉（2000）② 从留学生的角度对鸦片战争以后到 20 世纪前期的中外文化交流做了概括、总结和分析。其间以留英学生与西方哲学在中国的传播以及留学生与中国的新史学和社会学在中国的传播与发展最为突出。刘晓琴（2005）③ 从晚清、北洋政府、国民政府三个时期详细论述了近百年留英教育的发展历程，不仅史料丰富翔实，而且对留学英国的方方面面都做了深入而细致的评述，被叶隽赞誉为留英教育的"拓荒之举"。同时，叶隽（2007）④ 在《留英学人的文化史意义与英国思想的功用追问》中提到"如何理解留英学人在英国思想东渐过程以及现代中国构建过程中的意义"，刘晓琴的《中国近代留英教育史》对此学术命题关注不够。谢长法（2006）⑤ 介绍近代中国自洋务运动期间兴起留学教育，在历经清末、北洋政府统治以及国民政府抗战前、抗战时和抗战后，留学教育几经沉浮，在不同的时期里呈现出不同的发展态势和特征。而留学英国穿插于留学欧美的章节中讨论，主要涉及留学英国的主要事件和典型人物，没有全貌和总体感。

李喜所（2010）⑥ 分别从上、中、下编娓娓述说着洋务运动时期和维新与新政时期的留学教育、晚清留学教育与中国社会。留学英国教育主要集中在第四章"习武欧陆：以军事留学为中心的留欧教育"；第七章"星布欧罗巴：留欧教育的广泛开展"。在下编里，论述了留英学生在晚清的政治变革，军事近代化，西潮东渐，移风易俗，教育近代化，近代人文、社会、自然科学的创立，在中学西传中都起到了不可或缺的作用，但留英学生在晚清社会中所发挥的作用是涵盖在整个留学生群体中的。其中严复、辜鸿铭和伍廷芳作为留英生中的典型代表，作者对其着墨颇丰。李喜所（2010）⑦ 在上、中、下编分别论述了北洋政府统治时期的留学教育、南京国民政府时期

---

① 王奇生．中国留学生的历史轨迹（1872—1949）[M]．武汉：湖北教育出版社，1992.
② 安宇，周棉．留学生与中外文化交流[M]．南京：南京大学出版社，2000.
③ 刘晓琴．中国近代留英教育史[M]．天津：南开大学出版社，2005.
④ 叶隽．留英学人的文化史意义与英国思想的功用追问[J]．中国图书评论，2007（6）：40-45.
⑤ 谢长法．中国留学教育史[M]．太原：山西教育出版社，2006.
⑥ 李喜所．中国留学通史（晚清卷）[M]．广州：广东教育出版社，2010.
⑦ 李喜所．中国留学通史（民国卷）[M]．广州：广东教育出版社，2010.

的留学教育和民国时期的留学生与中国社会。留英教育从北洋政府统治时期的困境,到南京国民政府初期(1928—1937)庚款留英的兴起和留英教育的繁荣,再到抗战时期(1937—1945)庚款留英教育的新气象,再到抗战胜利后公费、自费及英国文化协会的资助推进留英教育。民国时期的留英学生,回国后积极发起或参与到中国社会与文化的变革之中,成为推动中国社会与文化现代化的中坚力量。周棉(2012)① 从留学教育发展论、留学生与重要社团事件论、留学生与中外文化交流论、留学生人物论四个方面,揭示留学生群体与近代中国社会发展关系的基本特征。其中"留学生与中国现代哲学学科的创建"和"留欧画家金城的画论与实践"这两章中重点探讨留英学子对近代中国社会的突出贡献。

刘晓琴(2004)②、叶隽(2007)③、张莉(2014)④、田晶洁(2012)⑤、王晓红(2014)⑥、熊亦周(2016)⑦ 等对清末、民国时期赴英留学生群体进行了系统的分析,并揭示出留英学生在社会变迁中所扮演的角色。周雷鸣(2009)⑧、张艳芳(2013)⑨、张雷(2013)⑩ 等专门探讨了民国时期留英学生在建立中国地理学科中所发挥的作用。

作为留英群体中"求进步的中国人"的先驱人物严复也是研究的热点。林启彦(2004)⑪、王越(2016)⑫ 从留学生的视角通过对比来研究严复的

---

① 周棉,等. 中国留学生论[M]. 南京:南京大学出版社,2012.
② 刘晓琴. 同文馆与晚清留英教育[J]. 史学月刊,2004(8):47-51.
③ 叶隽. 留英学人的文化史意义与英国思想的功用追问[J]. 中国图书评论,2007(6):40-45.
④ 张莉. 山西大学堂西学专斋两批留英生考[J]. 山西档案,2014(4):40-44.
⑤ 田晶洁. 近代山西留学生研究[D]. 天津:天津师范大学,2012.
⑥ 王晓红. 跨文化视角下的晚清留英学生研究[D]. 北京:北京外国语大学,2014.
⑦ 熊亦周. 略论英国对近代中国高等教育影响之限度——以留学教育为切入点[J]. 湖北师范学院学报(哲学社会科学版),2016(4):95-98.
⑧ 周雷鸣. 李四光与民国时期中外地质学交流[J]. 阅江学刊,2009(1):96-101.
⑨ 张艳芳. 丁文江在中国地质学中的贡献和评价[D]. 武汉:中国地质大学,2013.
⑩ 张雷. 民国时期地理留学[J]. 地理学报,2013(4):571-576.
⑪ 林启彦. 严复与何启——两位留英学生近代化思想模式的探讨[J]. 近代史研究,2004(3):1-20,31.
⑫ 王越. 爱国救国:晚清留学生道路之选择——以容闳和严复为例[J]. 文教资料,2016(15):112-113.

留学教育，张志建（1980）①，周德昌（1983）②，雷克啸（1986）③，黄新宪（1994）④，高中理（1998）⑤，肖朗（2001）⑥，周建超（2003）⑦，辛红光（2011）⑧，陆小兵、王飞（2013）⑨ 等关注严复的教育思想。严复在英国经验主义哲学思想的影响下，通过译著，将英国的学术思想比较系统地介绍到中国，为中国教育的近代化做出了独特而又重要的贡献。田正平（2004）⑩《中外教育交流史》第六章第二节"严复的译述活动对中国近代教育的独特贡献"论及严复译述西方进化论学说和经验主义哲学的活动及业绩，为近代中国研究西方教育指明了努力的方向。

关于中英之间政府官员、外交使节及民间人士教育考察的研究有：钟叔河主编的走向世界丛书——《初使泰西记》《航海述奇》《欧美环游记》《郭嵩焘：伦敦与巴黎日记》《曾纪泽：出使英法俄国日记》《薛福成：出使英法义比四国日记》《蔡尔康等：李鸿章历聘欧美记》等——记录了驻英使节、政府官员对英国教育文化的考察。杨波（2014）⑪、黄树生（2005）⑫、蔡旭（2010）⑬、李思颖（2010）⑭ 探讨了晚清早期驻外公使郭嵩焘、曾纪

---

① 张志建. 严复在近代教育史上的贡献 [J]. 北京师范大学学报（人文社会科学版），1980（2）：51-57.
② 周德昌. 严复教育思想述评 [J]. 现代教育论丛，1983（1）：41-48.
③ 雷克啸. 批判旧教育提倡新教育——严复教育思想研究 [J]. 东北师大学报（教育版），1986（4）：50-53.
④ 黄新宪. 严复与中国教育的近代化 [J]. 教育科学，1994（1）：43-48.
⑤ 高中理. 严复：会通中西与教育维新 [J]. 北京大学学报（哲学社会科学版），1998（2）：129-135.
⑥ 肖朗. 异源同流 殊途同归——严复与王国维导入西方教育思想的比较研究 [J]. 华东师范大学学报（教育科学版），2001（4）：73-82.
⑦ 周建超. 论严复与近代中国教育的现代化 [J]. 历史档案，2003（1）：106-113.
⑧ 辛红光. 力主西学·阔视远想·披沙拣金——严复眼中的教育文化功能浅析 [J]. 首都师范大学学报（社会科学版），2011（5）：39-43.
⑨ 陆小兵，王飞. 传统与现代博弈场域中孕育的中国近代教育哲学——以严复教育哲学思想为考察中心 [J]. 西南民族大学学报（人文社会科学版），2013，34（5）：221-224.
⑩ 田正平. 中外教育交流史 [M]. 广州：广东教育出版社，2004.
⑪ 杨波. 郭嵩焘与牛津大学 [J]. 中州大学学报，2014（2）：70-72.
⑫ 黄树生. 薛福成研究 [D]. 苏州：苏州大学，2005.
⑬ 蔡旭. 薛福成教育思想研究 [D]. 北京：北京师范大学，2010.
⑭ 李思颖. 1894年之前晚清驻外公使教育考察思想评述——以郭嵩焘、曾纪泽、薛福成为例 [D]. 石家庄：河北师范大学，2010.

泽、薛福成对英国近代教育的考察与思考。田正平（2004）①《中外教育交流史》第六章第一节"走向世界的外交官与知识人"阐述了第一任驻英公使郭嵩焘对英国教育制度和各级各类学校的考察，驻英副使刘锡鸿对英国教育制度、各类社会教育机构的考察，曾纪泽对中西学问进行了比较研究并建议中西互派教师，外交官使团中的随员张德彝1876年对英国的国民教育、英国的实学及各级各类学校的概况进行了考察。

田正平（2004）②、田正平（2004）③《中外教育交流史》第十章第一、二节"中国官方和民间派出的教育考察人员""外国来华教育人士"中，梳理出了1912年至1937年中国官方和民间派出赴英国的教育考察人员赴英回国后的主要活动与影响。而英国来华教育考察人员主要提及了罗素和国际联盟教育考察团对中国的教育考察。1931年国际联盟教育考察团来华是中外教育交流史上一件盛事。七人专家考察团体对中国的教育进行了为期三个月的考察，分别对中国的小学、中学、大学和成人教育中存在的问题进行了深入分析并提出改革建议。对其进行研究的学者有青士（1933）④⑤，邓小泉（2006）⑥，刘艳（2010）⑦，覃丽君、王建梁（2012）⑧，张建中、张传燧（2013）⑨，孙邦华（2013）⑩等。

---

① 田正平. 中外教育交流史［M］. 广州：广东教育出版社，2004.
② 田正平. 论民国时期的中外人士教育考察——以1912年至1937年为中心［J］. 社会科学战线，2004（3）：170-179.
③ 田正平. 中外教育交流史［M］. 广州：广东教育出版社，2004.
④ 青士. 国联教育考察团报告书中之中国大学教育［J］. 教育与职业，1933（4）：247-251.
⑤ 青士. 国联教育考察团报告书中一个值得注意的观察［J］. 教育与职业，1933（4）：251-252.
⑥ 邓小泉. 国联教育考察团来华考察述评［J］. 南通大学学报（教育科学版），2006（3）：60-63.
⑦ 刘艳. 1931年国联教育考察团对华教育考察概述［J］. 历史教学（下半月刊），2010（6）：48-50.
⑧ 覃丽君，王建梁. 国联教育考察团报告之职业教育的主张、建议及影响述评［J］. 河北师范大学学报（教育科学版），2012，14（9）：88-92.
⑨ 张建中，张传燧. 国联教育考察团的来华与民国中后期高等教育的演进［J］. 现代大学教育，2013，（2）：64-68.
⑩ 孙邦华. 中国教育现代化运动中的中国化与美国化、欧洲化之争——1932年国联教育考察团报告书《中国教育之改进》的文化价值观及其反响［J］. 教育研究，2013，34（7）：116-127.

乔迪·瑞亚·巴特利·伊斯特伯格（Jodi Rhea Bartley Eastberg）（2009）① 通过分析英国最早的中国通——斯当东在华和不在华时的生活和文字作品，为中英关系的动态变化提供了一个详尽和全面的视角。论文着重讨论了斯当东的中国观最初是在其自身所接受的 18 世纪的教育中建立，然后通过外交和对贸易的兴趣得以发展，接下来通过对中国经典的翻译以及其与广东社团和北京朝廷的接触与互动中得以完善，到最后左右英国对中国的政策。瑞秋·布莱特（Rachel M. Bright）（2008）② 从八位驻华英国女性的视角，记录了从 1890 年到 1940 年中英之间的关系。研究发现这些驻华的英国女性对中国以及英国在华统治的认识完全不同于旅行作家和从事学术研究的汉学家。这八位驻华女性不单单将自己视为中英半殖民地关系的观察者和记录者，而且将自己视为中英半殖民地关系的代表者和参与者。

（3）近代英国教育在中国传播的研究

英国的教育理论、教育实践传播到近代中国主要通过译著、期刊、报纸等载体。周谷平、朱有刚（2002）③，崔菲菲（2009）④，张晓玮（2014）⑤ 等探讨了英国的教育思想通过我国近代以来，历时最长、影响最大的教育刊物《教育杂志》传播到中国。肖朗（2008）⑥，朱季康、胡金平（2017）⑦ 等探讨了英国的教育思想如何转化为中国教育改革和发展的思想源泉。斯宾塞教育思想在中国的传播受到广泛的研究，代表性的文章和著作有：肖朗

---

① EASTBERG J R B. West Meets East: British Perceptions of China through the Life and Works of Sir George Thomas Staunton (1781—1859) [D]. Milwaukee: Marquette University, 2009: 199 – 233.

② BRIGHT R M. China as I See It: The Resident Writing of British Women in China (1890—1940) [D]. Philadelphia: Temple University, 2008: 1 – 23.

③ 周谷平，朱有刚.《教育杂志》与近代西方教育的传播 [J]. 教育评论，2002 (3): 57 – 60.

④ 崔菲菲. 20 世纪 20 年代西方教育理论在中国的传播——以《教育杂志》《中华教育界》《新教育》为研究对象 [D]. 临汾：山西师范大学，2009.

⑤ 张晓玮.《教育杂志》与近代外国高等教育理念在中国的传播 [J]. 社会科学辑刊，2014 (1): 146 – 152.

⑥ 肖朗. 科教兴国的强音：斯宾塞教育思想在近代中国 [J]. 华东师范大学学报（教育科学版），2008 (2): 88 – 96.

⑦ 朱季康，胡金平. 民国海外学前教育思想引进的模式、路径与内容 [J]. 安徽师范大学学报（人文社会科学版），2017，45 (3): 364 – 372.

(2008)① 对斯宾塞的教育思想传播到近代中国的具体内容、主要特点及影响进行考察；柯遵科、李斌（2014）② 立足于《教育论》中文翻译的缘起及传播过程，反映了近代知识体系和教育体制的变迁，同时说明了斯宾塞的德智体分类框架在近代中国所发挥的作用和意义；王宪明、宛钧（2017）③ 从跨文化的视角，比较研究了中日两国引进斯宾塞思想学说的时间、内容上的侧重点和政治影响的差异，同时阐述了斯宾塞在中日学科建设地位上的差异性。邵伟德（2015）④《近现代国外著名教育家体育教育观研究》第八章第二节"斯宾塞的教育理论在中国的传播及其影响"探讨了斯宾塞的教育理论对近代中国的影响。

刘雪河（1995）⑤、王扬宗（1996）⑥、赵中亚（2009）⑦、高海（2010）⑧ 等集中探讨了我国最早的科技期刊《格致汇编》对物理学等近代科学学科的启蒙及影响。王红霞（2006）⑨、徐淑兰（2013）⑩、刘汝举（2014）⑪ 等对1861年来华的傅兰雅在江南制造总局翻译出版各类近代西方科技知识书籍进行详细的介绍，同时提及他与世界著名高校东方学者交流，广开中国与世界教育交流的大门。汪晓勤、陈慧（2010）⑫ 详细介绍了被翻译成中文的《大英百科全书》里的"流数"篇和"代数"篇的英格兰数学

---

① 肖朗. 科教兴国的强音：斯宾塞教育思想在近代中国 [J]. 华东师范大学学报（教育科学版），2008（2）：88－96.
② 柯遵科，李斌. 斯宾塞《教育论》在中国的传播与影响 [J]. 中国科技史杂志，2014，35（2）：188－197.
③ 王宪明，宛钧. 近代中、日两国引介斯宾塞学说的差异及原因 [J]. 河北学刊，2017，37（3）：25－31.
④ 邵伟德，李启迪. 近现代国外著名教育家体育教育观研究 [M]. 北京：北京体育大学出版社，2015.
⑤ 刘雪河. 我国最早的科技期刊 [J]. 上海高校图书情报学刊，1995（2）：36.
⑥ 王扬宗.《格致汇编》与西方近代科技知识在清末的传播 [J]. 中国科技史料，1996（1）：36－47.
⑦ 赵中亚.《格致汇编》与中国近代科学的启蒙 [D]. 上海：复旦大学，2009.
⑧ 高海，杜永清.《格致汇编》对晚清物理学的影响 [J]. 山西大同大学学报（自然科学版），2010（3）：93－96.
⑨ 王红霞. 傅兰雅的西书中译事业 [D]. 上海：复旦大学，2006.
⑩ 徐淑兰. 傅兰雅与中西文化交流 [J]. 兰台世界，2013（4）：115－116.
⑪ 刘汝举. 傅兰雅对中西文化交融的贡献 [J]. 兰台世界，2014（19）：13－14.
⑫ 汪晓勤，陈慧. 华里司：自学成才的数学家、欧洲大陆微积分的传播者 [J]. 自然辩证法通讯，2010，32（6）：97－105.

家华里司。华里司正是通过傅兰雅成就了他在晚清时期微积分和代数学领域里的重要地位。

(4) 英国"庚款兴学"的研究

1922年12月22日,英政府宣言:"中国应付未到期之庚款即将退还中国,作为有益于两国教育文化事业之用。"民国时期,与中英庚款用于教育用途的相关原始资料有:中华民国国民政府外交部编《解决中英庚款换文 欧美第6号 中、英文本》,《农村复兴委员会会报》1934年第2卷第8期《管理中英庚款事会下年度教育文化事业用途说明》,《科学》1935年第19卷第5期刊载题为《本年中英庚款补助教育文化费之支配》,《教育杂志》1936年第26卷第8期《二十五年度中英庚款教育文化补助费支配情形》,北洋大学校刊《北洋周刊》1937年第162期题为《院闻 管理中英庚款董事会继续补助本院矿冶系及讲座费》,《教与学》1937年第3卷第2期《中英庚款二十六年度教育文化事业补助费》,《西北导报》1937年第3卷第8期《中英庚会款发展西北教育 由北平教育界组委员会 详细办法在计划中》,《侨务月报》1937年第3期《中英庚款会发展绥省教育 划全省为四个实验区 充实社教及小学经费》,《云南省政府公报》1938年第10卷《令教育厅为准中英庚款董事会微代电拟于云南筹设中学一所请查照协助一案仰查照予以协助》,《教育通讯周刊》1938年第3期《中英庚款会补助教育及科学事业》,《华西协合大学校刊》1940年第2期《中英庚款补助本校讲座》等。这些资料将有助于全面细致研究中英庚款在中英教育交流中所起的作用。

围绕中英庚款展开中英教育交流的相关著述有:邰爽秋(1935)[1] 涉及英国退还庚款的经过及庚款与教育文化的关系,程新国(2005)[2] 侧重介绍蔡元培赴英积极争取庚款应用于教育领域的历程,退还庚款在中国的实际使用情况及英"退"息金在资助教育科研方面的贡献,及庚款资助的留英学人的学术建树。

---

[1] 邰爽秋. 庚款兴学问题[M]. 上海:教育编译馆,1935:107-120.
[2] 程新国. 庚款留学百年[M]. 上海:东方出版中心,2005:36-44,72-79.

相关论文有：程美宝（1998）① 呈现了香港大学的发展史，其中香港大学中文系的建立是中国文化在香港的发展和各方政治势力交相角力的结果。马宗英（2004）② 将英国退还庚子赔款的状况与国民党在西北联合办学的来龙去脉加以分析，揭示英国当时退还庚子赔款的真实目的，并强调当下开发大西北应有一以贯之的教育政策。赵春娥、张建国（2014）③ 论及民国时期"管理中英庚款董事会"在青海创建"管理中英庚款董事会湟川中学"，该学校第一次引入国际新式教育理念，成为青海教育史上一件标志性文化事件。郭炳通、冀爱莲（2014）④ 重点探讨了胡适与英国庚子赔款之间关系，凸显胡适在争取庚款资助教育中所付出的努力。刘茜（2015）⑤ 提到抗战时期，管理中英庚子退款董事会资助中央图书馆建筑费在保护古籍中所做出的贡献。孟凡明（2009）⑥ 揭示了英国庚款使用权争议的历程：1922 年 12 月到 1925 年 6 月聚焦于英国庚款的使用权，1925 年 6 月到 1931 年 4 月聚焦于英国庚款的主权归属问题。作者揭示出庚款使用权的争议与政局、利益集团的势力消长息息相关。康兆庆（2016）⑦ 系统论述了抗日战争时期管理中英庚款董事会在边远省份的大学设立大学讲座教授、协助科学工作人员、设立科学研究助理、组织科学考察团、创办中国地理研究所和中国蚕桑研究所、创办甘肃科学教育馆等。

（5）汉学在英国传播的研究

"汉学"一般指的是国外学者对中国历史、现状、哲学、语言、文学、艺术等的研究，是国外学者对中国"精神和物质文明认识"的一个"概况"。胡优静（2009）⑧ 聚焦于 19 世纪英国汉学草创、发展、学院化及繁

---

① 程美宝. 庚子赔款与香港大学的中文教育——二三十年代香港与中英关系的一个侧面 [J]. 中山大学学报（社会科学版），1998（6）：60-73.
② 马宗英. 庚子赔款与西北教育——英国庚子赔款与国民党西北政策的调整 [J]. 宁夏社会科学，2004（6）：102-105.
③ 赵春娥，张建国. "管理中英庚款董事会湟川中学"的创建 [J]. 青海师范大学学报（哲学社会科学版），2014（1）：69-74.
④ 郭炳通，冀爱莲. 胡适与英国庚款兴学研究 [J]. 福建师范大学学报（哲学社会科学版），2014（4）：136-145.
⑤ 刘茜. 庚子退款与近代中国图书馆事业 [J]. 大学图书情报学刊，2015（2）：122-124.
⑥ 孟凡明. 中英庚款用途争议研究（1923—1931）[D]. 武汉：华中师范大学，2009.
⑦ 康兆庆. 抗战时期管理中英庚款董事会科研资助研究 [D]. 济南：山东大学，2016.
⑧ 胡优静. 英国 19 世纪的汉学史研究 [M]. 北京：学苑出版社，2009.

荣，探讨了英国汉学研究的阶段性特征。何寅、许光华（2002）① 勾勒出国外汉学发展的总体面貌，即"汉学"发生、发展的全过程。其中涉及英国的汉学家的学术活动、成果、主要汉学教学和研究机构。李孝迁（2014）②的《英国汉学的回顾与前瞻》《英国的汉学家》两篇论文扼要地叙述了著名英国汉学家的学术简历。

有关牛津大学汉学教学的开山鼻祖理雅各的研究也较多。岳峰（2003）③ 依据牛津大学新波得雷安图书馆的文档，记述英国牛津大学汉语学科的设立过程及首任汉语教授理雅各上任及教学情况。岳峰（2003）④ 在充分占有原始资料基础上应用诸多研究方法全方位地探讨了理雅各的多元角色。他的博士论文第五章描述了理雅各在香港的教育活动，第六章系统分析了理雅各翻译中国经书的诸多方面，第七章记叙了理雅各晚年回英国后所从事的汉学译介、执教牛津等。沈建青、李敏辞（2011）⑤ 探讨了理雅各就职演讲中所呈现出复杂汉学思想：既有汉学目的、动机，又有汉语教学的内容、目标、汉语的特点、汉语研究的方法等，同时涉及中英关系以及理雅各对中国历史、文献和语言的介绍和评价。理雅各著，沈建青、李敏辞译（2015）⑥的《牛津大学设立汉语教席的就职演讲》翻译了牛津大学首任汉语教授理雅各在谢尔登剧院发表的就职演讲，演讲涉及牛津大学设立汉语教席的必要性、意义以及教学内容和目标。陈丽（2011）⑦ 系统介绍了牛津大学第二任汉学教授布勒克编写的汉语教材《汉语书面语渐进练习》并对其做出评价。

（二）相关研究对中英教育交流问题的论述

第一，从中英关系史的视角，可以发现中英关系研究的专著的部分内容

---

① 何寅，许光华. 国外汉学史［M］. 上海：上海外语教育出版社，2002.
② 李孝迁. 近代中国域外汉学评论萃编［M］. 上海：上海古籍出版社，2014.
③ 岳峰. 理雅各与牛津大学最早的汉语教学［J］. 世界汉语教学，2003（4）：100－103.
④ 岳峰. 架设东西方的桥梁——英国汉学家理雅各研究［D］. 福州：福建师范大学，2003.
⑤ 沈建青，李敏辞. 从《就职演讲》看理雅各的汉学思想［J］. 中国文化研究，2011（2）：204－212.
⑥ 理雅各. 牛津大学设立汉语教席的就职演讲［J］. 沈建青，李敏辞，译. 国际汉语，2015（3）：19－24，104.
⑦ 陈丽. 英国外交官布勒克《汉语书面语渐进练习》研究［D］. 上海：上海师范大学，2011.

与章节涉及中英之间的教育交流。例如彼得·洛伊（Peter Lowe）（1981）[①] 将中国归属于远东的一员，主要侧重中英之间的政治关系，而教育交流隐现在英国对中国的文化侵略里。杭立武（1983）[②]《访英简笔》中，记录了中英之间文化方面的社团，包括英国伦敦各大学中国委员会、中华协会、中国学会及牛津、剑桥的中英智识交流促进会等。从中可知中英之间在国民政府时代的民间教育交流，但仅有记录，没有详细内容。撒本仁、潘兴明（1996）[③] 以中英文化教育交流主体中的典型人物为着眼点，介绍了20世纪影响中英教育的杰出代表。例如译著浩繁且社会影响深远的严复，第一位留英医学博士黄宽，驰名中外的矿业留英生丁文江、李维格、邵逸周，中国最早的留英女学士曾宝荪，三赴英伦并且创立中国地质力学的李四光，留英庚款公费生等。同时，也涉及鸦片战争后英国汉学的发展，罗素来华讲学与他对中英文化交流的贡献，文坛巨擘萧伯纳在上海留下的纪念，中国抗战时英国文化科学界的援助等。中英之间的教育交流聚焦于个人和团体之间的你来我往。

第二，从中外文化交流史的视角，可以发现中外文化交流研究专著的部分内容与章节涉及中英之间的教育交流。例如，黄俊英（1991）[④] 集中讨论了中国与英国的战时文化关系，并指出中英交流着眼点在文学领域，侧重民间团体之间友好互动。它还具体涉及英国文化界对中国抗战的反应、抗战时期来华的英国作家和记者、抗战时期的英国文学在中国等。王介南（2011）[⑤] 依时间顺序，零星介绍了洋务运动与英国文化的输入和民国时期与英国文化的交流。提及了洋务运动时期英语教育的开展、留学英国运动的兴起和英国教会学校在中国建立的积极意义等。此书也论及民国时期进化论传入中国，五四新文学与英国文学的译介，中国经典名著在英国的流传等。中英之间的教育交流归属于文化交流之中，勾勒出部分重大历史史实和事

[①] LOWE P. Britain in the Far East: A Survey from 1819 to the Present [M]. London: Longman, 1981: 51-58.
[②] 杭立武. 国民政府时代之中英关系：附访英简笔 [M]. 台北：台湾商务印书馆，1983.
[③] 撒本仁，潘兴明. 20世纪的中英关系 [M]. 上海：上海人民出版社，1996.
[④] 黄俊英. 二次大战中的中外文化交流史 [M]. 重庆：重庆出版社，1991.
[⑤] 王介南. 中外文化交流史 [M]. 北京：人民出版社，2011.

件，但缺乏详细、系统和深入的探讨。

第三，从中外教育交流史的视角，可以发现中外教育交流研究专著的部分内容与章节涉及中英之间的教育交流。例如卫道治（1998）① 以专题性质介绍了近代中欧教育交流，英国作为欧洲的组成部分，点面结合，以政权交替来讨论近代中英教育交流。内容主要涉及英国在华举办的教会教育、英国教师在清末官办学校中的作用、英国传教士在编译教科书方面所起的作用、留学英国教育、英国庚子赔款的退还与教育交流和罗素来华对中国教育的影响。成果以介绍性内容为主，侧重英国对中国教育的作用与影响，而中国对英国教育的影响几乎未涉及。田正平（2004）② 将通史与问题史有机结合，把教育交流放在整个教育现代化进程中考察，以明末清初编、晚清编、民国编和中华人民共和国编的时间纵轴展开对中外教育交流全方位的叙述、分析与总结。英国与中国教育交流的记叙分散在各个主题之中，如新式学堂中英籍教师的教学实践活动、赴英留学的中国留学生的教育、李提摩太的《七国新学备要》、走向英国的中国外交官、各类译书机构对英国教科书的引进与翻译等。但对汉学如何在英国的传播及对英国的影响鲜有论及。余子侠的《中外教育交流研究丛书》以近现代以来中外教育交流为主题，以专题形式分别对留学教育管理的嬗变、中欧教育交流的发展、中俄苏教育交流的演变、中美教育交流的推进、中日教育交流的变迁和国际教育舞台的参演做了深入的研究。丛书展现了近现代以来中外教育交流史的实际状况，涉及交流的方式、内容和影响，为当代开展对外教育交流提供可借鉴的历史经验。李兴业、王淼（2010）③ 中着墨不多地讨论了1978年以前的近现代中英教育交流，视角集中在撰写《中国科学技术史》（*Science and Civilization in China*）巨著的中英教育文化科学交流使者李约瑟以及早期赴英的第二代杰出代表萨镇冰和严复、第四代杰出代表张宗燧和丁文江。书中提及的中英教育交流仅涉及教育领域中社会主体的交往行为即人员交流，其他类似文字载体的传输来往等诸多方面并未讨论。

---

① 卫道治. 中外教育交流史［M］. 长沙：湖南教育出版社，1998.
② 田正平. 中外教育交流史［M］. 广州：广东教育出版社，2004.
③ 李兴业，王淼. 中欧教育交流的发展［M］. 济南：山东教育出版社，2010.

三、主要理论依据和方法

(一) 教育交流概念界定

"交流"在英语中是 exchange,《朗文当代英语词典》(英语版)中对此词解释为:"the act of exchanging one thing for another or doing something to someone at the same time as they do it to you"①。《现代汉语词典》的解释是"彼此把自己有的供给对方"②。两种词典对"交流"解释的共同点是:交流是在两者之间,是一个双向的过程。教育交流是指教育的双方相互沟通、相互交往、相互作用的双向动态过程,体现在与教育相关的主体和载体之间的交往和联系。中英教育交流是指中英两国之间在教育方面的相互沟通、相互交往、相互作用,具体体现在与中英教育相关的主体(传教士、留英学生、教育家、汉学家等)和载体(教会学校、教育著作、期刊、教材、演讲等)之间的交流和沟通,它是一个双向和动态发展的过程,牵涉到与教育相关的诸多因素。中英教育交流既涉及教育与政治、经济、文化的关系,又涉及某个地区、某一阶段教育的变化与影响,同时还涉及某一个体、某一事件等。教育交流作为文化交流的重要内容,它也遵循文化交流的一般规律,即总是从比较先进的国家和地区向相对落后的国家和地区辐射、传播,而后者通过与前者的交流,吸收前者的经验与成就,得以发展和创新③。然而,人类各大文明各有千秋,文化无优劣之分,任何时候交流的双方对于对方都有自己的可取之处,相应地,交流双方都有借鉴和吸纳对方优长之需。因此,中英教育交流这个过程无关优劣,只不过是态度上主动或被动,形式上平等或不平等,内容上是同化、包容或排斥、抵触,流量方面是充沛或弱小以及交流时选择的层面与领域的不同。近代中英教育交流以中国吸收借鉴英国的教育资源为主,但中国对英国的教育亦有影响。

---

① 朗文出版公司. Longman Dictionary of Contemporary English [Z]. 北京:外语教学与研究出版社, 1997: 472.
② 中国社会科学院语言研究所词典编辑室. 现代汉语词典(第7版)[Z]. 北京:商务印书馆, 2016: 650.
③ 田正平. 中外教育交流史 [M]. 广州:广东教育出版社, 2004: 24.

（二）近代中英教育交流界说

本书研究近代中英教育交流的起止时间是 1840 年到 1949 年，且因资料所限暂不包括中国香港、澳门和台湾地区。

（三）近代中英教育交流研究的理论基础

伦敦经济学院马林诺夫斯基在《文化之生命》一文中指出："文化传播的方式不仅是机械式的转运，每逢一种文化借助于另一种文化，它往往将它借来的东西或观念翻一花样，重新配合。借来的观念、制度或发明被放在新的文化环境之中，使之适合新的环境，而与该处固有的文明相调和、修改——总之，经过第二次发明。播化也者，不过是变相的发明，正像发明是一部分的假借一样。"① 马林诺夫斯基将"假借与发明"看成一个事物的两个方面，揭示出文化教育交流的交互功能。英国教育思想、教育方式和制度在中国传播、生根发芽和开花结果，英国传教士在中国建立学校并传播英国教育理念和具体的方式与方法，异域求知的留英学生、访英的官员和学者以及中国的文化教育在英国大学的传播正是在这种适合、调和与修改的过程中进行的。

当代，张岱年、程宜山在《中国文化精神》一书中指出，文化发展具有客观自在的规律，并具有时代性和民族性，它是一个包含多层次、多方面内容的完整系统。任何一种文化系统都包含若干要素，可称为文化要素，例如科学和宗教、艺术、风俗、道德教育和法律制度等。一个文化系统所包含的文化要素，有些是不能脱离原系统而存在的，有些则可以经过改造而容纳到其他系统中，即文化要素之间具有可离与不可离、相容与不相容的关系。这种认识与马林诺夫斯基的论点相得益彰。毫无疑问，在中英文化教育交流过程中，一方面，英国和中国的教育思想、观念、制度、体系等都是在各自国家特有的文化含义或背景下生成的；另一方面，在文化交流中不同文化之间会发生碰撞、影响、融合、吸收和创造，抑或产生一种化学反应，也就是各自的文化要素会在碰撞过程中相互影响甚至变为对方文化要素的一部分，发生一种视域融合现象。再者，不同文化也存在共性与个性的关系，即"在空间上并存的不同文化系统包含一些共同的文化要素，也各自包含一些

---

① 斯密司. 文化的传播 [M]. 周骏章，译. 上海：上海文艺出版社，1991：23.

不同的文化要素。前者表现了文化的普遍性，后者表现了文化的特殊性。这些不同文化系统的要素之间也存在可离与不可离及相容与不相容的关系。这既是他们各自具有相对独立性的根据，也是他们可以互相吸收、相互融合的根据。"① 这种互相吸收、相互融合的结果就是近代中英教育交流的全过程。

而在具体的交流方式上，则不仅仅表现为碰撞和冲突，还有反反复复的博弈与影响。当然，近代中英"教育交流作为文化交流的重要内容，它也遵循文化交流的一般规律，即总是从比较先进的国家和地区向相对落后的国家和地区辐射、传播，而后者通过与前者的交流，吸收前者的经验与成就，得以发展和创新。"② 因此，近代以来，中外教育交流在很大程度上是中国传统教育中的若干要素脱离原有的系统去兼容西方教育要素中的新因子。同时，英国教育在中国的传播除了对中国教育产生调和与修改外，自身也必然会受到中国文化教育的反哺作用。这也是为什么传教士归国后，纷纷将中国的古代经典如《论语》等介绍给本国，使本国思想和文化也开始受到中国教育思想的影响。双方在教育互动过程中，不断做出相应的调整和综合创造。

因此，在中国近代化的过程中，中国教育的近代化无疑是内因和外因共同作用的结果。而近代中英教育交流则遵循着文化教育系统中构成要素间的可离性和可相容性的规律，它是一种双向的过程，无关优劣，只不过是态度上、形式上、内容上以及交流时选择的层面与领域不同而已。

（四）主要研究方法

中英教育交流研究属于跨学科研究，与文化学、历史学、社会学、教育史学等有密切联系，既是中国教育史研究的范围，又涉及中国近代史、中英关系史研究的领域。所以，把握好社会与教育的关系，既要理解社会对教育的制约性，又要明了教育的相对独立性。

本书在辩证唯物主义和历史唯物主义的指导下，利用丰富史料，对近代中英教育交流中英国在华教会学校、中英人员教育交流、英国的教育思想在中国的传播、汉学在英国大学的传播等相关资料进行阅读、整理、分类、分析和归纳，还原历史的本来面目，得出与史实相符的结论。主要研究的方法

---

① 张岱年，程宜山. 中国文化精神 [M]. 香港：三联书店（香港）有限公司，2016：8.
② 田正平. 中外教育交流史 [M]. 广州：广东教育出版社，2004：24.

如下。

1. 文献分析法

教育史作为一门历史学分支学科，可靠的历史资料和科学的史学理论是教育研究不可缺少的两个基础①。文献分析法作为历史研究的基本方法，指的是通过搜集、鉴别、整理文献，并通过对文献的研究形成对事实的科学认识的科学研究方法。关于文献法对于历史研究的意义，笔者认同英国史学家韦基伍德（Wedgewood）的观点，即对过去观察得越久，对未来看得就越远，要知道历史发生了什么以及如何发生，就必须大量收集资料。美国教育史学家梅迪·那可斯丁（M. Nakosteen）说过："不了解过去，不仅现在毫无意义，将来也没有希望"②。具体而言，本书将遵从"论从史出"的原则，以努力挖掘与搜集一手资料为基础，包括汉语、英语的档案资料、专著、期刊、报纸、文集、回忆录和文史资料，运用这些资料，梳理出近代英国在华教会教育的启动与演变、近代英国教育思想在中国的译介与传播、近代中国的留学英国教育以及近代以降汉学在英国的传播等中英教育交流的历史脉络和整体图景，并深入地分析近代中英教育交流的特点、影响及经验与教训，借此找出解答本书研究问题的答案。

2. 个案研究法

个案法是指对研究对象中有代表性的个体进行具体而深入的研究，并从其特殊性中概括得出关于研究对象全体的普遍性结论的方法。近代中英教育交流的整体构建是由很多的个体构建组成的。人物、事件、数据、背景等构成了中英教育交流的立体交叉平台，反映出某个历史阶段的根本特征。个案研究可以佐证和丰富主题。就本书而言，笔者通过对近代不同时期有代表性的中英教育交流具体领域的史实进行描述，进而分析中英教育交流的阶段性特征、总体性特征及局限性，例如近代英国在华的教会学校中，高等教育一直是薄弱环节，笔者将对英国苏格兰基督会的司督阁创办的奉天医科大学进行考察，从更细微之处展现英国对华教育输出的历史过程，力求使本书的研究得到进一步的深化。

---

① 杜成宪，邓明言. 教育史学 [M]. 北京：人民教育出版社，2004：133.
② NAKOSTEEN M. The History and Philosophy of Education [M]. New York：The Ronald Company，1965：19.

第一章
近代英国在华教育的启动与演进

19世纪的英国是世界上第一个迈入工业化的国家,被称为"世界工厂"。随着英国在全球的拓殖,英国的文化、宗教、教育等也开始逐步地拓展到海外。1807年,英国第一位来华基督教新教传教士罗伯特·马礼逊(Robert Morrison)在传播西方宗教的同时,也开始兴办教育、设立学堂等,开启了近代中英教育交流活动的序幕。因此,近代英国在华教会教育产生的历史背景、英国在华教会学校的产生及发展历程以及对英国在华创办的高等学校——奉天医科大学的详细研究将是本章所要探讨的问题。

一、近代英国在华教会教育产生的历史背景

(一)英国资本主义的发展及殖民扩张

新航路的开辟推动了英国工商业的发展。由于英国处于大西洋航运的中心线上,海外贸易活跃。"圈地运动"使英国农村出现了资本主义的牧场和农场,出现了受雇在牧场和农场从事劳动的农业工人,推动了传统工业如制呢业的迅速发展。1603年,统治英国的斯图亚特王朝厉行专制统治,激化了各种社会矛盾。正是在这种历史背景下,英国爆发了资产阶级革命,推翻了斯图亚特王朝的统治并建立了资产阶级和新贵族的共和国,为资本主义制度的确立开辟了道路。

16世纪的英国通过圈地运动、海外贸易和殖民掠夺为资本主义的发展积累了资本。银行家、大商人和手工工厂主的羽翼日益丰满,形成了新兴的

资产阶级。那些雇用工人经营牧场或农场的牧场主和农场主被称为新贵族。新贵族有的也兼顾经营工业和商业，他们同其他资产阶级成员有着共同的利益。当时，统治英国的都铎王朝一方面采取种种措施削弱旧贵族的势力来加强专制统治，如建立听命于英国国王而不是罗马天主教会的英国国教；另一方面也鼓励工商业和海外掠夺，建立海上霸权。这一切在客观上有利于资本主义的发展。

而在教育方面，随着英国经济和商业的发展，英语得到了英国上层社会的认可而成为正式的官方语言。从资产阶级革命到工业革命时期，英国教育的历史状况可从精英教育和民众教育两方面来阐述。精英教育主要借助于公学与文法学校，牛津大学和剑桥大学以及其他教育机构，如家庭教育、私立学校、非国教徒学园等通过掌握古典学问来谙熟贵族阶层的价值观念和文化范式，并通过培养自律和充任公职来训练上层阶级。"以满足这个繁盛帝国对有效率的和家长式的行政体制的需要，要在维护上层阶级权力的同时又要提供有效率的政府和专业人士去管理国内的城市化社会和远在海外的殖民地。"① 英国的民众教育深受16世纪英国宗教改革的影响，一些代表新生社会阶层思想和观念的宗教派别组织了大量的教育活动，对提高民众文化水平起了一定作用。17、18世纪英国中层世俗阶层的壮大，出现了不少非宗教性的世俗教育活动，为工业化时期英国民众教育的发展奠定了基础。然而，在工业革命前后一个相当长的时间内，各派教会对英国民众教育的发展始终起着十分重要的作用。在英国资本主义发展过程中，宗教教育也不可避免地拓展到海外殖民地之中。

（二）新教外传与世界格局的动荡

新教复兴的直接预兆是17、18世纪的德意志虔信派（German Pietism）的出现，但早期最显著的表现则是英国在美洲诸殖民区的大觉醒和英格兰的福音运动。新教复兴继续贯穿整个19世纪的标志有：美洲的多次复兴及英国、爱尔兰、法国、瑞士、荷兰和斯堪的纳维亚新教教会的新气象。新教复兴的影响遍及所有的新教团体，但在说英语的民族中影响力最大。新教复兴最为强调的是个人的宗教经验，即皈依（其前通常有一段时间的忧愁和认

---

① 李立国. 工业化时期英国教育变迁的历史研究：以教育与工业化的关系为视角［M］. 桂林：广西师范大学出版社，2010：254.

罪)、宽恕带来的尝乐感觉,战胜试探、通过信仰基督而获得的新生命。

这次宗教觉醒运动并不局限于某一个宗派或神学思想的流派。尽管宗教觉醒运动的领袖们在实际中所特别针对的是那些因生活在英格兰工业城镇和美洲边疆地区而忽略其宗教活动的人,但是这次运动在一定程度上对社会的各个阶层都有吸引力。这次觉醒运动本质上是传教性的,它鼓励那些经历过新生命的人引领他人也进入新生命。与此同时,与强调个人皈依相关的是帮助他人的渴望,这种渴望体现在把属灵的和道德的新生命介绍给他人,通过理智的——生理的和物质的手段提高他人的福利,从而消除和纠正社会不义,并致力于教育和慈善事业。

在19世纪末期之前,新教徒在对外传教事业中的作用微乎其微。曾经有许多最为真挚的新教徒投身于皈化北美的印第安人和荷兰殖民地的非欧洲人。而且在18世纪,在虔信派和莫拉维亚弟兄会(Moravian Groups)的精神感召下,许多英雄式的人士在新教徒能够到达的几乎每一个非基督教地区都开始传教。但是,这都只是少数人的行为,新教世界的大多数人依然对非基督教世界的属灵福利(spiritual welfare)漠不关心。后来,发轫于福音运动、开展外方传教的活动层出不穷。在19世纪即将结束之际,几乎每一个宗派和每一个国度的教会都彻底投身于促进福音在全世界的扩展。

1792年,第一个现代传教差会由英国浸礼会(English Baptists)组建。1795年,伦敦会(London Missionary Society)随后成立,一开始它不属于任何宗派,后来则成了英国公理会(the English Congregationalists)的代理机构。1799年,圣公会(the Church of England)中的福音派人士(Evangelicals)创立英行教会(the Church Missionary Society)。1818年,多年不曾建立差会而进行传教的卫斯理宗成立了一家差会。1804年,为了在国内外分发《圣经》,大英圣书公会(the British and Foreign Bible Society)组建,在英国还出现了许多类似的团体。这些差会不仅率先出现在从工业革命最早获益的英国,而且从英国到美国都得到了最广泛的支持。这些来自盎格鲁-撒克逊的福音派人士主导了新教的外方传教事业,他们的性格和信念也留下了难以抹杀的烙印①。

---

① 赖德烈. 基督教在华传教史 [M]. 雷立柏,静也,瞿旭彤,等译. 香港:道风书社,2009:174-176.

在此期间，世界政治也在激烈地发生着动荡。1756年，英国向法国宣战，七年战争爆发。这是一场欧洲列强为争夺殖民地和霸权而进行的大规模战争。当时地处欧洲的主要列强如普鲁士、奥地利、俄国等均参与了这场战争。1763年，英国和普鲁士获胜，英法之间、普鲁士与奥地利和萨克森之间分别签订合约。七年战争在一定程度上改变了欧洲大国格局，对国际关系产生了不可忽视的影响。英国是七年战争中最大的赢家，成为海外殖民地的霸主。但英国将这次大帝国战争（法国—印第安战争）的战费转嫁在北美殖民地身上，引起了当地居民的不满。18世纪后期，英国原属的北美殖民地人民要求自治，脱离英国的殖民统治，于是爆发了革命，史称"美国独立战争"。1776年7月4日，"第二届大陆会议"召开，宣告了美利坚合众国的诞生，这对英国的海外殖民造成重大创伤。

进入19世纪后，随着英国工业革命的稳步发展和海外事业的广泛拓展，英国上层贵族开始将他们的目光瞄准了东方的中国，希望打开中国市场，从而使自己本国的大量工业产品可以销往中国，由此引发了第一次鸦片战争。

（三）英国教会教育渗透中国的契机

清政府对西方传教士的管理在历史上发生过多次变化，有松有紧。

康熙皇帝（在位时间：1662—1722年）算是非常善待传教士的。康熙皇帝向他们学习并给他们安排官职，同时经常召集他们讨论天文、数学等西洋知识。但随着中国东南沿海地区被骚扰的消息不断传来，康熙皇帝也开始讨厌传教士，甚至怀疑他们会与袭扰沿海的海盗暗地勾结。他曾说："我有理由担心，在未来的几个世纪或几百年，中国可能会陷入与来自海外的西方国家冲突的危险中。"[1] 发生礼仪之争后，康熙皇帝极为愤怒，在给大臣的折子上批示："只说得西洋人尔等小人，如何言得中国之大理。况西洋人等，无一人通汉书者，说言议论，令人可笑者多，今见来臣告示，竟与和尚、道士、异端小教相同。彼此乱言者，莫过于此。以后不必西洋人在中国行教，禁行可也，免得多事。"[2]

---

[1] PRITCHARD E H. Anglo-Chinese Relations during the Seventeenth and Eighteenth Centuries [M]. New York: Octagon Books, 1970: 100.

[2] 杨森富. 中国基督教史 [M]. 台北：台湾商务印书馆，1984：134

雍正（在位时间：1723—1735年）登基后，更加愤恨传教士，一方面是由于有传教士曾参与雍正政敌集团的宫廷争斗；另一方面是他认为中国自有信仰，如儒家、祖先，不必再信服外教，若中国人都去信仰外教，肯定会影响朝廷对地方的治理，这是万万不可以的。因此，雍正在1724年7月11日颁布上谕：著国人新教者应弃教，否则处极刑；各省西洋士限半年内离境，前往澳门①。上谕颁布后，各省官府纷纷行动，后统计共有300个教堂被没收，改为谷仓、关帝庙、天后宫、书院等。一位传教士曾这样写道："教堂已成废墟，教徒已鸟兽散，传教士被驱逐并集中到广州——中国唯一开放的口岸，不许进入内地。"②

乾隆（在位时间：1736—1795年）登基后，依然延续旧有政策并没有任何改变。乾隆皇帝可能受到其父亲的影响，他对传教的认识依旧，认为中国人信奉外教不利于朝廷治理地方，有碍皇权施行。乾隆在位时期，共发布过两次有关排教的上谕。第一次：劝入天主教的人弃教，否则处以重刑；严禁留居北京的西教士籍传习天算历学而劝人入信天主教；不论旗人、汉人，苟信奉天主教者一律处以重刑。第二次：通令传教士限于教堂内有信奉天主教的自由，政府不欲汉人，尤其不欲满人信奉天主教③。此后天主教在中国境内几近绝迹。

嘉庆（在位时间：1796—1820年）登基后专门谕令严禁西洋人刻书传教。"嗣后著管理西洋堂务大臣留心稽查，如有西洋人私刊书籍，即行查出销毁，并随时谕知在京之西洋人，务当安分学艺，不得与内地民人往来交结。仍著提督衙门五城顺天府，将坊肆私刊书籍一体查销，不得听任胥役籍端滋扰。"④此外，还严禁中国人为洋人送信、送地图等。1805年又严禁在广东省传教，除商人外，一律不准外国人在澳门停留⑤。

然而，鸦片战争的失败以及随后签订的一系列不平等条约给传教士在中国传播西方宗教披上了合法的外衣。1844年10月，中法《黄埔条约》签订，其中就有如此规定"佛兰西人亦一体可以建造礼拜堂、医人院、周急

---

① 徐宗泽．中国天主教传教史概论［M］．上海：土山湾印书馆，1938：254．
② 江文汉．明清间在华的天主教耶稣会士［M］．北京：知识出版社，1987：69．
③ 杨森富．中国基督教史［M］．台北：台湾商务印书馆，1984：160．
④ 王之春．清朝柔远记［M］．北京：中华书局，1989：149．
⑤ 谭树林．马礼逊与中西文化交流［M］．北京：中国美术学院出版社，2004：27．

院、学房、坟地各项，地方官会同领事官，酌议定弗兰西人宜居住、宜建造之地。……倘有中国人将佛兰西礼拜堂、坟地触犯毁坏，地方官照例严拘重惩。"① 1858年6月，中英《天津条约》签订，其中有这样的规定："耶稣圣教暨天主教原系为善之道，待人知己。自后凡有传授习学者，一体保护，其安分无过，中国官毫不得刻待禁阻。""至于听便居住、赁房、买屋，租地起造礼拜堂、医院、坟茔等事，并另有取益防损诸节，悉照已通商五口无异。""英国民人，在各口并各地方意欲租地盖屋，设立栈房、礼拜堂、医院、坟茔，均按民价照给，公平定议，不得互相勒掯。"② 这些条约无不体现着英、法等列强强行在中国大地上进行宣教的赤裸裸的主张，其目的就是要限制清政府的力量、限制中国人民的反抗、扩大传教势力范围。

鸦片战争前夕的中国，虽说已到了封建末世，新的社会因素渐多地进行了量的积累，在一定程度上呈现一种新旧交互渗透的过渡性状况。但是总的看来，社会基本保持着旧格局、旧面貌③。英国传教士早期进入中国并没有影响到传统帝国的运行。19世纪中叶，英国传教士在一些小地域内传教，并且使这些小地域受到一定影响，逐渐发生了变化。但是没有变化的依旧是帝国内部的秩序和阶级关系，地主与农民、皇帝与大臣依旧照着原有的地位和秩序运作着。

而此时清政府在教育方面延续了明代的科举取士制度。清代入关后在很长时间内没有推行科举制，后来为了稳定社会，压制读书人的反叛思想，清廷才开始在全国推行科举制。在这种考试制度下，全国的教育主要围绕着科举做官这一主题进行。学生需要学习《三字经》《百家姓》《千字文》《大学》《中庸》《论语》《孟子》等古代经典著作，学习的方式都是摇头晃脑地死记硬背，社会的实际需要以及生活所必需的内容均未涉及，很不实用。因此，清末教育内容，一言以蔽之，皆属于空疏无用之学④，已经远远落后于世界科学技术的发展。

在这种情况下，随着英国的炮火轰开了中国传统帝国的大门，浸润着近代资本主义的基督新教，在不平等条约的保障下，尝试直接从教会教育体制

---

① 参见《黄埔条约》（1844年10月24日）第22款。
② 参见《天津条约》（1858年6月26日）第8、11、12款。
③ 稻叶君山. 清朝全史珍藏版［M］. 长春：吉林大学出版社，2011：254.
④ 何晓夏，史静寰. 教会学校与中国教育近代化［M］. 广州：广东教育出版社，1996：19.

入手,兴办在华教育事业。而中国传统教育的"空疏无用"导致其在近代社会变迁中的失落,为英国教会教育输入提供了内在契机,由此开启了中英文化教育交流的序幕。

二、近代英国在华教会学校的产生及发展

英国基督教新教来华传教并建立学校之后,各差会就纷纷派人前往中国开拓"市场"。他们争相进行传教,北至东北,西至新疆,中国这块"新大陆"在他们眼里俨然成了传教乐土。随着传教的深入开展,学校建设也开始广泛进行。王治心在《中国基督教史纲》中将英国在华教育分为三个阶段,分别是1807—1900年、1900—1922年和1922年以后①。笔者在梳理1840—1949年英国在华教育的资料时,发现王治心先生的划分较为合理,笔者试将近代在华英国教会学校的产生与进展分为以下三个阶段:1840—1900年英国在华教会教育起步阶段,1900—1922年为英国在华教会教育拓展阶段,1922—1949年为英国在华教会教育停滞阶段。此外,笔者从初等教育、中等教育和高等教育三个层次试图展示英国在华教会学校的概况,并总结概括三个阶段的特点。

(一) 1840—1900年:英国在华教会教育起步阶段

英国各教派在中国传教过程中面临诸多窘境,但教派意识到,通过办学、免费招收学童入学等方式可以改善教会在当地民众中的形象,从而博得当地民众的好感,取得信任,并减少传教的阻力。奈何中国当时的学科和考试与洋人所传的教育根本不同,因此,英国传教士激情满满地传授教育,大部分中国人对这样的教会教育根本不感兴趣,因为它既不算"学问",也不能让人做官,甚至很多人都觉得是妖学,唯恐避之不及,更不敢接触此类学问。后来随着第一次鸦片战争的爆发,中国国门打开,香港被割让,英国传教士开始将一些中文学堂、书院移往香港进行拓展,然后由此开始慢慢地进入沿海、内地和边疆。从此英国传教士开始了在华创办教会教育的历程。

---

① 王治心. 中国基督教史纲 [M]. 上海:上海古籍出版社,2004:280.

最早来华的基督教新教传教士是英国伦敦布道会的马礼逊（Robert Morrison）。他于1807年9月4日到达澳门，9月7日至广州，因此1807年标志着基督教新教在中国传教的开始。而最早的学校则属1818年马礼逊在马六甲所创办的"英华书院"，该书院在1842年迁到了香港。校长理雅各用宗教教育和中英文教授学生，此为中国人学习英文的开始。最早在内地设立的学校，是1844年爱尔德赛女士（Mary Ann Aldersey）奉英国"东方女子教育会"之命在宁波设立的女校。同年，英国基督教伦敦会牧师施约翰和养为霖在厦门鼓浪屿创设英华男塾（后更名福音小学堂）①。

此后到1900年，英国各差会纷纷派人来华进行教育传教，也因此开始设立各种教会学校。笔者经过整理资料，发现英国在1840年到1900年教会在设立学校时，小学数目多、时间跨度长，因此英国在华初等教育方面所做出的贡献不容忽视。

1. 初等教育

浙江省：1860年前后，英国教士阚斐迪（Frederick Galpin）在宁波开明讲堂原址创设蒙馆；1874年迁至江北岸槐花树下（即盐仓门对江），过了十余年又迁移到外滩老巡捕房侧（即原太古码头附近），始定名为华英斐迪书院②。1868年，英国圣公会传教士戈柏、陆赐在宁波贯桥头设立了教会学校，由戈柏主管，当时称义塾。教会学校在义塾时期，很重视中国传统。开办之初，课程只设国文和《圣经》两课，并请中国老师来讲课。之后，英国圣公会又在城南大庙前仁德堂、城中小校场、城西五块桥板办了三所女塾，嗣后合并，称仁德女校③。私立仁德小学于1869年开办，创办人为英国基督教圣公会牧师徐家恩④。1865年，中华圣公会（英属）在慈溪观海卫西门办圣约翰学堂。其收费较低，而且备有风琴、地图等教具，开设体操等新课程，实行上下课等新制度，使当地教育有面目一新之感⑤。

湖北省：1861年，英国伦敦会杨格非在汉口金庭公店临时教堂附近仿

---

① 王映辉. 泉州教育史 远古至清朝［M］. 福州：福建教育出版社，2015：312.
② 浙江省政协文史资料委员会. 浙江文史集萃（第5辑）·教育科技卷［M］. 杭州：浙江人民出版社，1996：130.
③ 丁光. 慕雅德眼中的晚清中国（1861—1910）［M］. 杭州：浙江大学出版社，2014：56.
④ 宁波市教育委员会. 宁波市校史集［M］. 宁波：［出版者不详］，1989：237.
⑤ 政协浙江省慈溪市委员会文史资料委员会. 慈溪文史资料（第8辑）·教育资料专辑［M］. 慈溪：［出版者不详］，1993：7.

中国蒙塾兴办"义学",学制 2 到 4 年,对入学儿童实行免费。设置的课程主要有基督教三字经、教义问答、圣经故事,并有中国蒙塾读本《三字经》《百家姓》《增广贤文》之类。1868 年,杨格非牧师又在武昌戈甲营建立女塾,开了女学的先声。1885 年到 1895 年,英国循道会牧师巴修理创设博文书院,该校为小学程度,1895 年有小学生 18 人①。1897 年,汉口懿训女中(最初名懿训书院)由英国基督教会伦敦会派来中国传教的牧师富士德之妻所创办,经费由伦敦会供给。懿训书院是一所小学中学连贯的学校,学制 8 年,不收学费,只收伙食费。在入学资格方面,不限文化程度,唯一条件是必须放足。课程设置为一般中小学的课程,英语课占重要地位,并开设有"家政常识",即培养如何做家庭主妇常识的课,体操每天都有。为了迎合中国当时传统的尊孔读经的教育内容,开设"四书五经"课程,但宗教活动是学校最重要的活动。此外,学校管理制度严格,规定学生必须住校②。

奉天省:1895 年,英国传教士伊约翰牧师利用双岔子医院广场空地,创办私塾式启蒙小学,只收信徒家男子为学生,校名为"育三"。从山东国文馆请来罗姓教师专教国文,由教会传道人讲宗教故事③。1897 年 5 月,英国苏格兰长老会于辽阳城内招收中国女学生 20 名④。1897 年,英国苏格兰长老会开始在辽阳开办学校,韩弥尔于城内东三道街教会院内创办初级小学,专收男生,开设汉文、修身、习字、笔算、音乐和体操六门课程。不久,设立女校,学生多为信徒子女,免收学费,供给文具,教师由牧师和聘请的中国人担任⑤。

安徽省:1897 年中华圣公会在芜湖设立广益学堂⑥。英国基督教会于 1900 年在歙县创办崇一学堂(先为小学,后改中学)⑦。

---

① 马敏. 基督教与中西文化的融合 [M]. 武汉:华中师范大学出版社,2013:100 - 102.
② 政协武汉市委员会文史学习委员会. 武汉文史资料文库(第 4 辑)·教育文化 [M]. 武汉:武汉出版社,1999:196.
③ 辽宁省地方志编纂委员会办公室. 辽宁省志·宗教志 [M]. 沈阳:辽宁民族出版社,2002:230.
④ 王鸣玮,庄志学. 辽阳乡土文化丛书 辽阳风物集萃 [M]. 长春:吉林文史出版社,2013:621.
⑤ 党徽,叶红钢. 辽宁地域文化通览·辽阳卷 [M]. 沈阳:辽宁民族出版社,2015:130.
⑥ 安徽省地方志编纂委员会. 安徽省志·教育志 [M]. 北京:方志出版社,1997:72.
⑦ 《安徽文化史》编纂工作委员会. 安徽文化史(下)[M]. 南京:南京大学出版社,2000:2036.

福建省：1846 年亚历山大·施敦力在厦门创设英华小学校①。1864 年，基督教圣公会传教士在福州乌石山创办安日间女学堂②。1879 年，英国基督教长老公会在晋江安海创办铸英小学堂，为泉州府新式学堂之始③。1881 年，传教士吕适时、周彦水于南安官桥办启明小学（男校）和启秀小学（女校）④。1891 年英国基督教会在漳浦新路尾礼拜堂边设立逢源小学，男女分班。1892 年设立养正女校，该校是漳浦历史上唯一的女校，其主体是小学，附设蒙学堂、妇学⑤。

广西壮族自治区：1886 年英国圣公会传教士兴办华文男子小学，1889 年创办贞德女子小学⑥。

2. 中等教育

英国圣公会于 1865 年在上海创办英华书院，该书院开设的主要英语课程有：英语语言、英文书信、中英文翻译、司账簿事、地理、算法和中文等⑦。浙江宁波斐迪书院于 19 世纪 70 年代中期开始分设高级部与低级部，并逐渐将高级部独立出来，形成以中学程度为主体的学校，学校也改名为英华斐迪书院⑧。重庆私立广益中学位于南岸黄桷垭，其前身是 1894 年英国基督教公谊会创建的广益书院；它于 1898 年改为广益学堂，继后称广益中学；1900 年学制改 4 年为 5 年⑨。1899 年，英国伦敦会创办位于汉口近郊的博学书院，首任校长为麦克法兰牧师（A. J. MacFarlane）。博学书院的中等教育办得很有成效，向香港大学输送了不少学生⑩。1891 年，伦敦会在上海天安堂创办"英华书院"，吸收华人子弟入学。1898 年，学院改名为"麦

---

① 李志刚. 基督教早期在华传教史 [M]. 台北：台湾商务印书馆，1985：274.
② 福州市教育志编纂委员会. 福州教育大事记（308—1994）[M]. 福州：[出版者不详]，1995：62.
③ 陈文革. 泉州藏书史 [M]. 长春：吉林文史出版社，2012：225.
④ 泉州市民族与宗教事务局. 泉州宗教志 [M]. 泉州：[出版者不详]，2005：153.
⑤ 中国人民政治协商会议福建省漳浦县委员会文史工作组编. 漳浦文史资料　新第 6 辑 [M]. 漳浦：[出版者不详]，1986：45.
⑥ 陈理，彭武麟. 中国近代民族史研究文选（下）[M]. 北京：社会科学文献出版社，2013：1304-1305.
⑦ 顾卫星. 晚清英语教学研究 [M]. 苏州：苏州大学出版社，2004：38-43.
⑧ 曲金良. 中国海洋文化史长编近代卷 [M]. 青岛：中国海洋大学出版社，2013：397.
⑨ 重庆市地方志编纂委员会. 重庆市志（第二卷）[M]. 重庆：西南师范大学出版社，2004：132.
⑩ 柯约翰. 华中大学 [M]. 马敏，叶桦，译. 武汉：华中师范大学出版社，2003：4.

伦书院"（Medhurst Memorial College）①。

3. 高等教育

英国的传教士和传教会也在中国创办了一些教会高等学校。1881年，英国伦敦布道会的马根济医生在天津成立了医学馆，为从美国撤回的一些留学生提供医学教育。医学馆学制4年，采用英语教学，属于英国医学体系②。医科学校得到了直隶总督李鸿章的支持，一切经费均从省军防经费中支拨，医学馆的英文名为"Viceroy's Hospital Medical School"（总督医院附属医学校）。1888年马根济逝世后，总督医院被伦敦布道会买去，原"医学馆"成为1893年新建立的北洋医学堂的核心组成部分③。1884年，英国浸礼会传教士库寿令在青州创办广德书院，开设中学班、大学班。1885年，英国浸礼会在青州设立一所神学院（1893年改名为葛罗神学院），后成为齐鲁大学的一部分④。

整体来说，整个19世纪英国基督教新教在华教会教育经历了从无到有以及发展壮大两个阶段。同时，随着教会学校的发展，各差会都渐渐认识到办学校是一种有效的布道方式，差会所提供的教育经费开始超过布道经费，这从一个方面体现了传道方式开始发生重大转变⑤。据笔者收集到的数据来看，英国教会在初等教育方面十分重视，拨出大量资金进行建设，学校课程比中国传统教育更加丰富，纪律校风要求严格，然而在中等教育方面的投入明显不足。20世纪前，英国教会在中国高等教育的立脚点主要是医学和神学。

（二）1900—1922年：英国在华教会教育拓展阶段

1900年义和团运动后，西方传教士在华办学的战略也发生了重大转变，其办学的重点开始从小学转为中、高等学校。盖·斯·拉托里斯在《在华基督教学校概况》一书中提到："美国人和不列颠人，双方不约而同地认为

---

① 肖朗，傅政. 伦敦会与在华英国教会中等教育：以"英华书院"为中心的考察［J］. 浙江大学学报（人文社会科学版），2010（6）：70-81.
② 井振武. 留美幼童与天津［M］. 天津：天津人民出版社，2016：168.
③ 郭凤岐. 天津通志·军事志［M］. 天津：天津社会科学院出版社，2001：382-383.
④ 张宪文，张玉法. 中华民国专题史（第10卷）·教育的变革与发展［M］. 南京：南京大学出版社，2015：386.
⑤ 王治心. 中国基督教史纲［M］. 上海：上海古籍出版社，2004：273.

小学校比高等学校较为次要。他们坚决主张中国归根到底会很快变成一个基督教的国家，假使有一帮受过良好训练的领导人，能够培养起来，尽管人数不多，总比那一班只受拙劣教育麇集于教堂的人们为佳。他们认为这样的领导者，只能在基督教徒的主持下，通过中等和高等学校的培养，才能最理想地获得。"① 随着清末教育改革与民国后中国自办新式教育的发展，基督教开始放弃垄断中国新式教育的想法，开始致力于打造中国新式教育的样本与模范学校。因此，从1900年以后，英国教会除继续巩固原有的初等教育外，开始注重学校的质量并推进中等和高等教育。

1. 初等教育

山东省：1902年中华圣公会传教士布朗（Browne）在威海设立安立甘堂，又名英中学校②。1903年，英国基督教浸礼会举办的"鸿文学堂"增设初中班，并于次年更名为"鸿文中学"。鸿文中学附设有教会小学——男校和女校各3个班，学生100余人。1914年第一次世界大战爆发，英国财政困顿，国外教会投资被削减，鸿文中学遂因经费不足停办。但鸿文中学附属的教会小学却保留下来，成为鲁北唯一的一处教会完全小学③。

福建省：1904年，英国教会长老会派传教士安礼逊来泉州创办养正学校，安礼逊自任学校总理，校址设于平水庙边。1921年改名"培元"④。

浙江省：1903年，英国圣公会在绍兴南门承天桥举办英华初等小学堂，学制4年，课程有英文、国文、算术和圣经学。办学的主要目标是为圣公会输送初级管理人员，是较为典型的教会学校。1910年，增设高等小学，学制5年。1927年，改办绍兴承天初级中学（The King Memorial School），学制4年，并在观音弄增设承天附小。1905年，英国圣公会女传教士慕华德夫人创办短期学道班，后改为仁爱女子圣经学校，学制3年，学生毕业后任各教堂的女传道。创办于1909年的冯氏女子学堂（Mary Vaughan School）在圣公会所办女学中具有代表性。

贵州省：柏格理于1905年在石门坎兴建学校，1906年开始招收苗民子弟入学；至1912年，已办成高级、初级男女两部，系完全小学，取名光华

---

① 拉托里斯. 在华基督教学校概况 [M]. 纽约：纽约麦克米伦图书公司，1929：624.
② 刘焕阳，陈爱强. 胶东文化通论 [M]. 济南：齐鲁书社，2015：253.
③ 山东省滨州市地方史志编纂委员会. 滨州市志 [M]. 济南：齐鲁书社，1993：613.
④ 《泉州市教育志》编纂委员会. 泉州市教育志 [M]. 福州：福建教育出版社，1996：168.

小学，并以石门坎光华小学为中心，有计划地向石门坎周围的支堂推广、扩大，发展苗族地区的教育事业；至1915年柏格理逝世时，不计分校，仅光华小学本部已有学生400余人①。

河南省：1917年，中华圣公会在开封创办幼稚园一班，收幼儿10名②。圣公会创办育德女子小学与明新小学。育德女子小学建于1913年，明新小学建于1915年③。教会小学按照教育部规定开设有国语、算术、常识、三民主义等课程，同时规定每天早晨做早礼拜、学圣诗歌，每天第一节课必读《圣经》，星期日、星期五要参加大礼拜等宗教活动。基督教在洛阳办学也比较早，1902年内地会在新安县创办"养正小学"一所，1903年，又开设"佩真女子小学"④。

安徽省：英国基督教会于1900年在歙县创办崇一学堂（先为小学，后改为中学)⑤。

陕西省：1903年，英国女教士白吕文卫等主持创办尊德学堂，主要由英国女教士教学生识字、唱赞美诗，并开设英语课。1931年，改称私立尊德女子初级中学⑥。

山西省：1900年，基督教浸理会在阳曲县城杏花岭兴办男书坊和女书坊各1所。《奏定学堂章程》颁布后，太谷、汾阳两县兴办了铭贤、铭义小学堂。1904年，阳曲、太谷、汾阳等县分别兴办了尊德、贝露、崇德女子初等小学堂⑦。

广西壮族自治区：1914年，桂林浸信会开办培真女校；1916年，浸信会开办培正学校；1920年，改名储才学校；1922年，增设中学部，并在各教会基址附设分校；1917年，浸信会于公平街开办培真培贤女子小学校，

---

① 赵文娟．清末民初基督教传教士在西南民族地区的宣教活动——以循道公会传教士柏格理为个案［J］．西北第二民族学院学报（哲学社会科学版），2008（1）：96-99.
② 河南省地方史志编纂委员会．河南省志·教育志［M］．郑州：河南人民出版社，1993：48.
③ 开封市地方志编纂委员会．开封市志（第6册）［M］．北京：北京燕山出版社，2001：143-144.
④ 洛阳市地方史志编纂委员会．洛阳市志·宗教志［M］．郑州：中州古籍出版社，1999：143.
⑤ 周洪宇．陶行知生活教育学说［M］．武汉：湖北教育出版社，2011：9.
⑥ 西安市地方志编纂委员会．西安市志第6卷科教文卫［M］．西安：西安出版社，2002：293.
⑦ 山西省史志研究院．山西通志（第37卷）·教育志［M］．北京：中华书局，1999：79.

学生 85 人，教职员 5 人，后因经费困难停办；1918 年，浸信会开办桂林培贤圣经妇孺学校；1919 年，桂林中华圣公会于伏波街开办懿训女子小学校，学生 4 个班，教员 4 人；同年，又在马王庙街开办彼得两级小学校，学生 4 个班，教员 5 人；1920 年，浸信会广西官语区和会开办桂林圣经学校①。

云南省：云南的教会学校以圣公会所办者居多，共有初级小学校 34 所，高级小学校 4 所，中学 1 所。其次为内地会，计办有初高级小学校 24 所，余为青年会及南云南会所办。

四川省：1914 年，基督教英美会女布道会在重庆打铁街创办文德幼稚园；1918 年改办小学；1925 年提升为文德女子中学，只收女学生②。

奉天省：奉天瞽目重明学校是英籍基督教传教士德儒博夫人于 1902 年在小河沿北上坎正式创办的私塾，是沈阳市最早的盲人学校③。1908 年英国人卜敬之创办朝阳育贤小学④。

吉林省：1907 年，基督教长春长老会金瑞慈教士（英国人）创办初等女校，定名为长春纯粹女学堂。1915 年改名为长春萃文女学校，为小学，这是长春最早的女子教育⑤。在吉林延边，1906 年，基督教长老会传教士在龙井设立了"圣经书院"，兼作教堂；越数年，又先后在龙井创立了"广东书塾"（后改为永信学校）、明信女子高等小学和恩真中学⑥。1912 年，基督教英籍传教士在珲春成立"珲春基督教讲书堂"⑦。

黑龙江省：1909 年，由英国苏格兰长老会英籍牧师孙文彬在呼兰县创办广育中学，校址设在呼兰县城内信德胡同；1910 年增收小学生，称广育中学附属小学；1919 年中学停办后，改名为中华基督教私立广育两级小学校⑧。

据《1901—1920 年中国基督教调查资料（上卷）》的统计数据，到

---

① 桂林漓江志编纂委员会. 桂林漓江志（上卷）[M]. 南宁：广西人民出版社，2004：403.
② 徐永志. 中国近现代政治社会史论 [M]. 北京：中央民族大学出版社，2009：233.
③ 重庆市地方志编纂委员会. 重庆市志第二卷 [M]. 重庆：西南师范大学出版社，2004：131.
④ 辽宁省地方志编纂委员会办公室. 辽宁省志·宗教志 [M]. 沈阳：辽宁民族出版社，2002：231.
⑤ 长春市地方志编纂委员会. 百业源流 [M]. 长春：长春出版社，2000：178.
⑥ 徐永志. 中国近现代政治社会史论 [M]. 北京：中央民族大学出版社，2009：231.
⑦ 延边历史研究所. 延边朝鲜族自治州概况 [M]. 延边：[出版者不详]，1980：70.
⑧ 哈尔滨市地方志编纂委员会. 哈尔滨市志·宗教方言 [M]. 哈尔滨：黑龙江人民出版社，1998：114.

1920年，英国在华主要教会的初级小学和高级小学数目如下：英圣公会初级小学290所，高级小学51所；英浸礼会初级小学214所，高级小学12所；伦敦会初级小学161所，高级小学60所；英长老会初级小学210所，高级小学25所；内地会初级小学455所，高级小学70所①。

小学是英国教会学校的最大组成部分，直到20世纪20年代学校数目和规模才发生变化，主要是因为：第一，英国教会把更多的注意力集中在乡村学校上，将许多四年制的学校改为六年制，并发展教会中心学校为初等教育的典范。同时，初等教育的管理方法发生了改变，中国教师的数量也大幅度增加。第二，一个六年制的学校总会位于教会驻扎地（在一个城市或者镇里），学校提供寄宿并且学生可以升到初中。小学一般会有一个附属幼儿园，并被视为当地教会初中生源的供应站。这些学校比四年制的学校取得了更明显的进步。这些中心学校都被视为当地初等教育的典范，因为它们有更充裕的基金和更有利的环境②。初等学校是英国教会投资的主要对象，这种初等教育的模式一直维持到了19世纪20年代后期。

2. 中等教育

福建省：英长老会于1900年设英华书院于鼓浪屿荔枝宅③。培元中学是1904年在英国基督教长老会募捐下，由剑桥大学毕业生安礼逊来泉州创办的④。1914年，英教会在漳州创办华英中学堂⑤。1920年，英国伦敦公会女宣教士黎以智倡议设立的进德女子中学，是漳州第一所女子中学。同年

---

① 同时，美国在华主要教会的初级小学和高级小学数目如下：美圣公会初级小学148所，高级小学35所；美浸礼会初级小学213所，高级小学39所；公理会初级小学235所，高级小学33所；北长老会初级小学641所，高级小学133所；南长老会初级小学116所，高级小学20所；美基督会初级小学30所，高级小学17所。资料来自：中华续行委办会调查特委会.1901—1920年中国基督教调查资料（上卷）[M]．北京：中国社会科学出版社，2007：818-819．

② CUI D. The Cultural Contribution of British Protestant Missionaries and British—American Cooperation to China's National Development during the 1920s [M]. Lanham: University Press of America, 1998: 154-158.

③ 厦门市政协文史和学习宣传委员会．鹭江春秋——厦门文史资料选粹[M]．北京：中央文献出版社，2003：633．

④ 福建省文物局．福建涉台文物大观上[M]．福州：福建教育出版社，2012：66．

⑤ 中国人民政治协商会议福建省漳州市委会文史资料研究委员会．文史资料选辑1979年第3辑总第8辑[M]．漳州：[出版者不详]，1982：92．

秋，该校借用接官亭礼拜堂后面的进德斋为校舍，开始招生①。1890年，英国宣道会创办培英女校。1900年，学校逐渐提高程度，添办高等小学。1921年春，又增设中学部②。

山西省：普润中学开始筹建于1904年，发起人是内地会会长戴德生和副会长何司德两位总牧师。创办之初，校址在洪洞城内基督教会所在地，地方窄小，教学不便。1912年破土动工建造一所现代式样的学校，1918年竣工。崇真女校创办于1909年，校址设在霍县城内观坡街，负责管理学校的是内地会三位英籍女传教士。学校的课程除圣经、道课外，还有国文、算术、地理等。崇真女校开办9年后，普润中学于1918年竣工，崇真女校的中学部学生全部转到普润中学，原崇真女校只剩小学部③。山西最早出现的女子中学，为英国基督教浸礼会在太原举办的尊德女子中学。其前身是英国人于1900年以前设立的女书房，系小学性质。1921年，增招初中班，学生人数不多。该校宗教气氛浓厚，除上"圣经"课外，每日早晚都要做礼拜④。

陕西省：1922年崇真书院和美丽书院合并，改称崇美中学，成为陕西第一所男女合校的学校⑤。

四川省：广益中学，前身系英国基督教公谊会所办的广益书院。书院于1894年成立，1898年改称广益学堂，1904年更名为广益中学⑥；1905年由基督教浸礼会、英美会、公谊会、美以美会等在成都开设高级中学，名华西协合中学⑦。绵阳育德中学是原西川基督教中华圣公会英国传教士朱孔扬、万育生和孟育仁等三人于1918年创办的，学校初名华英男中。学校的教育

---

① 中国人民政治协商会议漳州市芗城区委员会．漳州芗城文史资料合订本第3卷上 [M]．漳州：[出版者不详]，2009：1194．
② 校史编写组．根深叶茂 泉州幼儿师范高等专科学校125年校史简编 [M]．厦门：厦门大学出版社，2015：2．
③ 政协洪洞县文史资料研究委员会．洪洞文史资料（第6辑）[M]．洪洞：[出版者不详]，1993：67-70．
④ 山西省史志研究院编．山西通志（第37卷）·教育志 [M]．北京：中华书局，1999：134．
⑤ 周川．中国近现代高等教育人物辞典 [M]．福州：福建教育出版社，2012：31．
⑥ 欧阳桦，李竹汀．学舍百年·重庆中小学校近代建筑 [M]．重庆：重庆大学出版社，2014：88．
⑦ 中国历史大辞典·清史卷编纂委员会．中国历史大辞典·清史卷（下）[M]．上海：上海辞书出版社，1992：255．

内容和教育方法，宗教的封建色彩浓重①。

奉天省：1900年，苏格兰长老会在辽阳城内五道街成立文德中学②。1904年英国传教士孟宗原设立新民文会初级中学；1905年孟宗原创办新民崇实女子中学③；1910年，基督教东北大会派遣爱尔兰传教士金济生到锦州主持教务，于锦州设立育英女校，后更名为育贤中学④；奉天坤光女子师范学校是英国基督教长老会于1911年在奉天小河沿（今辽宁省肿瘤医院内）创立的，原为奉天基督教女师范学校，1915年将长春基督教女师范学校并入，改称为奉天坤光女子师范学校，开启了东北女子中等职业教育之风。1915年，英国牧师谭文纶在大东门外东关基督教会院内，利用原有房屋创立文华初级中学。学校条件简陋，有时一室三用，白天为课室、餐厅，夜里作宿舍。学校课程偏重英文和数理化⑤。

吉林省：吉林文光中学最具代表性。这是1921年由爱尔兰基督教长老会在吉林筹办的一所私立普通初级中学。主要是为社会培养有中等文化程度的青年，向上一级学校输送新生，扩大基督教在中国的影响。学制3年⑥。在延边，永新中学是以原广东书塾发展而成的永新学校为基础创办的。广东书塾于1910年创办，招收了30多名儿童；1912年，广东书塾由龙井耶稣教长老会中央教会接管，更名为"永新学校"，学制定为：初等科4年，高等科2年⑦。

浙江省：1912年，英国基督教传教士创办华英学校⑧。

---

① 中国人民政治协商会议绵阳市市中区委员会文史资料研究委员会. 绵阳文史资料选辑第4辑 [M]. 绵阳：[出版者不详]，1986：62-64.
② 王鸣玮，庄志学. 辽阳乡土文化丛书·辽阳风物集萃 [M]. 长春：吉林文史出版社，2013：621.
③ 辽宁省地方志编纂委员会办公室. 辽宁省志·宗教志 [M]. 沈阳：辽宁民族出版社，2002：231.
④ 辽宁省地方志编纂委员会办公室. 辽宁省志·宗教志 [M]. 沈阳：辽宁民族出版社，2002：230.
⑤ 辽宁省地方志编纂委员会办公室. 辽宁省志·宗教志 [M]. 沈阳：辽宁民族出版社，2002：228.
⑥ 吉林省地方志编纂委员会. 吉林省志·宗教志 [M]. 长春：吉林人民出版社，2000：347.
⑦ 延边州政协文史资料委员会. 延边文史资料汇编（第2辑）[M]. 延吉：延边教育出版社，2011：27.
⑧ 俞福海. 宁波市志下 [M]. 北京：中华书局，1995：2231.

据《1901—1920 年中国基督教调查资料（上卷）》的数据统计，到 1920 年英国在华主要教会的中学校数目及中学校学生总数如下：英圣公会中学校 17 所，学生总数 854 人；英浸礼会中学校 2 所，学生总数 68 人；伦敦会中学校 11 所，学生总数 482 人；英长老会中学校 8 所，学生总数 377 人；内地会中学校 8 所，学生总数 127 人①。

总体而言，教会中学可以大致分为四类：大城市中学、小城市中学、"城镇—乡村"中学和协和中学②。

一般来说，大城市中学同时包含初中部和高中部，为学生提供完整的六年中等教育课程，一些学校甚至还有大学预科系部或者接近大学标准的系部。在这种学校，英语被用作教学用语。和其他类型的中学相比，学校往往会聘用大量的外籍教师。学校师资力量雄厚，通常为寄宿制学校。其中最显著的特征是该类学校能为基督教大学培养优秀的生源。同时，该类教会学校还为政府部门或商业圈提供优秀储备人才，如海关、盐务机构、邮局等政府部门，这与该类教会学校上课用语大部分是英语有关。

小城市的中学一般实行寄宿制，这些学校一般位于传教士住宅区，大部分学校只有初中部，一些学校直到 20 世纪 20 年代才开设了高中课程。在这些初中，英语作为一门学科来学，而不是授课的媒介。与第一类相比，他们在英语方面的欠缺非常突出。因此，本国语是授课的媒介，中国老师占全体职工的多数，但是授课一直处于传教士的指导之下。因而，接受过本国语教育的非大学学历的老师来授课成为第二个显著特征。教会学校的许多毕业生留在教会小学里任教。教会学校总是充分考虑到乡村和小城镇所需要的不同类型的授课教师的比例。在这点上，与第一类有明显的不同。

第三类"城镇—乡村"中学其实是指特殊的乡村寄宿制学校，其中一

---

① 同时，到 1920 年美国在华主要教会的中学校数目及中学校学生总数如下：美圣公会中学校 14 所，学生总数 1,090 人；美浸礼会中学校 13 所，学生总数 607 人；公理会中学校 15 所，学生总数 664 人；北长老会中学校 42 所，学生总数 1,568 人；南长老会中学校 10 所，学生总数 416 人；美基督会中学校 6 所，学生总数 148 人。资料来自：中华续行委办会调查特委会. 1901—1920 年中国基督教调查资料（上卷）[M]. 北京：中国社会科学出版社，2007：818 - 819.

② CUI D. The Cultural Contribution of British Protestant Missionaries and British—American Cooperation to China's National Development during the 1920s [M]. Lanham：University Press of America，1998：159 - 162.

些只开设两年的初中课程,主要培养乡村小学老师。这类学校很适合乡村环境,根据该地区域的实际需求,这些学校并不想去超出初中学校的标准。英国传教士为了提高那些比较好的乡村和小城镇的传道教育标准以及克服经济困难,于是在那些已经存在的高级小学内部建立初中部。这些初中部依附于传教小学,也属于"城镇—乡村"类型。这样一来,教会教育的中等水平学校增加了,该方法成为一项很重要的教育扩张手段。

英国教会和美国教会共同创办的协和中学是英国教会扩大中级教育另一个重要的补充措施。在很多的区域和省份,与美国教会合作已经成为英国教会在中国参与中级教育的主要手段。

在课程设置方面,清朝末年,大部分英国教会中学的课程主要包括汉语、英语、拉丁文、希腊语、数学、圣经和其他的宗教课程。民国时期,特别是1920年以后,英国教会中学增加了大量的通俗和科学的课程,例如英国文化、西方历史、西方哲学、基础心理学、初级社会学、基本伦理、各种各样的自然科学,还有物理学、公共健康和体育等实验性课程。

3. 高等教育

人们对于英国教会在华兴办学校的传统偏见就是英国教会对于高等教育的关注还不够。实际上,在20世纪早期,英国的传教机构虽然在华创办的高校数量有限,不及美国教会所办高校多,但是英国教会也通过合办、独办的形式,在中国的高等教育领域占有一席之地。英国在华设立高校情况如下。

1900年2月,英国伦敦会在天津英租界设立了新学大书院。初设中学科,后增设预备科和大学科,由初中至大学毕业共12年。其中大学科4年,分文学部和理学部,前两年教授基础科学,后两年分科教学。文学部分科目有文学、哲学、法学各科;理学部有工学及化学各科,注重培养政治人才与实业人才[①]。

1902年,关东基督教文会书院创立。它是基督教长老会的最高学府,与北京的汇文书院、南京的金陵大学、上海的复旦大学处于平等地位,是英

---

① 郑天挺,荣孟源主编. 中国历史大辞典·清史卷(下)[M]. 上海:上海辞书出版社,1992:749.

国苏格兰和爱尔兰两个国外布道差会共同创立的。最初担任其校长的是一位英国医学博士，书院课程有经、史、子、集和习作论、议、策等散文，特聘汉文教师授课。科学方面，代数、几何、物理、英文，统归季校长担任之。该校分为本科和预科，预科学制1年，学习普通课；本科学制3年，分法、理、医、工4个系。该校主要招收县教会中学毕业生及教友、长老和学校中教职员子弟①，当时的毕业生可以从事牧师、教员以及自选职业，也有少数去英美留学的。

华西协合大学创立于1910年，由英、美、加三国的五个基督教会（英国圣公会、公谊会，美国浸礼会、美以美会和加拿大循道会）组建。该校仿照英国牛津、剑桥大学和加拿大多伦多大学体制，初设文、理、教育三科，开设哲学、英文、中文、历史、教育学、生物、解剖学等课程。1913年设医科，次年设牙科。1933年设文、理、医三学院，以医、牙科著称②。与之相比，当地的公立学校却仍旧刚刚起步，大多数学校的规模很小，于是华西协合大学是中国西部高等教育的榜样。这所大学不仅为教会学校培养了老师，也为政府机构培训了人才。

福建协和大学在英国中华圣公会、美国公理会、美以美会和归正教会的资助下于1915建立。初期开设的课程有国文、社会学、英文、社会科学和生物等。随着学校的发展及办学条件的改善，所设课程相当完整。由于学校拥有优秀的师资，福建协和大学为中国的知识界造就了一批精英，是培养人才的摇篮③。

英浸礼会和北美长老会于1904年合作创立的广文学校是后来的齐鲁大学的雏形。1917年，在广文学校的基础上成立了齐鲁大学，教会内部的名称是山东基督教共和大学（Shantung Christian University）。通常情况下，大部分的基督教学院都会选择用英语教学，而齐鲁大学却选择中文教学。因此，它为中国教授西方知识时使用母语打开了先河。

奉天医科大学（奉天医科专门学校）是由英国爱尔兰长老会司督阁于

---

① 齐红深. 东北地方教育史 [M]. 沈阳：辽宁大学出版社，1991：240.
② 高占祥，朱自强，张德林，等. 中国文化大百科全书·教育卷 [M]. 长春：长春出版社，1994：89.
③ 谢必震. 福建史略 [M]. 北京：海洋出版社，2011：176 - 182.

1912年在沈阳创设的医科学校,这是东北地区第一所现代化意义的医科大学,为东北地区医学教育的开创性发展做出了卓越的贡献。本章第三节将从个案研究的角度着重介绍奉天医科大学。

整体来说,1900—1922年的英国教会教育发展状况有四个特点。

第一,教会小学数量保持领先地位。1900年前,英国教会小学数量已经在各国来华教会所创办的教育机构中领先。1900年后,教会小学继续得到巩固并获得发展,同时英国教会也在不断地改进教会小学的教育理念、教育思想、教育方式。同时,戊戌变法、辛亥革命和五四运动等促使中国民众逐步接受西式教育,英国教会小学的认可度逐步增加。

第二,中等学校建设方面开始得到重视并逐步获得投资,中等学校的数量与小学数量的比例逐渐合理化。因此,受过教会小学教育的孩子能够在较近的地域内升入中学,这对巩固英国教会教育、输送人才以及传教任务都是极其重要的。

第三,英国传教开始向高等教育明显倾斜,在高等教育方面投入明显,合办多所历史上著名的教会大学,如华西协合大学、福建协和大学、齐鲁大学、武昌华中大学等。对于高等教育的倾斜能够帮助自身教会中小学人才跃升,能够提升英国教会学校整体水平。从产生的效果来看,对高等教育的重视收效良好。

第四,为中国近代化教育发展奠定了一定的基础。在这方面,无论中小学还是大学,教会的示范作用和表率作用都是很明显的。从清末的率先垂范到民国的领风气之先英国教会教育都是一直走在教育界前列的,对我国近代教育的发展确实贡献了一定力量。

(三)1922—1949年:英国在华教会教育停滞阶段

1922年,世界基督教学生同盟在北京清华大学举行第十一届大会。20多个国家的100多名代表及中国方面的500多人云集清华,讨论"如何宣传基督教于现代学术""学校生活基督化""学生在教会中之责任"等问题。受中国学界五四运动的影响,大会使中国学生代表认识到了帝国主义利用宗教进行文化侵略的精神影响,因此,他们决定将斗争矛头对准帝国主义的先遣队——基督教在华势力。大会闭幕后，北大率先召开反宗教大会，当时的名人学者都发表演讲并号召教育与宗教分离，由此拉开了轰轰烈烈的非基督教运动（简称非基运动）① 的序幕。

1924年，非基运动在上海掀起又一次高潮。在此次运动中，教会学校开始成为主要攻击对象，收回教育主权也在此次运动中正式提出来。1925年，五卅惨案的发生使北京政府教育部正式颁布《外人在华设立学校认可办法》；1929年，中国政府开始进一步收紧对学校宗教教育的管理，规定不允许强迫或引诱学生参加任何形式的宗教活动；之后规定所有教会学校都要进行注册②。履行注册手续之后的学校，需实施党化教育，必修党义课程，举行纪念周，悬挂总理遗像及党旗国旗。各级学校党义教师与训育主任，须一律受"党义教师检定委员会"检定。教会学校渐渐开始把西人管理权移交给中国人，组织校董会，推选华人为校长③。

后因日本全面侵华，国家全面转向战时状态，许多教育政策和规定无法执行，因此，部分英国教会学校在抗战期间开始恢复原有教学模式，但时间不长。随着1941年日本偷袭珍珠港失败，美国参战，日本侵略者迫使英国教会学校的外国人限时离开中国，英国教会学校陷入了前所未有的困顿之中。1945年抗战胜利后，部分英国人返回中国准备继续进行教会教育，但随着1946年解放战争的爆发、1949年中华人民共和国的成立，教会教育开始走向尾声。1950年，新中国政府决定全面接收教会学校，将其收归国有。至此，存在一百多年的在华英国教会教育结束了自己的历史使命。

现列举个别实例来说明当时的英国教会学校状况。

初等教育中的山西省英国女教士创办的尊德学堂，1932年组织校董会筹备立案，聘中国传教士聂梦九为校长，后改聘李西园为校长。直至1952年9月，辽宁省英籍传教士建立的奉天瞽目重明学校④，在沈阳解放后，被

---

① 王治心. 中国基督教史纲[M]. 上海：上海古籍出版社，2004：280-281.
② 何晓夏，史静寰. 教会学校与中国教育近代化[M]. 广州：广东教育出版社，1996：365.
③ 王治心. 中国基督教史纲[M]. 上海：上海古籍出版社，2004：281.
④ 西安市地方志编纂委员会. 西安市志（第六卷）·科教文卫[M]. 西安：西安出版社，2002：293.

沈阳市民政局接管，后被纳入国家教育系统，改为沈阳市盲校①。

中等教育中福建省的培元中学，在20世纪20年代至30年代，学校经费除一小部分由英国基督教长老会负担外，其他建筑、设备等均是华侨和校友捐助的。在这一时期，培元学校规模发展较快。1937年，学校高、初中部奉令内迁，培元中学经费发生困难，高、初中部已经难以维持，其他四个分校或独自勉强维持，或先后停办；1949年国家接收后将其改为"泉州二中"②。山西省内地会筹建的普润中学在1925年因一学生被日商欺辱，引起了广大师生不满，掀起了反日学潮；1938年，日本入侵，学校停办③。辽宁省苏格兰长老会创办的文德中学于1923年遵照国家规定，改成新学制，即小学"四二"制，中学"三三"制。所以文德中学由1923年起改为秋季始业，实行高小两年制，初中三年制。到1924年秋，学校计有高小两个班，初中三个班，共计学生一百三十余人，校名为文德初级中学。1938年，又按伪满政府令，改为私立辽阳文德国民高等学校（商科），学制4年，又改为春季始业，原初中未毕业班均延长一年，算国高毕业，高小改为国民优级学校，只有一个班。1923年改革学制，除圣经课延续到1928年外，其他课均按国家规定，采用商务印书馆本。为了避免日本特务经常来学校干扰，自1935年起，英人牧师自任校长，负责对外事宜，中国人校长负责校内工作。学生毕业后，大部分升入沈阳文会高中，少数升入其他学校或自谋职业。国高时期，大部分考入伪政府机关工作，少数成绩优秀的学生考入英国教会创办的盛京医科大学或其他伪国立大学④。山东省鸿文中学因在第一次世界大战爆发时英国财政困难、国外教会投资削减而停办⑤。1924年，在英国人的援助下恢复，教会建起了鸿文的大礼拜堂⑥。后因屡次立案未获批准，学校于1930年夏停办。1937年，七七事变以后，滨境陷于战乱，日伪军频繁骚

---

① 罗云天. 穿越盛京秘境 [M]. 沈阳：沈阳出版社，2017：106.
② 福建省教育史志编写办公室，福建省教科所教育史志研究室，福建省教委中教处，等. 福建省教育史志资料集·第7辑 [M]. 福州：[出版者不详]，1992：205–210.
③ 张青，等. 洪洞县志·下 [M]. 太原：山西春秋电子音像出版社，2005：987.
④ 辽阳市政协文史资料研究委员会. 辽阳文史资料（第1辑）·教育选辑 [M]. 辽阳：[出版者不详]，1985：81–84.
⑤ 车吉心，梁自洁，任孚先. 齐鲁文化大辞典 [M]. 济南：山东教育出版社，1989：301.
⑥ 山东省滨州市地方史志编纂委员会编. 滨州市志 [M]. 济南：齐鲁书社，1993：731.

扰，教会活动受到限制。当时的鸿文中学成为敌伪、国民党与人民抗日民主力量争夺的文化阵地①。1941年，学校再度恢复，名义上仍为教会主办，实则已成为受控于国民党政权的一所普通中等学校。1945年夏，滨（县）、蒲（台）等地解放，鸿文中学也随之解体②。

高等教育中，福建协和大学受1925年的五卅运动影响，加之北伐战争节节胜利唤起了全国人民的民族情绪，收回教育权、接管教会学校的呼声一浪高过一浪。1927年4月，由中国人任主席的五人管理委员会开始负责这个教会大学。1937年，七七事变爆发后，大学面临严峻的形势，迁校邵武。1945年8月15日，日本宣布无条件投降。回迁后的福建协和大学于1946年5月1日重新开学。1949年福州解放，大学由政府接收，后改名为福州大学③。

整体来说，英国教会学校不仅是英国教会在华传教事业的一部分，还构成了中国近代教育的一部分。英国教会学校在和平时期培育人才，在战争时救济伤民，在落后时率先垂范，这一切在教育史里都已有公论。英国教会学校以及传教士的教育活动把先进的西方文化教育和生产管理技术介绍给中国社会，并且作为西学东渐的载体，他们的存在和行为本身成了中国传统社会现代化转型的催化剂。但在近代中英文化大碰撞过程中，英国教会学校里传教士的福音传播无论如何修饰，都改变不了其作为殖民主义国家对外征服的侵略实质。因此，英国的教会教育在中国近代教育坎坷发展的历程中所起的作用相当复杂与微妙。

三、近代英国在华教会高等学校的个案研究

英国在华的教会教育中高等学校的建设数量不多，但有着令人瞩目的高质量。让其脱颖而出显现优势的秘密究竟在哪里？应该从哪些方面来分析这

---

① 山东省滨州市地方史志编纂委员会编. 滨州市志［M］. 济南：齐鲁书社，1993：732.
② 车吉心，梁自洁，任孚先. 齐鲁文化大辞典［M］. 济南：山东教育出版社，1989：301.
③ 谢必震. 福建史略［M］. 北京：海洋出版社，2011：177-185.

些优势？这些都是笔者想要探究的问题。经查阅资料得知，奉天医科大学由苏格兰长老会、爱尔兰长老会和丹麦路德会合作办学，英国差会更是主要创建者，因此在寻找英国教会高等教育方面的实例时，该校可以说是最佳选择。并且，以往研究者的目光主要集中在美国教会资助为主的医学院，如北京协和医学院、华西协合大学医学院、长沙湘雅医学专门学校等医学教育，东北地区英国传教士所开拓的医学教育则一直缺少相应的关注。因此，本部分内容将以奉天医科大学为例来探究英国教会高等教育在华展开教育的特点。

（一）司督阁与奉天医科大学的创建

研究奉天医科大学，不得不从它的创建者与灵魂人物司督阁说起。司督阁（Dugald Christie，1854—1936），出生于英国北部的苏格兰一个普通的牧场主家庭，随家庭迁到格拉斯哥后，司督阁积极参加宗教活动，是"宗教改革青年社团佛兰芒支部"的成员，也是"格拉斯哥铸铁少年团"的积极支持者，后来受到英国宗教复兴运动的影响成为一位牧师，终身从事传教事业。

司督阁在22岁时进入了当时英国最著名的医学院——爱丁堡大学医疗传教士学院。爱丁堡大学在全世界范围内也是一流的，尤其是当在此就读过的查尔斯·达尔文写出《物种起源》、创建进化论后，该校医学院的名声与日俱增，是英国顶尖级学府。司督阁在校期间，学习成绩一直名列前茅并且获得多次资助。完成学业后，司督阁毅然放弃英国优裕生活，接受苏格兰联合长老会海外传教委员会派遣前往中国东北地区传教。他于1882年11月在营口港登陆，后赴沈阳，1883年春在沈阳小河沿购房定居。

在1883至1922年末的四十年间，司督阁经历了七任盛京将军、三任东三省总督、两位奉天都督和一位东三省巡阅使，见证了那段动荡历史中的众多事件，包括亚洲霍乱、甲午战争、义和团运动、日俄战争、东北大鼠疫、辛亥革命、第一次直奉战争等。他着手建立了沈阳第一家诊所、第一家医院以及东北第一所医学院，本着救世救人的精神，积极救治在战争、鼠疫中受苦受难的中国人。他不仅为当时的中国东北带来了西医疗法，还积极创办了现代医学堂和医科大学,传播现代医学,造福中国人民。兹简要总结如下①:第一,创建满洲第一家盛京现代医学诊所,传播现代医药学知识;第二,创办盛京现代医学堂,培养和训练现代医学助手;第三,创建满洲第一所女子医院、高级护士职业学校,男女生同堂授课;第四,领导中国博医会制定规范的现代医学术语,提出把医院管理权逐步转给中国人;第五,在辛亥革命中创建奉天医科大学,着手东北现代医学教育;第六,建立规范的现代教育体系,亲手培育出东北第一批医科大学生;第七,创立了中国苏格兰友好协会,以一生努力架设起中英友好的桥梁。

因此,司督阁受到东北人民特别是沈阳人民的尊敬和信任,他们赞不绝口:"司大夫尽心尽力为我们建设,早就给我们很高的人格标准了""司大夫的人格伟大……他一生如此给人家建设,给不相识而不同种的人们谋事业,真是令我们景仰不止"。在司督阁逝世后,奉天医科大学的第一批毕业生曾为他的一生功绩立传:

司督阁公略传
刘同伦

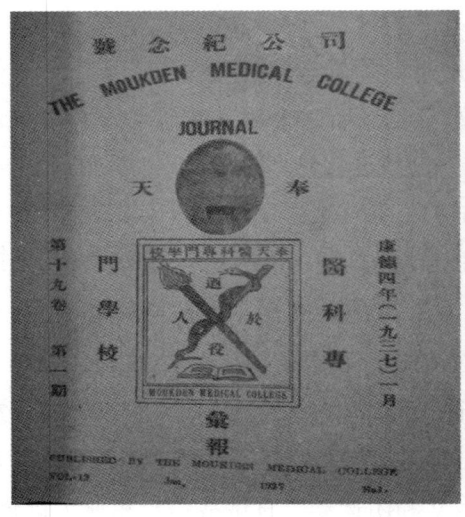

图1-1 司督阁纪念号之司督阁公遗像

---

① 陈醒哲.盛京医事[M].沈阳:辽宁大学出版社,2012:自序.

司公督阁，英之北部苏格兰人也。生于西历一八五四年，幼颖慧，试辄冠军。长肄业于英厄丁堡大学，毕业得医学博士学位。于前清光绪八年来奉，始设一简单之施诊所于小河沿，其时风气未开，对于西医皆乏信仰，就诊者类皆不起之沉疴，姑予试治，公皆以赤诚相待，尽心诊疗。

……

公鉴于本地医学人才之缺乏，因倡议兴建完备之医校。蒙东三省总督徐公拨款赞助，同时西人亦争输巨款，现时巍然矗立于万泉河北岸之奉天医科专门学校，遂于民国元年得告成立。初为五年毕业，专收男生。嗣公以满洲尤乏女医师，因在英特捐巨款，扩充设备，招添女生，同堂授课，复提高学程，由五年改为七年毕业。医校之常年经费，均赖公在国运筹谋划，奔走劝募，耗神费力，劳瘁备至。而公当之无倦色，二十五年如一日，公之材高，公之爱大。而公之毅力尤足矜式，公在国于奔走校事之余，复向英政府请求退还庚子赔款，移作中国教育之用。

……

总计公在满服务垂四十年，立院兴学，博施济众。公所创立之盛京施医院，现每年门诊患者十余万，住院床位三百余。经公设立之奉天医科专门学校，毕业已达十三班，毕业士计二百六十余人，散遍全国，救济灾黎。公以一异国之平民，在吾满洲竟能造成此绝大慈善教育事业。吾人思之能无愧感。今公逝矣，但公之逝者为音容，而公之丰功伟业，将与我满洲同其终永。公之精神固当历千秋而不朽也，高山仰止，景行行止。司公其谓乎，斯为传。

一九三六年十二月十日

四十余年里，凡接触过司督阁的人，无一不被他仁慈爱心、救世救人的精神感染，这种精神一直留存在医学院的教学中，代代相传。

（二）奉天医科大学的医学教育

1882 年，司督阁受苏格兰基督教会派遣，到位于中国东北的牛庄（现辽宁省鞍山市牛庄镇）施医布道。1885年，为了适应盛京施医院医疗需要，司督阁推动用半工半读的方式培训助理医师、药房技师和助理护士。这些助理医师、药房技师和助理护士经过3年培训才能正式参加工作。1906年，在东三省总督赵尔巽的支持下，盛京施医院扩建，正式设西医学堂，开始每年招收学员，进行正规培训教育，西医教育由此拉开序幕；经过多年努力和建设，最后发展成为后来的奉天医科大学。奉天医科大学的成长经历在中国是独特的，从传教士医学堂到大学、从不成熟到成熟，极具学术价值，下面，将其特点介绍如下。

1. 奉天医科大学的宗旨目标、管理体系及经费支持

奉天医科大学在历史上曾经多次更名，按时间顺序分别为盛京医学堂（1885—1908）、奉天医学堂（1908—1912）、奉天医科大学（1912—1917）、奉天医科专门学校（1917—1929）、辽宁医科专门学校（1929—1933）、盛京奉天医科大学（1933—1945）、辽宁医学院（1946—1948）、辽宁奉天医科大学（1948—1949），最后并入中国医科大学（1949年至今）。

由于名字众多，本文除特别注明外，一般都以其最为著名的名称即奉天医科大学来指代这所学校。奉天医科大学虽然多次易名，但其办学宗旨与创校者司督阁的初衷是始终没有发生变化的。特有的宗旨以及独特的管理和一贯的支持，造就了历史上奉天医科大学的强大与闻名。本节即专门探讨奉天医科大学强大的秘密所在。

1885年以后，随着盛京施医院工作的广泛开展，其日渐闻名，医院渐渐地获得当地民众的信任，司督阁不得不开始招募助手与其他医生，协助自己接收日渐增多的患者。司督阁开始考虑招募外国医学生，虽然竭尽全力，但招到学生的数量极少，与工作要求相距甚远。他决定要在当地独立培养医生来满足医院的工作需要。

司督阁在盛京施医院医学堂培养助手时，并没有宣传自己的培养宗旨与目标，而是迫切地抓紧时间培训助手的医学能力。但当司督阁准备建立奉天医科大学时，学校的培养宗旨与目标就不是可以忽略的了，必须要制定出来并用其引领整个学校工作。因此，宗旨在此时就显得尤为重要了。

司督阁在光绪三十四年（1908年）八月十九日给当时奉天行省公署时

的呈文内详细列举了创设奉天医学堂的各项措施和准备,其中就专门提到设立奉天医学堂的宗旨,即本学堂之设立系欲教练中国幼年学习内外医学为宗旨①。我们从这里可以了解到,奉天医科大学创设之初,并不像后人所想象的那样是以传教为宗旨,学医为次。相反,司督阁从一开始就确立奉天医科大学的宗旨是培养中国儿童学习内外科医学。

其后,在1913年司督阁再次向奉天行政公署呈文时,又再次强调了此宗旨,不过又有所优化和修订,即为使青年才学兼优之人得受西医内外科之教育②。这次宗旨的修改,不是由于司督阁教育思想发生变化,而是形势所迫。这种形势不是负面的,而是积极的。是报名的学生太多、准备学医的儿童太多③。因此,才将此宗旨改为才学兼优之人得受西医内外科之教育。

前一宗旨是侧重于培养,后一宗旨则既强调了培养又强调了选拔,这一宗旨的变化对于奉天医科大学今后几十年的发展都大有裨益,可以说这一宗旨引领了今后几十年奉天医科大学的全部招生、考试、学习、毕业与实践。随着宗旨的提出,校训也就呼之欲出了。

在确定校训时,司督阁陷入长时间的思考,因为校训是学校办学宗旨和培养什么样人的最简洁的语言体现,既要精炼,又要立意深远。经过深思熟虑和广泛讨论,司督阁最终采用了基督教青年会(Young Men's Christian Association)的国际会训,同时也是《圣经》中的一段话:"正如人子来,不是要受人的服侍,乃是要服侍人。并且要舍命,作很多人的赎价。"即"非以役人,乃役于人"。这个校训强调,学生学习医学的目的不是光宗耀祖,凌驾于民众之上,而是为民众服务,做民众的公仆。

校徽(见图1-2)为由杖、蛇、火炬组成的图案,"杖"象征现代医学鼻祖之尊,"蛇"象征治疗敷伤之徽,"火炬"象征学术光明之灯。

---

① 奉天行省公署为英国医士司督阁函称在奉天创设医学堂拟每年给银三千两情形事(1908年8月19日)[A].辽宁省档案馆,档案编号:JC010-01-002582.
② 奉天行政公署为奉天医学堂报告书(1913年5月)[A].辽宁省档案馆,档案编号:JC010-01-003041.
③ 奉天行政公署为奉天医学堂报告书(1913年5月)[A].辽宁省档案馆,档案编号:JC010-01-003041.

图1-2 奉天医科大学校徽

同时，司督阁在建设奉天医科大学时一直遵循三个原则：一是业务上必须高标准；二是必须与中国政府进行不间断的相当规模的合作；三是必须有利于学生以基督的精神从事医疗工作。奉天医科大学建设的目标是苏格兰的大学①。因此，司督阁小心地维护学院和政府之间的良好关系②。

1908年，司督阁准备建设奉天医科大学时，向当时的东北传教委员会和联合传教会议提交建设方案，并与当时官方派出的官员进行磋商讨论。1909年，满洲传教组织授权给司督阁，让他向英国的传教士和信众汇报满洲的情况，借此契机为奉天医学院募集资金③。

1912年9月，校董事会作为学校最高权力机构④正式组建。英国驻奉天总领事是校董事会的成员，而且在此后多年间一直担任董事会主席。校董事会里的其他成员还有教学人员代表（教员会）、奉天3个传教使团的代表以及几位中国人。随着时间的推移，中国人占比逐渐增加，这也符合司督阁初创奉天医科大学时的愿望，他希望将来奉天医科大学能够由中国人自己来管理学校事务⑤。

随后，奉天医科大学在教育部注册，成为东北地区正式教育体系的一部分。奉天医科大学的入学考试、期末、毕业测试成绩以及毕业生、学生的文

---

① 陈醒哲. 盛京医事［M］. 沈阳：辽宁大学出版社，2012：314.
② 陈醒哲. 盛京医事［M］. 沈阳：辽宁大学出版社，2012：302.
③ 克里斯蒂. 奉天三十年［M］. 张士尊，信丹娜，译. 武汉：湖北人民出版社，2007：193.
④ 奉天医科大学（辽宁医学院）简史［M］.［出版地不详］：［出版者不详］，1992：10.
⑤ 陈醒哲. 盛京医事［M］. 沈阳：辽宁大学出版社，2012：316.

凭等都得到了政府的认可。在每次专业考试、开学和毕业典礼时都会邀请政府代表出席①。

奉天医科大学校内除设置基本的行政管理部门外,另设置其他部门辅之管理:教员会、基督教青年会、医学会、毕业校友会以及医专汇报编辑部。奉天医科大学组织结构如图1-3所示。

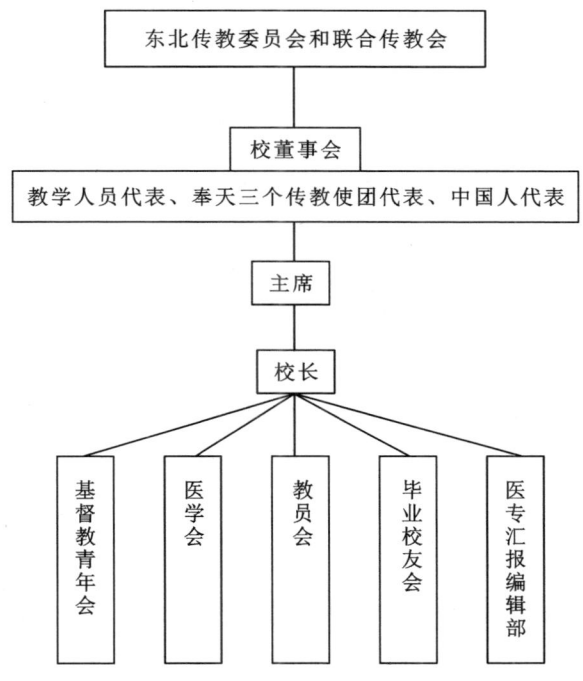

图1-3 奉天医科大学组织结构图

奉天医科大学的经费来源基本可以概括为四种:一是司督阁的募捐,主要来自从英国募捐到的经费;二是奉天政府的资助;三是奉天达官贵人和一些善心人的捐助;四是英国庚款。下面对这四种经费来源做详细的解释。

一是司督阁的募捐。司督阁主要是向自己好友、同事以及英格兰的一些商人,包括在中国做生意的英格兰商人求助。例如:"我们只有一块空地,从当地中国人和外国人获得的捐助总数为112英镑,承诺每年捐助520英镑。"②"我们的老朋友毕晓普(伊莎贝拉·伯德)夫人留下一笔遗产,由

---

① 陈醒哲.盛京医事[M].沈阳:辽宁大学出版社,2012:16.
② 克里斯蒂.奉天三十年[M].张士尊,信丹娜,译.武汉:湖北人民出版社,2007:193.

她的一位女朋友负责，在她认为最合适的时候，资助医疗传教事业……她交给我1000英镑，用这笔钱去建设医学院的一座侧楼，作为对毕晓普的纪念。"①"杰克逊医士因感染黑死病去世，奉天总督派人给其母亲一万美元（约900英镑）作为抚恤金……杰克逊夫人马上把这些钱捐给了医学院。"②

二是奉天政府的资助。奉天政府在奉天医科大学成立期间几经变换，从原来的东三省总督、奉天省公署、奉天行政公署到最后的辽宁省政府等，都以各种各样的形式进行了资助，包括土地、资金、器材、安全保障等。例如，徐世昌总督说："这些年来，盛京医院为奉天做了这么多的好事，你们想要那块地皮，那就必须给你们，让工程（笔者注：南方某省商会工程）停下来。"③"总督告诉我，如果我能承担医学教育，政府将在十年之内，每年投入3000两（420英镑）。并任命梁先生和我安排一切。"④奉天总督锡良深受杰克逊夫人善行的感动，当即表示个人捐助医学院4000美元⑤。交通部捐助2000美元⑥。

三是奉天达官贵人和一些善心人的捐助。这些捐助来源上至总督、督抚、大帅，下至贫苦无依之人。鉴于奉天医科大学这些年来所做出的贡献，这些人士会经常给予奉天医科大学一些资助。例如：当张作霖听说医院没有钱购买X光机时，他当即自己出资2000美金（约170英镑）购买⑦。奉天人民听说杰克逊医士因到一线防治传染病而染病逝世后，纷纷表达出对于杰克逊医士的怀念，当知道杰克逊夫人将抚恤金捐给医学院后更是深受感动。奉天各界人士纷纷捐款，总数达到了1000英镑⑧。1922年冬，"张雨帅慈心捐助奉小洋六千元，今年又蒙王省长惠拨公款大洋两千元作常年经费，而吉督孙公亦当仁不让，慨捐小洋一千元"。

四是英国庚款。自美国发起庚款返华倡议后，英国等国纷纷响应。英国

---

① 克里斯蒂.奉天三十年[M].张士尊，信丹娜，译.武汉：湖北人民出版社，2007：194.
② 克里斯蒂.奉天三十年[M].张士尊，信丹娜，译.武汉：湖北人民出版社，2007：204.
③ 克里斯蒂.奉天三十年[M].张士尊，信丹娜，译.武汉：湖北人民出版社，2007：192.
④ 克里斯蒂.奉天三十年[M].张士尊，信丹娜，译.武汉：湖北人民出版社，2007：193.
⑤ 克里斯蒂.奉天三十年[M].张士尊，信丹娜，译.武汉：湖北人民出版社，2007：204.
⑥ 克里斯蒂.奉天三十年[M].张士尊，信丹娜，译.武汉：湖北人民出版社，2007：205.
⑦ 克里斯蒂.奉天三十年[M].张士尊，信丹娜，译.武汉：湖北人民出版社，2007：233.
⑧ 克里斯蒂.奉天三十年[M].张士尊，信丹娜，译.武汉：湖北人民出版社，2007：205.

自庚款返华活动启动以来，不断资助中国各大学院的现代化建设，其中就包括奉天医科大学。1931年4月英国庚款委员会召开第一次会议时，奉天医科大学曾经派人前往南京诉说情况，请拨款项予以支援，经王子董事长多方斡旋，终于成功。委员会决定在第二次会议时给予拨款。

2. 奉天医科大学的教学活动

第一，教师方面。奉天医科大学初创时师资力量不足，只有6位教师。到1913年秋天，教师队伍已经扩展到8人，其中7位是医学教授，1位是资深药剂师。另有一些其他城市的医学传教士兼任奉天医科大学的客座教授①。此后，随着奉天医科大学的逐渐壮大，其对教师的需求也越来越大。

更多优秀的医学人才纷纷涌入奉天医科大学。在奉天医科大学历史上至少有如下（表1-1）优秀医学教师和教授。其中，奉天医科大学外籍教授、教师共计23名，主要负责人司督阁毕业于爱丁堡大学，司督阁的主要助手之一安乐克教授毕业于爱丁堡大学，毛乐尔教授毕业于利物浦大学，贝德森校长毕业于英国皇家大学等。教授的科目涉及眼科、内科、病理学、公共卫生学、放射科、生理学及病理学、细菌学、外科、内科、妇科、产科、化学和英文等。

表1-1 奉天医科大学外籍教员汇总表②

姓名	国籍	毕业院校	职务	任职起始时间	任职结束时间
司督阁 （Dugald Christie）	英国	英国爱丁堡大学	校长兼眼科主任	1883年	1923年
嘉克森 （Arthur Jackson）		英国剑桥大学		1910年	
安乐克 （S. A. Ellerbek）	丹麦	英国爱丁堡大学	校长兼女医院内科主任	1912年	1939年
毛乐尔 （R. H. Mole）		英国利物浦大学	病理学教授	1912年	1929年

---

① 陈醒哲. 盛京医事［M］. 沈阳：辽宁大学出版社，2012：315.
② 奉天医科大学（辽宁医学院）简史［M］.［出版地不详］：［出版者不详］，1992：21-23.

（续表）

姓名	国籍	毕业院校	职务	任职起始时间	任职结束时间
荣维廉（William Young）			公共卫生学教授并兼医院放射科主任	1913 年	1933 年
申克林（C. F. Simpson）			外科教授	1912 年	1937 年
聂维廉（William Nairn）			外科教授	1912 年	1933 年
贝德森（P. N. Pedersen）	丹麦	英国皇家大学	校长	1918 年	1941 年
娄德恩（D. S. Robertson）			内科教授，男院内科主任	1913 年	1934 年
盖尔文（H. S. D. Garven）			生理学及病理学教授，副校长及教务主任	1925 年	1948 年
戴乐尔（H. W. Y. Taylor）			细菌学教授	1920 年	1937 年
吉博生（D. M. Gibson）	英格兰		外科教授兼女医院外科主任	1928 年	1937 年
葛先生（F. B. Crockart）			施医院附设药剂学校创办人兼任施医院药房主任	1912 年	1940 年
莱大夫（J. M. Leggate）			外科教授	1933 年	1950 年
富来敏（Fleming）			化学教授	1930 年	1937 年
克乐福（Crawford）			病理学教授	1943 年	1949 年
马克尼尔（J. S. MacNair）			内科教授	1936 年	1937 年

（续表）

姓名	国籍	毕业院校	职务	任职起始时间	任职结束时间
管大夫（A. M. Cowen）			妇科教授	1929 年	1937 年
徐大夫（Stewart）			产科教授	1933 年	1937 年
欧斯尼斯（M. O. Osnes）	挪威		内科教授	1941 年	1946 年
田碧洁（Betty W. D. Martin）			英文教授兼教授会秘书	1926 年	1940 年
毛夫人（Mrs. R. H. Mole）			英文教师		
荣夫人（Mrs. William Young）			英文教师		

中国籍教师共计 27 名，教授科目涉及物理学、生物学、化学、外科、英文、肺科、解剖学、皮肤科、药理学、儿科、妇科、产科等。而且，刘同伦、高文翰、李宝实、毕天民等中国教职员工，在本校毕业后，都有留学英国进修的经历。详情见表 1-2。

表 1-2　奉天医科大学中籍教员汇总表①

姓名	毕业院校	职务	任职起始时间	任职结束时间	留学经历
冯玉衡		物理学教授	1925 年	1949 年	
秦耀廷		生物学教授	1928 年	1949 年	
杜春复	燕京大学	化学教授	1926 年	1930 年	
刘在璿	沪江大学	化学教授	1928 年		

---

① 奉天医科大学（辽宁医学院）简史 [M]．[出版地不详]：[出版者不详]，1992：23-25．

（续表）

姓名	毕业院校	职务	任职起始时间	任职结束时间	留学经历
田蕴璞		英文教授	1945 年	1948 年	
冯在甫	文会书院				
黄宝璋	英国阿伯丁大学	外科教授	1934 年		
高文翰	奉天医科大学	校长	1917 年	1949 年	两次留英、奥等国专修眼科
刘同伦	奉天医科大学	院长兼肺科教授	1917 年	1949 年	曾两次留学英国、丹麦、瑞士等国专修肺结核科
张霁（查理）	奉天医科大学	外科兼解剖学教授	1921 年	1936 年	
于光元	奉天医科大学	皮肤科教授兼药理学教授			
李宝实	奉天医科大学	耳鼻喉科教授	1936 年		留英专修耳鼻喉科
张守义	奉天医科大学	施医院副院长			
高永恩	奉天医科大学	女医院儿科主任			留英专修小儿科
陈桂云		妇产科教授	1927 年	1932 年	
左克明	奉天医科大学	眼科助教			
尹觉民	奉天医科大学	男医院内科医师	1923 年	1936 年	
毕天民	奉天医科大学	公共卫生学教授	1926 年	1936 年	留英专修公共卫生学
王景恩	奉天医科大学	男医院外科医师			

(续表)

姓名	毕业院校	职务	任职起始时间	任职结束时间	留学经历
魏恩临	奉天医科大学	胚胎学教授教务主任			
李佩琳	奉天医科大学	病理学教授	1928年	1930年	留英专攻病理学
白希清	奉天医科大学	病理学教授兼女医院外科主任	1928年	1935年	留英专修病理学
吴执中	奉天医科大学	内科副教授	1933年	1935年	留英专修内科学
刘述真	奉天医科大学	内科教授女医院内科主任	1928年	1947年	留英专修内科学
王成发	奉天医科大学	生物化学助教	1931年	1933年	
王树善	奉天医科大学	外科教授	1935年	1947年	留英专修外科
李裕祥	奉天医科大学	生理学副教授	1940年	1948年	

因此，奉天医科大学的中外籍教师深受英国医学教育的影响，在教学实践过程中如招生、学制、科目考试、实习等方面都深深烙下英国教育的印痕。中英之间的医学教育交流在奉天医科大学得到了充分的体现。

第二，招生方面。1908年，奉天医科大学的前身奉天医学堂开始招生，这可以说是奉天医科大学的准备阶段。司督阁为了能够招录到心仪的学生颇下功夫，我们从档案中可见一斑：

> 凡定期开学，务须先行授考学生，若照下开合课程，考不及程度者，不得取录
> 1. 中国国文
> 2. 普通算学
> 3. 普通地理

如照上开各课程得有□信学堂执照者，亦可准具入学考试，规明须按学习年限程度考学生所学各课程亦须同时加增①。

在此次招生中，司督阁既考查当时中国学生的传统学习科目（国文），同时也测试学生对西方教育中的自然科学课程（算学、地理）的学习情况，这对于应考学生并不简单。这可以看出司督阁的教育思想——既考虑到现实，但又不屈从于现实。清末新学已开，但风气未成。司督阁在东北创先进行新学考试，这的确让人钦佩他的长远眼光。在奉天医科大学成立后的招生中，他依然延续了这一思想。

奉天医科大学于1911年下半年开始招生，1912年春开学。由于奉天医学堂即将升级为奉天医科大学，司督阁十分重视，招生工作自不同以往。司督阁自爱丁堡大学毕业后，积极努力地在中国传教，当他有机会将自己母校的优秀教育思想和制度进行复制时，他是毫不犹豫的，也可以说是主动为之的。司督阁亲自主持第一届招生工作。他在学校宗旨、学制、学科、教师、宿舍以及餐饮卫生等方面都做了详细的规划和设计，真可谓是万事俱备。我们可以从档案②中看出这种全方位的设计：

一汉文　一讲解四书　二作论说
二中国历史　鉴史辑要卷二
三数学　一笔算数学　一二三本　赚赔　开平方　差分　均中比例　二代数备旨　加减乘除　命分　因子　最高公约数　最低分倍数　一次方程　指数
四杂科　一国文教科书　中学堂国文教科书
二地理　六洲名目　地域　山洋海湖等等并画图
五英语

---

① 奉天行省公署为英国医士司督阁函称在奉天创设医学堂拟每年给银三千两情形事（1908年8月19日）[A]．辽宁省档案馆，档案编号：JC010-01-002582．

② 奉天行政公署为奉天医学堂报告书（1913年5月）[A]．辽宁省档案馆，档案编号：JC010-01-003041．

此次招考科目较之上次有重大改变。一是考试科目，二是考试难度。从数学中便可以看出来。在一百多年前的清末，自然科学类学问被认为是无用的，大部分学子是不屑于学习的。司督阁在这样的环境下，依然高度重视自然科学，这固然与医学有关，但更重要的是对自然科学的认可和尊重。

其要求严格，万事俱备，但是革命来了。1912年辛亥革命爆发，全国各地席卷革命的浪潮。奉天城内也有人开始群呼革命，打破了奉天城内长时间的安定。这给奉天医科大学第一届招生工作带来极大的影响。按计划，赵尔巽总督将应司督阁的邀请，出席第一届开学典礼。受到辛亥革命的影响，赵尔巽总督不便出面。本该隆重举行的第一届开学典礼，简简单单就结束了。之后的招生工作，虽然一定程度上受到了动荡时局的影响，但是，随着奉天医科大学的不断发展，特别是第一届毕业生的优秀表现，越来越多的学生都愿意投考奉天医科大学，这是司督阁一直以来所期望的。奉天医科大学的招生工作顺利开展，正向司督阁预想的方向发展。我们从1923年第3期的《奉天医科专门学校汇报》中看出奉天医科大学在东北的知名程度：

> 本校定于明年一月三四两日招考新生一级，其报名及考试处为辽阳、新民、法库、广宁、锦州、营口、安东、大孤山、吉林、哈尔滨、阿什河等处。投考资格限以在高级中学及同等学校毕业得有证书者，考试科目仍以国文、英文、算术、代数、平面几何，至于学膳费第一二两学期仍各为三十元，殆明年九月以后，改为每一年度纳费一百二十元云。

之后随着政府规定的变化，奉天医科大学招生时间也更改了几次。

> 本校前皆为春季始，业今遵部章改为秋季，故今年七月续招新生一级。1935年7月发布公告，往年皆于暑假招生，现遵照新章改为春季招生，故本校于1936年春招考新一届学生。

第三，学制方面。奉天医科大学学制5年，与司督阁的母校——英国爱丁堡大学相似①。后来奉天医科大学学制从 5 年改为 6 年，为了使学生能够有更多的时间实习，最后改为 7 年。

司督阁在第一届招生简章上就将所教科目详细地罗列出来，让广大学子、家长了解后再决定是否报考奉天医科大学。相当于把学校发展的决定权交由奉天城内外的各位家长。按原来中国传统的教学方式，学什么都是私塾老师决定的，从不公布，学生入学后才被告知。司督阁将英国爱丁堡大学的宽松、公开的做法带到了中国东北，带到了奉天医科大学，并将这一特色延续了下去。此外，也可以看出司督阁的自信。对西医有所了解的人士可以通过科目公示，对学校的教学能力进行评判；学校被认可后，将真正得到专业人士的支持。司督阁的科目公示，展现了奉天医科大学开门办学的原则，一定程度上提高了中国人对西方医学的认识。

1908 年奉天医学堂招生简章里规定 5 年制医学的课程设置如下：

第一年　化学　体功学　体学
第二年　体功　化学　深体学　制药艺　脑学
第三年　外科学　外科体学　疗学　内科学　□学　看护病人学
第四年　看众教习医内科学　看众教习医外科学　病理学　察体诊断学　蒙药学　看护病人学
第五年　眼科耳科鼻科喉科皮肤科血科等学　热道病症学　卫生及壮众学　医门律例学　产科及妇科学　看护病人学②

1912 年清帝退位后，奉天医科大学在 1913 年 5 月份制定的课程名目如下：

因学部未定，暂用博医会字典之名目
第一年课程　化学　物理学　动物学　体学　脑学
第二年课程　体学　解剖学　胚学　体功学　体功化学　药科学　药效学　疗学　体功学实习

---

① 陈醒哲. 盛京医事 [M]. 沈阳：辽宁大学出版社，2012：434.
② 奉天行省公署为英国医士司督阁函称在奉天创设医学堂拟每年给银三千两情形事（1908 年 8 月 19 日）[A]. 辽宁省档案馆，档案编号：JC010-01-002582.

第三年课程　外科学　临外科讲义　外科体学　内科学　内科疗学　病理学　□学　外科学实习　绷带学　诊断学

第四年课程　内科学　临内科讲义　盟疗学　外科学　临外科讲义　蒙药学　儿科学　产科学　妇科学　卫生学　病理解剖学

第五年课程　眼科学　耳鼻咽喉科学　皮肤病学　血病学　热道症学　脑系病学　灵心病学　断讼医学　毒药学　手术外科　临内科讲义　临外科讲义　军外科学

每平均有英文课程拟于第五年课程全用英文教授①。

此次科目调整，除了科目增多之外，更引人注目的就是增加英语的学习。司督阁认为所有学期最好都开设英语课程，如果学生毕业后想跟随世界医学发展的脚步，就必须有阅读英文资料的能力。因此，奉天医科大学规定学生每天要用一个小时学习英文，使英文成为学生知识结构中必要的组成部分。司督阁认为，奉天医科大学的学生必须掌握好英语，学生们只有掌握了英语才能了解到更多的现代医学知识，看懂国际医学论文，掌握和利用西方先进的医学技术。为此，司督阁专门设立英文教师来专职负责英语教学工作②。这种教学设计，在后来的医学实践、进修、留学中都体现了司督阁的长远目光，大部分学生也获益良多，内心深深感激着司督阁的决定。奉天医科专门学校汇报对此也有过专门报道：

> 昔时学校多采用中文教授方法，校学生对于英文一科，有时忽之，偶阅英文医书医报时，实感诸多困难，推其原因，虽属学生不能□勉求之，抑亦因课程中，不能多用英文故也，学生有见及此，学校当局，亦深表同情，故定英文为必修科，不及格者，非留级即再考，且在临诊期间，纯习英文，迩来学生更自努力，请求全改英文教授，可见学生志向远大，迥非昔比将来扶青云而直上，指日可期，留学英国，又何难之有。

---

① 奉天行政公署为奉天医学堂报告书（1913 年 5 月）［A］. 辽宁省档案馆，档案编号：JC010-01-003041.

② 陈醒哲. 盛京医事［M］. 沈阳：辽宁大学出版社，2012：311.

学校领导不仅在教学时反复强调，在学生即将毕业时，也不忘继续叮嘱学生们：不要忘记学习英文，不要忘记阅读英文资料，以防自己落伍于世界。娄得恩在1934年6月30日奉天医科大学第十二级学生毕业典礼上又再次强调了英文的重要性："其他更有一点为诸位言者，就是无论新旧医士都应当看新的医学杂志，诸位都会念英文杂志，所以不仅看中文医学杂志就算了事，也应当看英文杂志，如不念之再三再四，按我的意思你们不进则退，在医界必是一个落伍的大夫，仅止于卖洋药的小贩罢了。"

第四，考试方面。一是招生考试。奉天医科大学招生考试的时间，第一届是年初，从第二届开始变更为年终；后来在日本占领时期，招生时间是秋天，毕业在夏天，与我国当前开学毕业时期基本一致。毕业考试的时间是年末，考试不及格则不能毕业，每年都有部分学生因为考试不及格没能拿到毕业证，可见奉天医科大学的教学之严谨。

第一届学生的招生考试非常特殊，主要是由于发生了辛亥革命。司督阁是这样记述的：

> 既定的考试日期是1月25日和26日两天，共在满洲设立13个考点。由于政治局势紧张，12月，所有的公立学校关门停课，青年学生分散回到各地的家中。商业活动几乎停止。因此，以前能够轻松担负得起大学学费的人，此时也不敢肯定将来会怎么样。土匪多如牛毛，乡村道路非常危险，交通困难。尽管如此，仍有142人参加了考试。考生可以在下面这些科目中选择5个科目进行考试：汉语、算术、地理、历史、古代经典、代数、英语、化学、物理。除了古代经典之外，上面这些科目都已纳入到以后6年的课程设置中①。

奉天有73人参加了考试，考完第二天革命党突然开始在城内抓人杀人，到处都笼罩着恐怖气氛，可以说是人人自危，剪完辫子的学生更是害怕，司督阁在书中这样写道："如果考试时间延迟两天，没有几个人会前来应试。"最后，奉天医科大学从参加考试的142个人中录取了前50名，其中近四分之三是基督徒。

---

① 克里斯蒂. 奉天三十年 [M]. 张士尊，信丹娜，译. 武汉：湖北人民出版社，2007：226.

二是期末考试。1908年奉天医学堂招生时对于期末考试的要求如下：

四、升班考试每年在岁秒考验一次，倘考得合格者，则可给予凭照。
五、医学考试按照所定期限开考，惟须于各项课程得有凭照者呈验后，方准投考，以备继习专科①。

1913年奉天医科大学招生时对于期末考试的要求如下：

六、每平均有英文课程拟于第五年课程全用英文教授。
七、末期之考课亦拟用英文课程随时考试合格者方法入年总考。
八、年终总考作准期与学部定章符合兼请学部派人监理考试②。

三是毕业考试。1908年奉天医学堂招生时对于毕业考试的要求如下：

三、倘在医业大考考取后，学堂可以发给卒业文凭，请本省大宪盖印于内外科医学，准其行医。③

1913年奉天医学堂招生时对于毕业考试的要求如下：

九、末期毕业考试得须医学士之文凭以约权宣医治内外两科之证，拟请学部加以印记。④

第五，实习、进修方面。为了使学生毕业后能够迅速开展医疗活动、保证医术水平，学校给毕业生专门设计了实习阶段，使他们能够在毕业前尽可

---

① 奉天行省公署为英国医士司督阁函称在奉天创设医学堂拟每年给银三千两情形事（1908年8月19日）[A]. 辽宁省档案馆，档案编号：JC010-01-002582.
② 奉天行政公署为奉天医学堂报告书（1913年5月）[A]. 辽宁省档案馆，档案编号：JC010-01-003041.
③ 奉天行省公署为英国医士司督阁函称在奉天创设医学堂拟每年给银三千两情形事（1908年8月19日）[A]. 辽宁省档案馆，档案编号：JC010-01-002582.
④ 奉天行政公署为奉天医学堂报告书（1913年5月）[A]. 辽宁省档案馆，档案编号：JC010-01-003041.

能多地接触实际操作,而不仅仅是纸上谈兵。

司督阁曾经这样夸赞过奉天医科大学的学生:"多年的经验使我确信,中国人特别适合做优秀的外科医生和内科医生。他们的智力水平很高,乐于学习科学知识,记忆能力很强,惯于观察细节,而这些在诊断中是最为重要的。加之他们手指灵巧,成为优秀的外科医生不成问题……我们所能做的是唤起学生们的职业自豪感,为工作献身的敬业精神以及无私奉献的热忱。"① 为此,需要建立相关的实习制度,使学生在纸面上学习医学知识后,能够及时进行相关的医学训练和实践。奉天医科大学规定,学生毕业前,必须实习,无论在校内还是校外,都要实习。后来,有些学生在校外实习,施医布道,在乡村给村民进行免费治疗;也有学生在校内实习,跟随盛京施医院进行相关科目的实习。

奉天医科大学学生也有机会前往北京、天津、南京、上海等地进修,如高文翰、李宝实、高永恩、尹觉民、白希清等赴北京协和医学院进修相关科目;到各大医学校、医学院进行学术交流与技术切磋,学成归来后便在奉天医科大学召开相关座谈会、宣讲会等,给大家带来最新鲜、最及时的医学资讯。

3. 奉天医科大学的课外活动

奉天医科大学除了以学业为主外,也有很多促进学生学习、交流、锻炼的活动和团体。这些活动和团体为学生的课外学习和锻炼提供了各种渠道,使学生能够得到适当的社会锻炼。

例如,1913 年春天,著名的约翰·莫特②医生来到中国,在广州、北京和全国各地举行大规模的聚会和演讲,最后莫特医生来到奉天。时任奉天都督张锡銮曾这样描述莫特先生:"为了把青年人引导到更高的境界,莫特医生的演讲非常及时,但愿会产生深远的影响。"③ 1912 年,奉天传教使团建

---

① 克里斯蒂. 奉天三十年 [M]. 张士尊,信丹娜,译. 武汉:湖北人民出版社,2007:228 - 229.

② 约翰·莫特(John Raleigh Mott),美国宗教家,是世界青年联合会的创始人,因为在推动青年进步上的卓越贡献而获得 1946 年的诺贝尔和平奖。

③ 克里斯蒂. 奉天三十年 [M]. 张士尊,信丹娜,译. 武汉:湖北人民出版社,2007:235.

立奉天基督教青年会①，司督阁把青年会的宗旨"发扬基督精神，团结青年同志，养成完美人格，建设美好社会"成功地移植到奉天医科大学②。刘同伦在回忆录中曾这样写道："奉天基督教青年会以造就青年服务社会相号召，以'德智体群'四育为造就项目，以'非以役人，乃役于人'为会训，宣传新思想，新文化。"③ 刘同伦认为，参加青年会使他受益终身，参加基督教青年会使他的人生路途有了正确的思想导航，有了莫逆诤友的规谏，这些决定了他后半生所走的道路。司督阁非常重视体育。他经常给学生讲解体育锻炼的好处，要学生做一个体格健康的医士。司督阁不断完善奉天医科大学的体育设施，先后组织学生参加各式运动会，很多学生取得好成绩，有些当为东北第一。

4. 奉天医科大学的教学效果

奉天医科大学在学生毕业时的考核、就业与留学问题上高瞻远瞩，其教学效果也是不言而喻的。

在毕业考核方面，学生在奉天医科大学学习数年后，能够顺利毕业是不容易的事。之所以说不容易，是由于司督阁这位校长的严格所致。笔者从众多资料中发现了这个特点，在奉天医科大学担任教授的霍德华·莫尔博士在回忆第一届毕业生时，也发现了这个特点，他这样写道：

> 让我举一次理事会会议作为例证。这次会议主要讨论学生考试问题，由司督阁医生主持。关于学生的成绩，他询问每位教师。我记得，对那些考试接近及格的学生是否应该放在及格学生名单中的争论是非常严肃的。我当时很较真，非常坚持及格就是及格、不及格就是不及格的观点，差一分也不行。④

这种严格要求与一丝不苟，使得第一届学生仅仅有20位得到毕业文凭，

---

① 1844年6月6日，英国商人乔治·威廉在伦敦创办了世界上第一个基督教青年会，希望通过坚定信仰和宗教活动来改善青年的精神生活。1851年，发展成为以"德、智、体、群"四育为宗旨的社会活动机构。
② 陈醒哲. 盛京医事[M]. 沈阳：辽宁大学出版社，2012：310.
③ 陈醒哲. 盛京医事[M]. 沈阳：辽宁大学出版社，2012：324.
④ 陈醒哲. 盛京医事[M]. 沈阳：辽宁大学出版社，2012：310.

30 位同学因各种各样原因没能获得毕业证书。按毕业率来说，这连百分之五十都不到，可见司督阁教育思想的严谨。因此，这 20 位学生一经毕业就受到广泛欢迎，被东北各地的医院争相索要，日后他们成为东北西医发展的中流砥柱。

在留学方面，司督阁是从英国爱丁堡大学毕业的，因此他十分希望自己亲手创立的奉天医科大学能够得到英国教育部门和各高等院校的承认，这样既有利于奉天医科大学学生进行深造，又有利于验证奉天医科大学的教学成果。经过司督阁与高校的广泛沟通和反复交涉，终于在 1933 年和 1934 年，奉天医科大学分别获得格拉斯哥大学①（University of Glasgow）和爱丁堡大学②（The University of Edinburgh）的承认，这为之后奉天医科大学学生留学开辟了广阔的道路③。事实上，在此之前，奉天医科大学学生也有机会赴英国留学和进修。笔者对此进行了一番梳理。

1919 年春，奉天医科大学派刘同伦和高文翰前往苏格兰爱丁堡大学接受医学研究生教育。1923 年，于光元大夫赴英留学进修，专修药效疗学及花柳科；贝德森 1922 年曾赴英国进修，获得 F. R. C. S（笔者注：Fellow of the Royal College of Surgeons，皇家外科医师学会会员）学位；1926 年，刘同伦拟赴英、丹、瑞士等国，考察结核病院与救治医术；1929 年，李宝实被学校拟派英留学，专攻耳鼻咽喉科，同时毕天民也被选派赴英留学；1929 年冬，李学濂赴英留学。1930 年 7 月，高永恩被学校选送英国留学。1931 年 2 月 28 日，高永恩赴英国爱丁堡考察；1934 年，吴执中留学英国格拉斯哥大学，并考中英国皇家内科医师学会会员（Fellow of the Royal College of Physicians，F. R. C. P.）。

学生的就业是一个学校最重要的事情，就业是检验教学效果最重要的标尺。奉天医科大学对就业的重视程度，从以下司督阁的记述和相关安排可见一斑。

---

① 格拉斯哥大学（University of Glasgow），简称格大，位于英国苏格兰格拉斯哥市。始建于 1451 年，是全球最为古老的十所大学之一，全球百强大学，同时也是英国名校联盟"罗素大学集团"和国际大学组织"Universitas 21"的创始成员。

② 爱丁堡大学（The University of Edinburgh），简称爱大，是一所享誉世界的一流综合研究型大学，位于英国苏格兰首府爱丁堡市，创建于 1583 年，它是唯一的同时身为罗素集团、科英布拉集团以及欧洲研究型大学联盟成员的苏格兰的大学。

③ 陈醒哲. 盛京医事［M］. 沈阳：辽宁大学出版社，2012：344.

司督阁曾记下了第一届毕业生的情况：1917年，当学院第一批学生毕业时，他们的前途一片光明。我们希望留下几个人在学院做教师，使其发挥与外国教师同样的作用。另外一些人将成为我们医院和其他医院的内科和外科医生。还有一些人将进入政府机关，那里也特别需要合格的毕业生。中国基督教会已经表示要拥有自己的医学传教士。除此之外，全国的私立医院和诊所，对医务人员的需求远远超出我们的想象。如果我们在未来的生活和工作中有意识把服务于上帝和服务于人民结合起来，我们将为满洲的建设做出更大的贡献①。

其实，奉天医科大学的学生从一开始，即从第一届毕业生时起便非常抢手。张作霖曾亲自找司督阁要人②，并将王宗承带走，王宗承后来成为东北军医官，掌管军队医学治疗大权，只对张作霖本人负责③。奉天医科大学毕业生毕业后有留校的（如第一届毕业生刘同伦、高文翰，第五届毕业生左骏德、李德文、张守义、董铭新、杜锡增、于春浦、孙柏年），也有分至辽宁省内其他施医院的，还有许多自主创业的，他们在自己的家乡创设医院，给当地的老百姓带去医学的光芒，促进当地医疗、卫生环境的改善。

（三）奉天医科大学的历史意义及局限性

奉天医科大学作为东北的第一所高等医科大学，对东北地区的高等教育、医学发展、卫生防疫等都具有极其重要的意义。因此，对奉天医科大学历史意义的探讨是十分必要的。

首先，开东北西医教育之先河。在司督阁创建奉天医学堂之前，东北地区还没有现代化或者说西式医学的教学机构。司督阁是第一个在东北创建西医教学单位和大学的人。作为近代科学之一，西医在中国的传播可谓是一波三折，从刚开始被斥之为"巫术""邪术"，到后来被民众接触、了解，最终学习，这与人们观念的转变，与传教士、西医的不断宣传和示范有着莫大的关系。毋庸置疑，司督阁到东北之初，也面临同样的困局。可他没有退缩，也没有放弃，而是克服困难，积极推动西医教学。司督阁在救死扶伤的

---

① 克里斯蒂. 奉天三十年［M］. 张士尊，信丹娜，译. 武汉：湖北人民出版社，2007：229.
② 克里斯蒂. 奉天三十年［M］. 张士尊，信丹娜，译. 武汉：湖北人民出版社，2007：231-232.
③ 陈醒哲. 盛京医事［M］. 沈阳：辽宁大学出版社，2012：317.

同时,致力于创设医学堂、开办医科大学等教学机构,传播西学,使东北地区的民众开始摒弃传统思想,摆脱束缚,对西方医学持开放的姿态。随着奉天医科大学的开办和教学活动的顺利开展,各批次学生相继毕业,毕业生们带着科学求实的精神,陆续投入东北地区的医学事业中,促进医学科学的发展,使东北西医水平得到了一定程度的提升。

其次,增进中英医学教育交流与汇通。一是英国两所大学接连承认奉天医科大学和允许奉天医科大学学生前去留学,为近代中英医学教育交流做出了贡献。奉天医科大学不断成长和壮大,司督阁开始考虑如何将其与世界上的先进医学联系起来。司督阁曾返回英国英格兰与格拉斯哥大学、爱丁堡大学,商讨奉天医科大学学生留学事宜,最终两所大学分别在1933年和1934年承认奉天医科大学的学生成绩,使当时奉天医科大学学生仅凭奉天医科大学成绩即可直接申请这两所顶尖大学。此后,有十几位奉天医科大学优秀学子陆续赴英留学。留英学生将学得的先进西医技术带回国,及时分享给学校老师和同学,加强了西医知识的沟通与交流。二是司督阁为了让奉天医科大学学生能够与时俱进学到西医知识,聘请了英国和北欧优秀的外籍医师来奉天医科大学授课。据中国医科大学盛京医院档案管理中心保存的《奉天医科大学(辽宁医学院)简史》记载,从医学堂创建到后来并入中国医科大学期间,奉天医联大学共计聘请23位外籍医师教员,其中部分医师教员毕业于英国爱丁堡大学、剑桥大学和利物浦大学等名校。而且奉天医科大学医学院的学习目标为苏格兰的大学,大学最初的5年学制还借鉴了司督阁的母校英国爱丁堡大学医学院的学制设置方法。凡此种种说明,奉天医科大学在传播西医的同时,也增进了中英医学教育交流的对话与汇通。

然而,任何事物的发展都不是那么完美的,奉天医科大学在建设和发展过程中也存在局限性,这是需要我们注意的。

第一,基督教会的管理和基督福音的传播,贯穿于奉天医科大学始终,不利于在思想上培养独立自主的大学生。奉天医科大学的教育教学活动无不贯穿着教会管理和基督福音,在奉天医科大学的董事会中就有3个传教使团成员,在教员会中,外国人特别是具有基督信仰的老师占据绝大多数。在学生组织的青年会中更是如此,青年会以传播基督信仰为主,而对学生的学习和提升则是次要内容,这是奉天医科大学在几十年的建设中一直不能避免的局限性。这些都体现了奉天医科大学教会教育的特质,同时对培育学生拥有健全、独立的人格产生了不利的影响。

第二,学校招生范围有所限定,招生仅局限在东北地区。我们从奉天医科大学发布的招生简章中可以发现,奉天医科大学设置招生点的城市均是东北地区的城市,并没有涉及东北以外的地区,这对于建设一个高水平的大学来说是远远不够的。毕竟想要建设高水平大学,就必须在五湖四海中选拔人才,学生的基础素质影响甚至决定着一个大学的未来。奉天医科大学在招生中忽略了这一点,这对于其之后的发展、壮大是有影响的。因此,笔者认为招生范围的局限性不仅影响了奉天医科大学在全国的知名度,还影响了毕业生的就业范围。

第二章
近代英国教育思想在中国的译介与传播

晚清以降,西方的挑战使得中国知识分子固有的思想信仰产生根本性改变。支撑传统知识分子"意义世界"的基本价值观和宇宙观遭受到严重挑战,原来的文化认同取向和终极意义取向因此错乱而失效①。这种危机随着英国殖民势力的不断扩张和英国文明的逐渐浸染、中英之间价值观和思想体系领域的碰撞而加剧。所谓新学即包括社会学说和自然科学的英国资产阶级民主主义文化与所谓旧学即中国封建主义文化形成对立。然而正是在这种对立中,励志图强的中国人开始重视学习西方近代文化科学技术。近代中国教育的现代化也是从学习引进西方教育起步的。

在文化思想领域,英国的影响更为明显。最先在中国创办近代报刊的是英国②。英国传教士以在华传播西学的主导者自居,积极向中国传播西方近代科学技术,推动晚清教育改革。与此同时,中英之间在教育价值观和思想领域的碰撞与博弈,也悄然在期刊、报纸等积极传播英国教育思想的过程中展开。

一、李提摩太的教育主张对清末中国教育改革的介入

李提摩太(Timothy Richard,1845—1919),英国浸信会(Baptist Mis-

---

① 张灏. 张灏自选集 [M]. 上海:上海教育出版社,2002:118-120.
② 1815 年 7 月 1 日,英国传教士马礼逊在马六甲创《察世俗每月统记传》,这是外国传教士创办的第一份中文期刊。参见:戈公振. 中国报学史 [M]. 北京:中国新闻出版社,1985:55.

sionary Society）传教士。赖德烈在《基督教在华传教史》中这样评价："李提摩太是罗马公教、俄罗斯东正教以及新教各教派在华的最伟大的传教士之一。"① 加尼尔这样写道："李提摩太是一个预言家，为官员和学者著书的作家，遵循上帝信条，像政客般维护社会和国际秩序的使徒，是现代中国的'建设者'。"② 由此可见，李提摩太在西方中心主义研究视角下，在近代中国社会的地位是何其重要③。毋庸置疑的是，李提摩太在华生活长达 40 多年，熟练地掌握了用中文讲说和写作的技能，认为教育是传教士的基本工作④，积极参与推动中国教育改革，并影响清末教育改革。

李提摩太出生在威尔士卡马孙郡（Carmarthenshire），他是家里九个孩子中最小的一个，他的父亲先是名铁匠，后来成为农场主，并同时兼任波塞尔（Bethel）与赛勒姆（Salem）两地教堂的秘书和执事。他的母亲曾被称赞为"气质典雅、性情柔顺的女人"⑤。李提摩太在父亲农场上的公理会教堂的附属走读学校度过了孩童时代。他早年就显示出对知识的渴求与探索，并且一生都在不断地学习。在 18 岁时，就成为一所捐助学校的校长，管理的学生达 120 人。在 1858 年至 1860 年的"宗教复兴运动"期间，13 岁的李提摩太皈依基督教。1860 年，李提摩太便收到了去参加传教服务的"召唤"，但并没有真正地远赴中国参加传教服务。他先后在斯温西（Swan Sen）师范学院和哈佛孚德（Haverfordwest）神学院学习。1869 年春天，浸礼会批准了李提摩太前往中国传教的申请，同年 11 月 17 日，他从利物浦出发，搭乘霍尔兹"蓝烟筒"轮船公司的"亚克利号"前往中国。在航行的 4 个月期间，他刻苦地学习了汉语书面语中 214 个偏旁部首。1870 年 2 月 12 日，李提摩太到达中国上海。

---

① LATOURETTE K S. A History of Christian Missions in China ［M］. New York：The Macmillan Company，1929：378.
② GARNIER A J. A Maker of Modern China ［M］. London：The Carey Press，1945：7.
③ 何菊. 传教士与近代中国社会变革：李提摩太在华宗教与社会实践研究（1870—1916）［M］. 北京：中国社会科学出版社，2014：5.
④ 卫道治. 中外教育交流史 ［M］. 长沙：湖南教育出版社，1998：245.
⑤ 李提摩太. 亲历晚清四十五年——李提摩太在华回忆录 ［M］. 李宪堂，侯林莉，译. 天津：天津人民出版社，2005：2.

(一) 从传教为业到关注教育的角色转换

1870 年,李提摩太到达中国时,中国正处在太平天国运动后的恢复期。当时中国的媒体工具只有唯一的一份报纸——《北京公报》,没有铁路,没有电报,没有邮局,无人关注公众观点。中国的官员们也不用担心他们是否受百姓欢迎,人们最基本的需求就是迎合地方官员以求生存。男人的识字率大约为 5%,而能够写汉字的人更少。很少有女人识字,除了几所少有的教会学校,几乎没有为女孩子开设的学校①。

李提摩太在上海生活 12 天之后,到达通商口岸——中国北方山东芝罘(今烟台)。每天去街头小教堂布道是传教士的惯例,而他发现福音传道这种方式几乎不能使中国人前来皈依,甚至前来询问的人都很少。受《新约》的启发,李提摩太将自己的传教策略变得更加可行,于是开始实施"寻找上等人"的计划。李提摩太本人也发生了变化,1875 年,他"换上了当地人的服饰,削了头发,做上了一条假辫子","当外国人穿上中国服装后,他就像一个普通的中国人,不值得一看了"②。这些改变使他能够更好地融入中国社会,并且和形形色色的中国人进行很好的交流,比如盐商、佛教信徒、军人、伊斯兰教徒、年轻的赴考学子、地方司库、各宗派领导人、道学隐士、各种文人、地方官员,甚至还有著名官员李鸿章③。这样的接触使李提摩太认识到他需要使中国人改变一些思想观念,如生死轮回、阴阳五行的迷信观念等。因此他试图通过化学和物理实验来向中国人说明真正的自然法则④。

1876 年春,中国北方有十多个省都遭受了旱灾。人们遭受了巨大灾难,社会秩序严重混乱。1876—1878 年,李提摩太积极请求外界捐赠,他用募捐的钱"在五个中心建立了能够收容一百多名儿童的孤儿院,对遭受灾难

---

① BURT E W. Timothy Richard: His Contribution to Modern China [J]. International Review of Missions, 1945 (34): 295.
② 李提摩太. 亲历晚清四十五年——李提摩太在华回忆录 [M]. 李宪堂,侯林莉,译. 天津:天津人民出版社,2005: 62 - 63.
③ 李提摩太. 亲历晚清四十五年——李提摩太在华回忆录 [M]. 李宪堂,侯林莉,译. 天津:天津人民出版社,2005: 59.
④ 李提摩太. 亲历晚清四十五年——李提摩太在华回忆录 [M]. 李宪堂,侯林莉,译. 天津:天津人民出版社,2005: 39.

的孤儿进行最基本的救助"①。在这些不寻常的孤儿院中,其中有一所坐落在青州府。这所孤儿院里的孩子从 12 岁到 18 岁不等,他们通过学习铁工、木工、纺织丝绸、制作绳索等来获取谋生的知识,同时也学习使用不同的国外工具。最后孤儿院发展成了一所能使孩子们掌握多种技能的工场。

李提摩太在中国社会普及教育程度低、民众愚昧、自然灾害严重、社会秩序混乱的状态下开启了自己的传教事业,他提议通过改革教育的方式来挽救中国危难的时局和蒙昧的民众,这也是李提摩太参与当时中国社会生活方式的重大转变。

(二)提出改革中国教育的主张

1. 建立现代学校

1877 年秋,李提摩太凭借在山东赈灾中的经验,应邀赴山西主持救灾工作。到达山西时,李提摩太遇见了山西巡抚曾国荃。他向巡抚建议建立现代教育的大学②,但被巡抚回绝了。

山西灾荒结束后,李提摩太开始探寻导致灾荒以及中国民众贫困的缘由。"我感到我必须研究导致人类之苦难的根源,不仅仅研究中国,而且研究全世界的情况……在利用科学规律满足人类需要的过程中,西方文明作出了许多奇迹一样的发明创造。"③ 李提摩太希望通过宣传自然法则,使官员少一些封建迷信思想,并能够接受改革,从而减少饥荒,改善穷人生活。因此,李提摩太像当初在山东省启迪并培育那些中国助手一样,做一些科学讲座,并规划每月都进行一些涉及科学各个领域的讲座和展示。他认为,通过给中国的学者和官员展示科学的神奇,便可以向这些人说明运用科学的力量来造福整个国家的可行性。"除了省里的官员和省学里的学生们,我的宣讲对象还有几百名候补官——不久后就会被任命到帝国中的其他地方,通过他

---

① 李提摩太. 亲历晚清四十五年——李提摩太在华回忆录 [M]. 李宪堂,侯林莉,译. 天津:天津人民出版社,2005:90.

② SOOTHILL W E. Timothy Richard of China [M]. London: Seeley, Service & Co. Limited, 1926: 132.

③ 李提摩太. 亲历晚清四十五年——李提摩太在华回忆录 [M]. 李宪堂,侯林莉,译. 天津:天津人民出版社,2005:136.

们，会给其他省份带去良好的影响。"① 1830—1884 年，李提摩太花了将近一千英镑用于购买书籍和仪器，包括权威的神学著作以及各式各样的教学和科研仪器。他用这些书籍和设备向中国官员和学者们做了关于天文、化学、机械、蒸汽、电、光等的演讲②。李提摩太发现，每一次演讲和演示之后，"一些特别有头脑的人留在后面，就我给他们讲的题目继续问这问那"③。自从在太原做演讲后，就有越来越多的官员和学者去拜访他。其中有一位山西省宁武府的王知府，在太原做候补官时，拜访过李提摩太。王知府谈及了所统辖府改革计划，即"将建一所学校，向学生教授现代科学知识"④。

李提摩太结交的另一位著名的官员是继曾国荃之后的山西巡抚张之洞。1882 年，张之洞担任山西巡抚，一上任就采取富民措施，预防灾荒。当张之洞查阅 1882 年太原府的衙门旧档时，发现了李提摩太在 1880 年写给前任巡抚曾国荃的建议书信。这封信的内容包括修筑铁路、开挖矿藏、开办工业和制造厂、建立现代教育的大学等。但当张之洞决心进行改革计划时，却被任命为两广总督，不久被改任湖广总督。对于李提摩太提议的开办各种工业和现代学校的建议，张之洞都予以采纳并加以实施。

1884 年，李提摩太应邀去北京会见新上任的公使亨利·帕科斯（Harry Parkers，即巴夏礼）。在北京期间，赫德爵士⑤与李提摩太进行了交流。李提摩太将不同时期为中国政府提供的改革建议与赫德爵士一一详谈，"对曾国荃、李鸿章、左宗棠以及外务部，我建议引进现代教育，指出这是使中国免于战争和被勒索的途径。"⑥而对赫德爵士的建议是："组织一个由帝国最优秀的学者组成的代表团，走出去，考察各国的教育制度。"并且预见：

---

① 李提摩太. 亲历晚清四十五年——李提摩太在华回忆录 [M]. 李宪堂, 侯林莉, 译. 天津: 天津人民出版社, 2005: 136.

② 李提摩太. 亲历晚清四十五年——李提摩太在华回忆录 [M]. 李宪堂, 侯林莉, 译. 天津: 天津人民出版社, 2005: 138.

③ 李提摩太. 亲历晚清四十五年——李提摩太在华回忆录 [M]. 李宪堂, 侯林莉, 译. 天津: 天津人民出版社, 2005: 141.

④ 李提摩太. 亲历晚清四十五年——李提摩太在华回忆录 [M]. 李宪堂, 侯林莉, 译. 天津: 天津人民出版社, 2005: 142.

⑤ 罗伯特·赫德（Robert Hart, 1835—1911），英国政治家。曾担任晚清海关总税务司达半个世纪之久（1861—1908 年），在任内创建了税收、统计、浚港、检疫等一整套严格的海关管理制度，他主持海关期间，还创建了中国的现代邮政系统。著有《中国论集》等。

⑥ 李提摩太. 亲历晚清四十五年——李提摩太在华回忆录 [M]. 李宪堂, 侯林莉, 译. 天津: 天津人民出版社, 2005: 168.

"这个方案实施二十年后，会给中国带来巨大的、富有成效的结果。"①

此外，李提摩太还曾将名为《现代教育》② 的小册子分发给知名的政治家。在天津时，他亲自给李鸿章呈上，建议中国政府应当每年留出一百万两白银进行教育改革，并告知那是"种子钱"，必将带来百倍的收益，但未被采纳。1888 年，李提摩太在北京时给侯爵曾纪泽一份中国现代教育改革的方案。曾纪泽对这份方案十分赞同，并且督促李提摩太将这份方案给其他的高等官员传阅③。

1891 年，李提摩太回到上海任广学会总干事，这是他最具影响力的时期。他对广学会未来发展方向与前景的描述在其新任广学会总干事的年度工作报告中体现出来。其中，他再一次强调文盲是中国发生饥荒的根源，并写道："越来越多的人意识到，帮助中国的最好方法，就是推进广学会所追求的启蒙工作。我们不能梦想在整个帝国内建立起现代化的学校，那将是各个省政府的职责，当他们对自己的需要有所了解并知道如何去满足这种需要时，他们会有所动作。"④

综上所述，李提摩太通过结识中国官员及以在广学会出版西学刊物的方式建议在整个中国建立现代化学校，逐渐消除中国人的愚昧。

2. 变通教育章程

1887 年李提摩太动手撰写《七国新学备要》（*Modern Education in Seven Nations*），1888 年完稿，1889 年首发于《万国公报》第二册，后收录于 1898 年广学会出版的《新学汇编》⑤。在自序中，他称于光绪十二年（1886年）调查了英国教育状况，又去德、法两国考察教育，还购置了欧洲各国与美国的新书，借以研究各国的教育状况。1889 年他又去日本调查新学情况。《七国新学备要》即为李提摩太对七国教育调查结果的比较性研究，七

---

① 李提摩太. 亲历晚清四十五年——李提摩太在华回忆录 [M]. 李宪堂, 侯林莉, 译. 天津：天津人民出版社, 2005：169.
② 《现代教育》介绍世界上七个最先进的国家在教育上的进展。主要强调了四种教育方法：历史的、比较的、一般的、特别的。
③ 李提摩太. 亲历晚清四十五年——李提摩太在华回忆录 [M]. 李宪堂, 侯林莉, 译. 天津：天津人民出版社, 2005：188-190.
④ 李提摩太. 亲历晚清四十五年——李提摩太在华回忆录 [M]. 李宪堂, 侯林莉, 译. 天津：天津人民出版社, 2005：201.
⑤ 张涌. 李提摩太的西学著译研究 [D]. 芜湖：安徽师范大学, 2016：62.

国分别是英、法、德、美、俄、日本、印度。经考察，李提摩太得出的结论是各国的人才培养教育有三条途径，即学校、报馆和图书馆，而学校又分初学、中学、上学三等。《七国新学备要》共分八章，前三章比较了各国学校的数目及各项办学费用，后面又分别讨论了各国的报馆、图书馆状况。作者根据对七国教育状况的综合分析，提出了中国教育应如何订立章程，最后一章指出了如何根据中国教育的现状，吸取国外先进经验，变通现行的教育章程。其中他建议，"中国的政府官员应该每年留出一百万白银用于教育改革"①。

1890 年 7 月，李提摩太接受了一份名为《时报》（*Shin Pao*）（中文报纸）主笔的机会，他通过《时报》宣扬他的改革思想。在一年左右的时间里，李提摩太便写了许多关于中国改革的文章。在《时报》里，他针对不同领域如教育、贸易、铁路、人口等用图表的形式来比较世界上不同的民族所处的相对位置，从而希望中国的官员能够看到自身民族的需要以及能使百姓受益的方式。这份报纸受到了中国官员如张之洞等人的广泛关注，这是李提摩太没有料到的。"张之洞从武昌发来电报，要我把报纸直接寄给他"②。

李提摩太在做广学会总干事时就在广学会发表相关文章，探讨如何将西方的教育思想融入中国当时具体的社会情境中。开始时，广学会发行了两种杂志，即《万国公报》和《成童画报》。《万国公报》上刊登的《分设广学会章程》《广学会第五年纪略》《广学会第六年纪略》等文章记载了李提摩太的教育规划。在《分设广学会章程》中，李提摩太提出"将五洲各国至善之法尽行采择成书，以教授华人，听其择善而从"③。《广学会第五年纪略》中指出广学会拟聘请博学之士论说五洲各国盛行的利国利民的新法，从而使中国广大民众知晓"农学""机器学""化学""电学""格物学"等的益处，并且呼吁"诚使中国每一府治每年能各筹百金之款以助本会之经费，则可将一应有益之书或贱价出售，或竟行致送"④。以期益于民众的启

---

① EVANS E W P. Timothy Richard：A Narrative of Christian Enterprise and Statesmanship in China [M]. London：The Carey Press，1945：102.
② 李提摩太. 亲历晚清四十五年——李提摩太在华回忆录 [M]. 李宪堂，侯林莉，译. 天津：天津人民出版社，2005：196.
③ 李天纲. 万国公报文选 [M]. 上海：中西书局，2012：234.
④ 李天纲. 万国公报文选 [M]. 上海：中西书局，2012：241.

蒙。《广学会第六年纪略》中提及"会中命意之所在，务欲推广西国之学于中国"①。因而在广学会第六年的计划中就有"一重刻德儒花君之安《自西徂东》一书、一刷印《性海渊源》、一印行《治国要务》、一译印《华英谳案定章考》一首"② 等，以此推广西学。

同时，广学会开始认同并翻译一些西方文学作品，并用中文刊登。广学会印刷出版了莱辛（G. E. Lessing）的杰出论文《人类的教育》、瑞斯先生（Lambert Rees）的《世界古代和中世纪史》（《世界通史》）。这给中国的学子带来巨大影响，"各省的学政们，开始从世界史中出题——秀才们不读瑞斯的《世界通史》就答不上来——而不是像以往那样，仅仅从中国的文献中出题"③。1901年，广学会迎来具有纪念意义的一年，不少于5位传教士投入到文学作品的翻译出版工作中。"35本新书以及五万份复印本在中国出版，并且有22本书在印刷中"④。广学会的出版需求在急剧上升，尤其是在1901年朝廷发布教育政令后，中国官方赞同并认可的西学进入一个新纪元。

1893年5月2—4日，在上海举行的中华教育会"三年会议"记录中记载，李提摩太于1891年成为中华教育会的成员，他在这次会议上发表了题为"教育的原则"开场演讲。在这次演讲中，他对比讨论了中国的教育，这与他在报纸《时报》中的写作风格很像。其中他提出的三级教育制度成为中国20世纪建立教育体系的样板。

综上所述，李提摩太通过著书、译著以及参与学会等途径，借鉴和利用西方先进的文化教育成果，推动新式教育，变通中国现行的教育章程。

（三）践行改革中国教育的主张

李提摩太在中国传教期间十分重视教育，借助结交清朝高官和文字出版等途径宣传和发表改革中国教育的主张。同时，他一直提倡在省会城市建立现代西学教育机构，开设西学课程，培养西学人才。李提摩太在中国推行教育时经历了很多磨难，比如有时资金短缺，有时遭受误解，有时遭遇同事的

---

① 李天纲. 万国公报文选［M］. 上海：中西书局，2012：244.
② 李天纲. 万国公报文选［M］. 上海：中西书局，2012：246 – 247.
③ 李提摩太. 亲历晚清四十五年——李提摩太在华回忆录［M］. 李宪堂，侯林莉，译. 天津：天津人民出版社，2005：208.
④ RICHARD T. Christian Literature for China［J］. Missionary Herald，1902（5）：220.

直接反对，但最后他在 1900 年义和团运动期间的山西教案中获得机会。

在《辛丑条约》的谈判过程中，李提摩太向各方提议，从山西教案赔款中提取 50 万两白银用于创办一所近代山西大学堂，其目的是去除中国人的无知与迷信，而"无知和迷信正是导致对外国人屠杀（山西教案）的主要原因"①。在山西大学堂里，李提摩太提议传授西学，培养中国未来能够适应政府官员、教师等职位工作的学生。他被聘请为山西大学堂西学斋总理，负责任命教授、安排课程，并拥有掌管大学基金的权力，为期十年。十年后，学校的管理权移交给省政府。

1902 年早春，李提摩太离开上海，来到山西，去和政府官员面对面地谈论创办山西大学堂的一些基本原则。当李提摩太与总教习敦崇礼（Moir Duncan）先生、理学士尼斯托姆（Nystrom）到达太原创建新大学时，却很失望地看到山西正在大张旗鼓地筹备一所官立大学，而且这所官立大学由一位排外的政府官员控制，这位官员曾千方百计反对建立实施西式教育的大学②。于是，李提摩太与山西巡抚岑春煊谈判，提议将两所大学合并在一起，并进行适当的分工，这样可提高工作效率、节省开销。巡抚最后接受大学合并的建议并规定：中学专斋由中国人负责管理，专门教授中国的传统学问；西学专斋由李提摩太负责管理，专门教授西学科目③。

山西大学堂之所以能够成为中国高等教育的样板，主要有如下几个方面的原因④。

第一，山西大学堂的学生生源都是拥有一定中国传统文化基础、被选拔出来的青年才俊。这些学生中既有秀才，也有举人；他们或有勤勉的习惯，或有能力突出者，年龄大多 20 岁左右，也有的超过 30 岁⑤，故在吸收西学上更有价值判断力，因而也更容易学有所成。因此，李提摩太选择成年学生

---

① 李提摩太. 亲历晚清四十五年——李提摩太在华回忆录 [M]. 李宪堂，侯林莉，译. 天津：天津人民出版社，2005：282.

② 李提摩太. 亲历晚清四十五年——李提摩太在华回忆录 [M]. 李宪堂，侯林莉，译. 天津：天津人民出版社，2005：283.

③ SOOTHILL W E. Timothy Richard of China [M]. London：Seeley，Service & Co. Limited，1924：256.

④ JOHNSON E V. Educational Reform in China (1880—1910)：Timothy Richard and His Vision for Higher Education [D]. Gainesville：University of Florida，2001：172 – 176.

⑤ SOOTHILL W E. Timothy Richard of China [M]. London：Seeley，Service & Co. Limited，1924：261.

作为山西大学堂的生源,充分利用清政府时期旧学校里的优质资源,从而促使山西大学堂的教学任务顺利展开。

第二,在政府的资助下,山西大学堂培养的众多优秀学生赴英国留学,成为当时唯一一所能为学生进入西方大学提供预备课程的官立大学,为山西大学堂带来良好的社会声誉。学校设置三年的预科课程,学习基本的现代知识,教学的标准就是通过伦敦大学入学考试的水平。3 年之后,通过政府组织考试的学生,还有为期 4 年的专业课程学习,专业是法律、物理、化学、矿业工程或土木工程①。1907 年,山西大学堂首次派了 25 名毕业生去英国学习铁路和矿业工程知识,其中 23 名是由省政府出钱资助的。而这一切,与李提摩太积极倡导在山西大学堂进行西学教育息息相关②。

第三,李提摩太倡导山西大学堂教学用语为汉语,以便在尽可能短的时间内取得尽可能大的成效③。当时英国新教在华创办的学校从马礼逊学校、英华书院、文会书院到合作办学的福建协和大学、华西协合大学等都将英语语言的教育作为课程一个重要组成部分和优势学科。而李提摩太和敦崇礼在起初的教学中发现学生们除了自己的语言外,不通晓任何语言。而且不单是学生们不懂英语,教授们也不懂汉语。为了克服这个困难,李提摩太从沿海请来了中文翻译。这些译者不懂教授们所教授的内容,也不会说学生们所使用的方言,但是他们能将西方教授们的讲座口译成学生们能理解的官话。这种翻译活动一直持续到教授们能流利用中文表达,或者学生们不难理解英语为止④,这就为学生们排除了学习大学课程必须费时学会英语的困难,确保在最短的时间内起到最大的作用。同时,李提摩太所主导的西学斋,学生经过 7 年学习后,被派出去熟悉自己的专业,这种举措在中国教育机构中仅此一家⑤,大大缩短了培养学生的时间,而且教学效果显著,"几百名男子接

---

① SOOTHILL W E. Timothy Richard of China [M]. London:Seeley, Service & Co. Limited, 1924:261.
② SOOTHILL W E. Timothy Richard of China [M]. London:Seeley, Service & Co. Limited, 1924:266.
③ 李提摩太. 亲历晚清四十五年——李提摩太在华回忆录 [M]. 李宪堂,侯林莉,译. 天津:天津人民出版社,2005:286.
④ SOOTHILL W E. Timothy Richard of China [M]. London:Seeley, Service & Co. Limited, 1924:261.
⑤ SOOTHILL W E. Timothy Richard of China [M]. London:Seeley, Service & Co. Limited, 1924:268.

受了教育，派往各省各地当教师。到处都开设了学堂，后来这些人成为教育的领导者"①。

第四，为解决山西大学堂教材稀缺、大部分科目的术语混乱等问题，他在上海广学会里组织了翻译部，为山西大学堂提供所授课程的课本。翻译部由窦乐安（John Darroch）牧师任总监，负责管理。在翻译到参考文献以及地理名词时，翻译部试图使用专门的术语进行音译。翻译部为山西大学堂翻译了教学法、物理学、体育、动物学、矿物学、植物学、数学等课本，天文学和自然地理的地图集和梅耶的《通史》、吉本的《欧洲商业史》等②。6年后翻译部由于资金压力关闭。

山西大学堂的建成给中国的教育带来了变化，其办学模式对中国近代学制的改革产生影响。1901年5月，议和全权大臣李鸿章同意用山西赔款在太原设立一所中西大学堂的意见，并将教授的任命、课程的设置以及校基金的管理权力交付给李提摩太；7月，创办中西大学堂事宜开始筹备与商谈；11月，《创办中西大学堂合同八条》生效。就在山西与李提摩太商谈设立中西大学堂的同时，1901年9月，清政府下诏兴学："着各省所有书院于省城均设大学堂。"③ 这预示着许多其他省会由政府资助的现代大学堂也像山西大学堂那样，纷纷建立起来。

1903年，清政府公布新的学制"癸卯学制"，癸卯学制中"中学为体，西学为用"的教育方针与山西大学堂秉承的中西合璧的办学原则是一致的。并且"钦定学堂章程"（亦称"壬寅学制"）中《奏定实业学堂通则》规定的预科、本科和相关课程与山西大学堂西学斋的预科、专科的分段法以及所开设的课程大致相同。山西大学堂西学斋学生学习专业科目有：法律、科学、医药学、机械工程学、语言学以及文学④。而癸卯学制章程中规定大学分八科，分别是经学科、政法科、文学科、医科、格致科、农科、工科和商科⑤。当然，壬寅学制、癸卯学制制定时的参照系是日本学制，但当时在中

---

① SOOTHILL W E. Timothy Richard of China [M]. London: Seeley, Service & Co. Limited, 1924: 268.
② SOOTHILL W E. Timothy Richard of China [M]. London: Seeley, Service & Co. Limited, 1924: 263.
③ 朱寿朋. 光绪朝东华录 [M]. 北京：中华书局，1958：4719.
④ 李提摩太. 亲历晚清四十五年——李提摩太在华回忆录 [M]. 李宪堂，侯林莉，译. 天津：天津人民出版社，2005：286.
⑤ 高奇. 中国高等教育思想史 [M]. 北京：人民教育出版社，1992：215-216.

国现存的山西大学堂的办学经验和做法对壬寅学制、癸卯学制的制定仍是会有一定影响的①。

1910年李提摩太将山西大学堂移交给山西政府,这是李提摩太在中国高等教育改革上的最后一个举措。山西大学堂的建立是李提摩太推进中国教育改革生涯中的顶点,也是中国政府资助高等教育的基石,同时也见证了李提摩太的教育观点对晚清高等教育所起到的持续影响。

(四) 对近代中国教育改革的影响

李提摩太在近代中国早期的教育努力主要体现在教导一些比较聪慧的饥荒孤儿,使他们以后有可能成为有知识的领导者等方面。他通过对事物的科学阐释,向山西省官员和学者讲授科学、地理、世界历史等现代科学知识,传播西学,帮助中国民众消除无知和愚昧,从而实现了他从最初以传教为业到关注教育的角色转换。随后,李提摩太表达了在中国省会建立高等学府的建议,并通过广泛结交清朝高官来宣传改革中国教育的主张。一旦置身于广学会舵手,李提摩太挥笔如利剑,著文并刊出各种出版物和译文。此外,他还通过文字出版说服中国官员,使其了解西学的优点和用处,从而消除中国官员、民众对西学和对他本人的偏见与抵触。李提摩太还是中华教育会中最具有改革思想、实践派的传教教育者。他努力斡旋来华传教士的各种矛盾,号召来华传教士为中国教育改革做出努力。李提摩太应清政府之邀,到山西协调庚子赔款问题时,获得了实现其多年来改革中国教育主张的机会,即1902年西学专斋(后来称山西大学堂)在中国建立。当然,李提摩太能够推行高等教育改革、建立高等教育体系是多年来中国人与外国人共同努力的结果。他在中国推进与倡导教育改革时,积极主张西学与儒学并存,他所主持建设的山西大学堂,作为当时中国现代意义上的官立学堂和20世纪建立的高等学堂,对当时及后世影响巨大。但他参与的"西学东渐"受制于其自身的宗教信仰和强烈的传教使命感,使他对英国教育思想传播的客观效果与其主观愿望并不完全一致。

---

① 史降云,申国昌. 李提摩太与山西大学堂 [J]. 山西师大学报 (社会科学版), 2006 (4): 109-112.

二、《教育杂志》对英国教育思想的导入

《教育杂志》（*The Educational Review*）① 由上海商务印书馆创办，从 1909 年 2 月创刊到 1948 年 12 月终刊，实际出刊 31 年零 7 个月，共出正刊 33 卷 382 期 380 册。其间，于 1932 年 1 月和 1941 年 12 月两度停刊，又分别于 1934 年 9 月和 1947 年 7 月复刊。出刊第 1 年由于按阴历有闰月，故出刊 13 期。第 27 卷（1937 年）第 9、10 期以及第 11、12 期为合刊。《教育杂志》是我国近代以来，历时最长、影响最大的教育刊物，是研究近现代中国教育史最重要的原始资料之一。该杂志栏目众多、作者广泛，为各种专题研究提供了重要的历史线索和翔实的资料。

20 世纪初的中国，"以西方之学术，灌输于中国，使中国日趋于文明富强之境"② 的历史语境使《教育杂志》对西方教育思想的译介与推广成为题中应有之义。英国自 1649 年通过资产阶级革命实现宪政，到 19 世纪后期其"日不落帝国"之称已享誉全球，其"文明富强之境"自然成为"先进的中国人，经过千辛万苦，向西方国家寻找真理"③ 的心仪之所。本节通过研读《教育杂志》中英国教育思想导入中国的内容，及其呈现出的近代英国教育思想导入中国的概貌，归纳其主要特征，试图结合中国语境对《教育杂志》在传播近代英国教育思想中所发挥的作用及影响进行阐释，进而呈现中国教育走向世界的历史进程。

那么，处于研究介绍西方教育热潮中的《教育杂志》对英国的教育思想都做了哪些导入？同时对英国教育思想的中国化进行了哪些探索呢？

笔者通过研读《教育杂志》中关于译介英国教育思想的文章，将收集到的相关的 41 篇文章主要分为三类（即介绍英国基础性教育学科的文章、介绍英国应用性教育学科的文章、宣传英国教育主张和教育革新的文章），

---

① 《教育杂志》从第 2 年第 1 期开始在封三版权页上增加英文名 *The Chinese Educational Review*，从第 18 卷英文名改为 *The Educational Review*。
② 容闳. 西学东渐记 [M]. 郑州：中州古籍出版社，1998：89.
③ 毛泽东. 论人民民主专政 [M] // 中共中央文献编辑委员会. 毛泽东选集（第 4 卷）[M]. 北京：人民出版社，1991：1469.

然后分析归纳每一类文章所涉及的内容，并呈现于下。

（一）介绍英国基础性教育学科

所谓基础性教育学科主要是指教育中的基础理论学科、基本事实学科和对其他教育学科的发展具有指导意义的学科，一般包括教育哲学及教育学原理、教育社会学、教育心理学和教育史学[①]。《教育杂志》中介绍英国基础性教育学科的文章主要侧重于英国的道德教育。具体文章如表 2-1 所示。

表 2-1 介绍英国基础性教育学科的文章

序号	篇名	作者	卷、号（年份）
1	实验教育学	天一	第 4 卷第 4 号（1912 年）
2	英国训育之概观（未完）	志厚	第 7 卷第 1 号（1915 年）
3	英国训育之概况（续）	志厚	第 7 卷第 4 号（1915 年）
4	英国训育之概况（续完）	志厚	第 7 卷第 6 号（1915 年）
5	欧美的道德教育	任白涛	第 16 卷第 8 号（1924 年）

《教育杂志》在 1915 年连续 3 期介绍了英国的训育，涉及的内容有英国训育之特色、各校训育之实况、设备与训育之关系、学校以外之训育势力和英国训育与德法训育之比较。其中在探讨英国训育的特色时指出：训育的目的在于："第一，养成人物主义，培养诚实、正义、公平的品质。学校的训育特色为刚健、沉着、和平、仁爱、尊实用而避空谈、尚独立而恶倚赖、重礼节、端丰仪、趣味丰饶和常识稳健。学校教育协同家庭、社会共同培养此类人物。第二，培养宗教精神。第三，尊崇旧惯。第四，维持校风，用德义精神浸灌全校，坚而不涣，形成校风。第五，教师之感化，因为英人尚名誉，常视威胁、呵斥为奇辱。故作为教师，不肯轻易谴责，而作为学生，也擅长自治。第六，寄宿制，有利于爱护团体的精神，与服从舆论的习惯。第七，自治制。第八，运动竞技，英国人坚信运动竞技有裨于教育目的的实现。第九，赏罚，英国学校从不肯轻易用刑罚。第十，余暇之指导。"[②]

在讨论各校训育的实况时，分别从大学预备校、半寄宿制学校、预备校、通学制的中等学校、高等女学校和大学六类展开训育的介绍。其中大学

---

① 田正平. 中外教育交流史［M］. 广州：广东教育出版社，2004：633.
② 志厚. 英国训育之概观（未完）［J］. 教育杂志，1915，7（1）：1-8.

预备校中类似阿诺德、伊顿、拉格比等公学，预备校中以模范人物为理想、尊崇习惯、维持校风、有宗教精神、参与运动竞技、实施自治和寄宿等方式最能贯彻英国训育的目的。大学分旧式大学和新式大学，旧式大学中的剑桥大学、牛津大学的训育以养成人物为教育目的；新式大学中的伦敦大学以养成学问技艺为主①。在论及学校以外之训育势力时，提及了家庭、社会、教会的力量。尤其强调父母整饬纪律，躬行实践并以之为范。严肃的家风，即是无言的教训。学校与社会相互影响，学校风气也就是社会风气的反映②。

英国的道德教育，向来没有用过组织的方法，不取划一制度，可随学校情形及儿童状况而定，教授方法完全由教师决定。在道德教育的训练上，有"双方相互的、取叮咛恳切的态度"的规定。除此以外，还有"服从义务、爱护动物、忠实职务"等公共道德规定。由此可知，英国的道德教育与国民教育相关联。英国的国民性"轻理论、重实际。在实际的里面，还包含着永久性"。换句话说，包含永久性的实际，乃是英国人理想之所在。有这个理由，所以对于道德教育，不好讲理论，专从实际训练方面循循诱导③。

《教育杂志》还介绍了英国基础性教育学科中的实验教育学。《实验教育学》指出了科学的结论不但需要质性，还需要量性。现在的新教育学（即实验教育学）应用精确观测法，阐释"观察力""记忆""疲劳"等实验教育学研究的重要事项，将教育学带入科学领域④。

（二）介绍英国应用性教育学科

作为教育学科整体结构中的一个重要分支，应用性教育学科作为20世纪以应用研究为特征的教育学科迅速崛起并成为一种发展的新趋势。19世纪的英国，在经济迅速发展的同时，贫富差距依然明显，教育不公平现象依然突出。19世纪英国的科学教育思想和古典教育思想主要关注中产阶级子弟的教育，而以兰卡斯特和凯-沙图华兹为代表倡导的民众教育则属于贫困阶层的教育，目的在于帮助劳动阶级子弟形成良好的习惯，并学会用智慧劳

---

① 志厚. 英国训育之概况（续）[J]. 教育杂志，1915，7（4）：37-46.
② 志厚. 英国训育之概况（续完）[J]. 教育杂志，1915，7（6）：57-68.
③ 任白涛. 欧美的道德教育 [J]. 教育杂志，1924，16（8）：1-9.
④ 天一. 实验教育学 [J]. 教育杂志，1912，4（4）：47-56.

动①。

《教育杂志》介绍英国应用性教育学科的文章主要是将英国职业教育、实业教育、乡村教育、劳动教育和成人教育等导入中国（见表2-2）。

表2-2 介绍英国应用性教育学科的文章

序号	篇名	作者或来源	年/卷、期/号（年份）
1	英国女子职业教育	调查	第2年第7期（1910年）
2	英国之乡村教育	雾豹	第3年第6期（1911年）
3	英美社会教育四则	天民	第4卷第5号（1912年）
4	英美近时教育之倾向	天民	第4卷第5号（1912年）
5	德英二国之补习教育	天民	第9卷第1号（1917年）
6	各国实业教育之大势	太玄	第9卷第4号（1917年）
7	英国科学教育之改良	太玄	第11卷第1号（1919年）
8	英法自动教育之趋势（未完）	隐青	第12卷第5号（1920年）
9	英法自动教育之趋势（续）	隐青	第12卷第6号（1920年）
10	英国劳动教育之发达	杨贤江	第14卷第7号（1922年）
11	最近英国教育之趋势	周天冲	第15卷第5号（1923年）
12	英吉利的成人教育与W.E.A.	任白涛	第15卷第7号（1923年）
13	欧美之补习教育（未完）	任白涛	第16卷第9号（1924年）
14	欧美成人教育之勃兴	任白涛	第16卷第12号（1924年）
15	英国之补习教育及其职业教育	常道直	第19卷第5号（1927年）
16	英国成人教育运动之起源与发展	雷宾南	第21卷第8号（1929年）
17	英国成人教育之进展	郑冠兆	第21卷第10号（1929年）
18	英国培育班教育	葛承训	第25卷第9号（1935年）
19	英法德丹俄五国的生产教育	周学章	第25卷第9号（1935年）
20	英国实业与教育的关系	何清儒	第27卷第6号（1937年）

介绍英国职业教育文章的内容有女子职业教育和普通教育中的职业教育。《英国女子职业教育》指出，广义的女子职业教育是指高等专门教育及有关生活的各种教育，狭义的是指高等职业教育。当下英国女子从事广义的职业不计其数，有"医业，印刷业，制造面包、饼干、茶食，宝石业，钟

---

① 朱镜人.英国教育思想之演进[M].北京：人民教育出版社，2014：12.

表及科学机械师和陶瓷器制造业"①。《英美近时教育之倾向》指出,英国的普通教育略带职业性质,甚至是专门职业教育。初等、中等普通教育不仅局限于陶冶高尚的人格,还培养学生未来接触社会从事特殊职业的某种能力。1911 年,在英国新设立的学校中,就有商业性质、工业性质以及商业工业合并性质的学校,并配备完美的物理、化学、生理学实验室②。

介绍英国的实业教育时,《各国实业教育之大势》一文指出,英国实业教育无系统的组织,并且名称不统一。初、中、高等实业教育不发达,因此英国的发明与发现也不多③。《英国实业与教育的关系》一文从诸多方面探讨英国实业与教育的关系,如现今英国普通教育制度、工科学校与专科对于实业的关系、国家证明书课程、商业教育、普通成人教育、实业界在教育上的责任、选择与升进的问题等,论证了实业与教育关系需要更加密切以及创建实业与教育的新制度,使得儿童不只有适合能力的教育,还能在择业及训练上得到精熟的指导④。

介绍英国的乡村教育时,《英国之乡村教育》一文指出,英国乡村中小学校、中等农业学校及大学农科皆为辅助农业之机关。各地方政府州议事会或选职员经营缔造者都是精干之士,习农事、谙科学且能应用智识。小学乡村教育依赖教师的提携,传授乡间最重要的常识,既能引起学生兴趣,促进好学精神,且对于学生将来生活的益处不可限量。而乡村中学教育将学生导入科学范围,不仅需重普通智识,还需重实用。中等农学校课程以农科占最多时间,普通学科授以常识⑤。

介绍英国的成人教育时,《最近英国教育之趋势》⑥ 一文指出,成人教育为英国现今一种最显赫的趋势。《欧美成人教育之勃兴》⑦《英国成人教育运动之起源与发展》⑧《英国成人教育之进展》⑨ 都侧重介绍成人教育发

---

① 英国女子职业教育 [J]. 教育杂志, 1910, 2 (7): 51 – 62.
② 天民. 英美近时教育之倾向 [J]. 教育杂志, 1912, 4 (5): 45 – 50.
③ 太玄. 各国实业教育之大势 [J]. 教育杂志, 1917, 9 (4): 19 – 25.
④ 何清儒. 英国实业与教育的关系 [J]. 教育杂志, 1937, 27 (6): 119 – 122.
⑤ 雾豹. 英国之乡村教育 [J]. 教育杂志, 1911, 3 (6): 65 – 70.
⑥ 周天冲. 最近英国教育之趋势 [J]. 教育杂志, 1923, 15 (5): 1 – 10.
⑦ 任白涛. 欧美成人教育之勃兴 [J]. 教育杂志, 1924, 16 (12): 1 – 20.
⑧ 雷宾南. 英国成人教育运动之起源与发展 [J]. 教育杂志, 1929, 21 (8): 59 – 69.
⑨ 郑冠兆. 英国成人教育之进展 [J]. 教育杂志, 1929, 21 (10): 71 – 81.

展的历史脉络，对成人教育运动的起源、发展和现状一一进行阐述。指出英国成人教育运动受到大学扩充教育运动、教育学舍运动、工人教育会和导师班运动等影响，在不同阶段呈现不同发展特色。第一次世界大战后，英国成人教育的活动和领域有所拓展并且在程度上趋于大学化。成人教育的重大意义在于它与将来的英国教育制度和英国新社会秩序的建立大有关联。成人教育"是永远的民族需要，是公民教育的不可分离部分"。同时，"成人教育的最近发展具有特殊意义，这种意义早为工人阶级运动的大部分人物所承认。即是，倘若工人社会要解决他自己所有问题，那就要发动他自己所有力量，又要创造一种恰好符合于他们理想中所有新社会秩序，他务必注意他的会员所最需要的成人教育。工人社会在过去数十年间，当用尽心思与运用毅力来改善他的经济地位。如今，他应该用同样的苦心和毅力以努力于成人教育而准备明日的社会"①。《英吉利的成人教育与 W. E. A.》一文是以英吉利W. E. A. (The Workers' Educational Association，劳动者教育协会)的活动为基础，研讨英吉利的成人教育问题。文中介绍了成人教育的定义、目的、方针和期望，其中以"自由"教育、文化教育为核心的成人教育，是W. E. A. 所瞩目的②。英国的劳动教育与成人教育的发展息息相关。《英国劳动教育之发达》③一文译自"教育学术界"，介绍了 19 世纪初期、中期和中叶之后英国劳动教育的发展状况。19 世纪初期，英国的许多乡村设立了劳动者讲习所，它的发达可以从哈特生博士所著的《成人教育的历史》一书中找到答案，即与上流社会的恩情主义有关。到了 19 世纪中期，英国劳动者大学——"人民大学"开始自治自助，并且与产业组合运动相关联。19 世纪中叶以后，大学扩张运动及产业组合运动对英国劳动者的教育做出了较大贡献。

(三) 宣传英国教育主张和教育革新思想

《教育杂志》刊登了一些宣传英国教育主张和英国新教育改革及两次世界大战后教育方面革新思想的文章（见表 2 - 3）。

---

① 雷宾南. 英国成人教育运动之起源与发展 [J]. 教育杂志, 1929, 21 (8): 69.
② 任白涛. 英吉利的成人教育与 W. E. A. [J]. 教育杂志, 1923, 15 (7): 11 - 22.
③ 杨贤江. 英国劳动教育之发达 [J]. 教育杂志, 1922, 14 (7): 1 - 5.

表2-3 宣传英国教育主张和教育革新思想的文章

序号	篇名	作者或来源	年/卷、期/号（年份）
1	英国之教育观	调查	第1年第11期（1909年）
2	英国之教育观（续）	调查	第1年第12期（1909年）
3	英国之教育观（续）	调查	第1年第13期（1909年）
4	英国教育主义	记事	第2年第6期（1910年）
5	英美教育改革观	吉田熊次	第11卷第6号（1919年）
6	战后之欧美教育	袁希涛	第13卷第11号（1921年）
7	最近英国教育之趋势	周天冲	第15卷第5号（1923年）
8	战后英国之新人文主义的教育	任白涛	第16卷第3号（1924年）
9	欧洲教育最近的趋势	华林一	第19卷第1号（1927年）
10	英美德法四国教育的新趋势	程湘帆	第19卷第1号（1927年）
11	最近英国教育界的倾向	李宏君	第20卷第12号（1928年）
12	英法德美意俄的国民性与教育	罗廷光	第24卷第4号（1934年）
13	英国宣战后教育上新动态	雷通群	第30卷第2号（1940年）
14	欧战的首先重大损失	冯邦彦	第30卷第9号（1940年）
15	英国教育之今昔观	苏芹荪	第31卷第3号（1941年）
16	英国教育改造的展望	吴向	第33卷第11号（1948年）

《教育杂志》介绍英国的教育观时主要从英国人的精神展开论证。英国国家制度一直具有保守且不统一的特点，因此，英国的教育一方面尊重传统，另一方面又富有自由①。英国人的活泼精神和"以世界为我国"的气质的养成与英国国民参与的各项运动息息相关。英国人不但以学校教育中的铸造"以有品格、富常识、能营业而有个人特色之人"为目标，而且还扩充到普通社会里，如图书馆、博物馆、美术馆、工艺馆等成为扩充普通人民的学问知识的场所②③④。

同时，英国的教育观还与其国民教育有关。英国教育最大的特点是：社会的进步最好不靠国家的力量来控制，个人或团体活动的举办不是被动的，而是自发的。中央政府对于国家教育的职责，在于激励和鼓励，而不是革命

---

① 李宏君. 最近英国教育界的倾向[J]. 教育杂志，1928，20（12）：7-9.
② 英国之教育观[J]. 教育杂志，1909，1（11）：55-68.
③ 英国之教育观（续）[J]. 教育杂志，1909，1（12）：69-79.
④ 英国之教育观（续）[J]. 教育杂志，1909，1（13）：81-96.

和干涉。教育法令也须地方试行有效和舆论赞同才被正式宣布。因此,英国教育的进步稍缓于中央集权的国家,但这种进步是很可靠的。因为教育理论和实践的隔阂很少,并且教育理论是根据经验而来,不是专家们苦心发明的"科学原理"①。

英国对教育的观念还体现在父母为儿童选择宗教学校的原则上。第一,不得强令儿童入宗派学校来达成父母的志愿;第二,宗教的学问不能是学校生活的全部,而应以保持儿童的天真为主;第三,组织管理上,应尊重宗教的教义,尊重父母和教师②。

英国教育改革受国内外战争的影响。

第一,在教育制度方面,第一次世界大战后《1918 年教育法》(即"费舍法案")的发展最引人注目③,并且成为英国教育改革上一个大事件,它进一步完善了公共教育制度,调整了中央教育委员会和地方教育当局的关系④。《1918 年教育法》最大价值在于对 14~18 岁青年的教育规定,并且第一次承认对其的责任⑤。第二次世界大战后,英国新教育制度的体系始自 1944 年的教育条例,这条例将过去的英国教育制度大大简化,同时在不妨碍英国教育传统与以往的多方适应的习惯之下,提高教育的一般水准。1944 年教育条例所发动的各项教育改造,广博而普及,适应每个人身心、才能的发展以及使教育的程序成为一个连贯的系统⑥。但是"欧战的首先重大损失即为全国教育制度"。1939 年 9 月 2 日《伦敦时报》社评上说:"战争的威吓不要使我们忘记 1939 年 9 月 1 日教育历史上的重要日期。立法的原则应要记在心头。战争导致英国在三四日中须撤退一百万儿童,而撤退儿童工作极为困难。城市学生到乡村以后,逐渐发生各种问题。战争的残忍也影响到其他属于青年的社会事业。"⑦

第二,在教育内容方面,英国首相乔治在战后曾设立以自然科学、现代语科及古典文学为中心的三大调查机关来了解英国国民教育内容,得到的报

---

① 罗廷光. 英法德美意俄的国民性与教育[J]. 教育杂志,1934,24(4):71-79.
② 英国教育主义[J]. 教育杂志,1910,2(6):50.
③ 李宏君. 最近英国教育界的倾向[J]. 教育杂志,1928,20(12):7-9.
④ 吉田熊次. 英美教育改革观[J]. 教育杂志,1919,11(6):39-43.
⑤ 华林一. 欧洲教育最近的趋势[J]. 教育杂志,1927,19(1):8-11.
⑥ 吴向. 英国教育改造的展望[J]. 教育杂志,1948,33(11):46-52,61.
⑦ 冯邦彦. 欧战的首先重大损失[J]. 教育杂志,1940,30(9):27-28.

告发现：英国因为欧战而觉察一般英国国民在自然科学方面存在的弱点，因此有必要改进对国民在自然科学方面的教育。科学教育固然能为国家及个人带来繁荣与力量，但英国国民不抵触自然地接触到包含人类的情绪与希望的文学、历史等知识。也就是说，英国把实用主义的教科与人文主义的教科融合到一起，即用人文主义的方法去教授实用主义的学科。具体而言，英国倡导自然科学的教育以实用主义为目的，现代语科的教育则平衡古典与现代语①。同时，在第二次世界大战期间，英国将宣战的目的和敌人的最大缺点向儿童做公开的讨论，从而使儿童彻底明了并间接影响他们的父母对战争的态度，从而注重播音教育②。

第三，在教育新趋势方面，第一次世界大战是人类理想和一切制度的最好试验场。英国教育在战争的影响下出现了新趋势。英国初等教育发展趋势极强，特别是人口稠密区域的蒙养学校的发展。英国中等教育取得长足进步的是补习学校和青年教育，而公立学校已成为一种特殊的高贵学校。工艺教育培养各种专门人才，成为一种实际发展的新趋势。大学教育发展特甚，几乎遍布英国各重要城市，并且英国大学不用各种计策促进学生研究学习。学生在教师指导下，在一定范围内，博览群书。一两年后，再经考试。成人教育为英国发展最显著的趋势。在英国儿童的卫生检查、特殊儿童的需求、普通建筑物、课程及教法、教师、教育制度等方面都出现最新变化③。同时，在教会学校、宗教学校以及行政权限方面也出现新变化。比如英国私立学校极其发达，尤以教会设立者为多。由于物质进步，金钱购买力日渐缩减，因此教会学校的开支越变越重，已经出现不能应付之势。故教会学校申请改办公立学校。另外，英国宗教派别坚不可摧，教授宗教每每发生派别问题，因此拟定一种彼此承认之宗教教育大纲，作为不同教派学校之模范教材。另外，英国的教育行政权限一直为地方所操控。由于经济发展，强大的都会力求扩张，弱小的乡镇不甘退让，两方竞争愈闹愈烈。因此，"最近教育界主张，地方义务教育经费，中央补助半数，其余由地方自行征税应付"④。

由上可知，在"西学东渐"潮流的推动下，《教育杂志》广泛而持久地

---

① 任白涛. 战后英国之新人文主义的教育 [J]. 教育杂志，1924，16（3）：9-22.
② 雷通群. 英国宣战后教育上新动态 [J]. 教育杂志，1940，30（2）：39.
③ 周天冲. 最近英国教育之趋势 [J]. 教育杂志，1923，15（5）：1-10.
④ 程湘帆. 英美德法四国教育的新趋势 [J]. 教育杂志，1927，19（1）：1-8.

介绍了英国基础性、应用性教育学科,宣传了英国教育主张和教育革新思想,为中国教育学科及其各分支学科的产生创造了一定的条件。

首先,英国应用性教育学科如职业教育、乡村教育、成人教育、实业教育和劳动教育被引介居多,这说明当时中国教育界对英国应用性知识的需求。英国在19世纪后,随着工业化和城市化的深入与加速,技术更新及人们对科学与技术的兴趣日趋广泛,技术教育得到相当程度的发展。"中国以前的教育,只是关于支配行动的教育,关于生产行动的教育在中国是从来所无的……当面第一个紧急问题,应该就是产业教育问题"①。而中国现代职业教育思想的发展与黄炎培先生息息相关,1917年7月黄炎培发表的《中华职业教育社宣言书》标志着职业教育思想的形成。"曰推广职业教育;曰改良职业教育;曰改良普通教育,为适于职业之准备"②。《教育杂志》在1910年和1912年分别介绍了英国的女子职业教育和普通教育中的职业教育;在1917年和1937年又分别介绍英国的实业教育,并在一定程度上为中国职业教育的发展提供可资参考的途径。中国现代的乡村教育思想是在20世纪20—30年代掀起高潮的,黄炎培、晏阳初、陶行知、梁漱溟在各自的教育实践中都曾认识到:要解决中国的社会问题离不开教育,而要解决中国的教育问题又离不开乡村。因此,乡村教育运动在中国现代教育思想发展过程中成为必由之选。《教育杂志》在1911年介绍了英国的乡村中小学校、中等农业学校及大学农科的乡村教育,该文在一定程度上对中国乡村教育的发展提供了前瞻性的视角。《教育杂志》中有关英国职业教育、乡村教育、成人教育、劳动教育等思想的介绍与研究在一定程度上也体现了当时中国教育发展的诉求,进而反映了英国应用性学科教育的发展占据领先地位。

其次,清末民初,道德变革的重要性和必要性随着中国社会的近代转型和近代西方道德教育理论的输入日益凸显。传统的修身教育再也难以适应教育改革的需求,创立新型的道德教育便成为当务之急。道德教育从其本质而言,反映的是一种教育理想,即一种有关"道德人"的追求③。近代进步人士主动向西方寻求并向国内输入道德教育理论。从清末到民国初始再到新文

---

① 陈青之. 中国教育史[M]. 北京:东方出版社,2008:638-639.
② 中华职业教育社. 黄炎培教育文选[M]. 上海:上海教育出版社,1985:52.
③ 田海洋. 中国近代德育理论研究[M]. 北京:中国文史出版社,2016:181.

化运动的兴起，境外的道德教育观念通过教育报刊不断地得到传播和推广。德国教育家赫尔巴特的训育观、以美国杜威为代表的实用主义的训育观、法国涂尔干的道德教育学说、德国康德的伦理道德思想等西方多种德育观念的输入，为民国时期德育观念的变革提供了可资参考和借鉴的方向与路径。在五四新文化运动时期，《教育杂志》通过连载的方式及时介绍了英国的训育，向中国民众传达英国训育的特色、特征以及英国实施道德教育的内容与方法，从而为中国解决道德及教育问题提供了新视角，这些努力远远早于杜威、涂尔干和康德的德育观念在中国的传播。《教育杂志》甚至还将英国实验教育学的最新发展介绍给中国。总体而言，从文章数目来看，《教育杂志》对英国基础性教育学科的介绍与引入的文章不多，在一定程度上制约了英国在此领域对中国的影响。

最后，《教育杂志》在介绍英国的教育观时，上升到上层建筑的高度，从英国人的精神与国民性的角度展开研究。在介绍英国的教育改革时，以世界大战的影响为切入点，从教育制度、教育内容和教育新发展趋势三方面来展开，进行系统的、纵向的介绍和导入。我们不难发现："英国的教育改革不只是教育本身的改革，而是作为国家整体制度改革的一部分；教育制度存在的很多问题都与国家整体的改革有很大关系。也就是说，教育问题的源头还在国家的经济制度、行政体制以及教育在国家中的地位上。"①

总之，《教育杂志》对英国教育思想的导入是广泛而深入的。近代中英政治、经济关系处在极其不平等的地位时，中英文化教育交流却呈现出相对独立性。它超越了现实政治经济的发展，产生了文化教育对政治与经济发展的偏离现象，即在空间上，文化的影响可以超越一定经济共同体、政治共同体的区域范围。

三、英国教育家的教育思想在中国的传播

英国是西方国家中历史较为悠久的国家之一，并且英国的教育思想对欧洲教育思想界及美国教育思想界具有广泛的影响力。朱镜人先生著的《英

---

① 李立国. 工业化时期英国教育变迁的历史研究：以教育与工业化的关系为视角 [M]. 桂林：广西师范大学出版社，2010：276.

国教育思想之演进》一书第一次系统地梳理和分析了英国教育思想的演进，并且对英国教育思想演进的主要特征进行了精到的归纳①。朱先生在书中将文艺复兴时期认定为英国教育思想的滥觞，并将英国的人文主义教育思想与早期空想社会主义教育思想的产生作为英国教育思想发端的标志。此外，他在阐述人文主义教育思想、绅士教育思想、空想社会主义教育思想、科学教育思想、古典教育思想、功利主义教育思想、民众教育思想和新教育思想的同时还介绍了教育哲学思想产生的社会背景、代表人物、影响及评价，这些教育思想中的代表人物是当时那个时代最杰出的教育家。金生鈜先生曾指出："教育家是追寻和守护教育的普遍价值并把这些价值贯彻在学校教育实践中的人，是把教育理想转变为教育现实的人。"② 进步的观念是教育创新与发展的基础，思想家的真知灼见对于教育观念的启迪裨益良多。通过这些教育家所倡导的教育理念及其践行的教育思想，我们不难发现当时英国的教育动态以及教育与政治、经济之间的关系。

对比来看，近代中国以科举取士为核心的教育是造成中国近代社会人才匮乏、政治腐败、社会发展缓慢的重要因素之一。几千年的中国封建教育所推崇的教育思想在民族灾难日益加深形势下成为落后的生产力与生产关系的反映。因此，在当时民族危机空前的时代，吸收和接纳西方教育思想成为那个时代的最强音。近代中外教育交流在武装侵略与文化渗透错综复杂的局面中起步，英国因发动第一次鸦片战争而占据首要的位置。那么，近代英国有哪些教育家的教育思想曾在近代中国传播呢？

（一）近代报刊对英国教育家的引介

作为中国近代报刊数字文献资源的权威知识服务体系之一，上海图书馆《全国报刊索引》包括《晚清期刊全文数据库》（1833—1911年）和《民国时期期刊全文数据库》（1911—1949年）以及报纸库资源《字林洋行中英文报纸全文数据库》（1850—1951年）、《中国近代英文报纸全文数据库——大陆报》（1911—1949年）、《中国近代中文报纸全文数据库——新闻报》（1893—1949年）、《中国近代中文报纸全文数据库——时报》

---

① 朱镜人.英国教育思想之演进[M].北京：人民教育出版社，2014：序.
② 金生鈜.以教育为志业：教育家的精神实质[J].中国教育学刊，2011（7）：1-6.

（1904—1939年）和《中国近代中文报纸全文数据库——小报》（1897—1949年）等珍稀数字资源。

笔者以《全国报刊索引》高级索引中默认的1833年到1957年为时间范围，以《英国教育思想之演进》中论述的各种英国教育思想中的代表人物的"英文名字或中文译名"+"教育"为关键词进行全字段的模糊检索，检索得到与英国九种教育思想代表人物相关联的教育思想文章，进而展现英国教育思想在近代中国传播的概貌及广度。通过检索，笔者发现：英国教育思想除民众教育思想中的兰卡斯特、凯-沙图华兹以及分析教育哲学思想中的奥康纳、彼得斯和赫斯特等没有搜索到相关教育思想文章外，人文主义教育思想、绅士教育思想、空想社会主义教育思想、科学教育思想、古典教育思想、功利主义教育思想和新教育思想中具有代表性的教育家的教育文章都通过报纸和期刊的方式在近代中国得到引介和推广。图2-1为《全国报刊索引》中搜索到的与英国教育思想代表人物有关文章的具体篇目数。

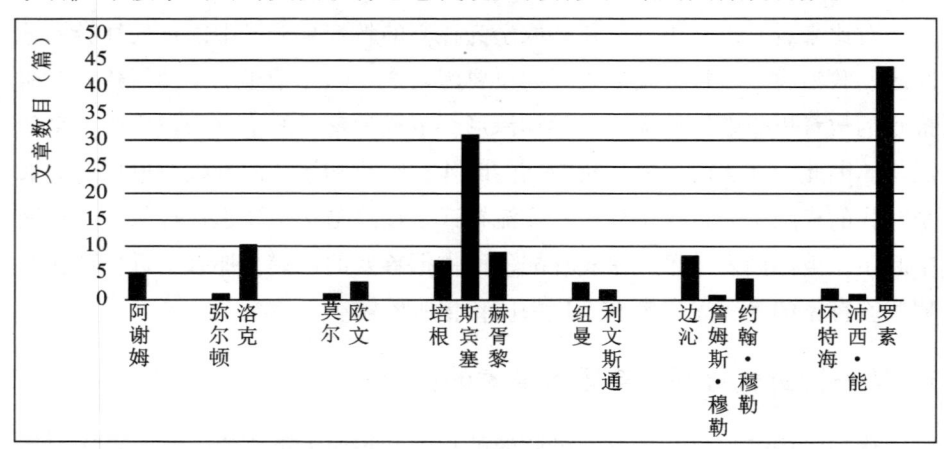

人文主义教育　绅士教育　空想社会主义教育　科学教育　古典教育　功利主义教育　新教育

图2-1　《全国报刊索引》中与英国教育思想代表人物有关文章数目

从图2-1可知，《全国报刊索引》中对新教育思想家罗素的教育观点的研究和导入最多，其次是主张科学教育思想的斯宾塞的教育观念。

麦兹（Rudolf Metz）在《英国哲学百年》一书中评价：罗素"是这个时代唯一赢得全球尊重的英国思想家"①。罗素（Bertrand A. W. Russell,

---

① SCHILPP P A. The Philosophy of Bertrand Russell [M]. New York：Tudor Publishing Company，1951：539.

1872—1970）在数理逻辑、哲学、政治、社会、教育、婚姻、道德与宗教等方面，都提出了自己独到的见解。罗素不只认真做学问，也高度关注社会生活的重要议题，其作品被广泛译成多国文字，拥有广大的读者。罗素具有渊博的学识、不受传统及党派束缚的独立人格、独到的见地、无畏的批判精神和对儿童深入细致的观察。他巧妙地将卢梭般的澎湃热情与哲学家的冷静辩证及数学家的严谨结合起来，使他在教育这一领域牛刀小试后，不同凡响。

1920年9月，梁启超、蔡元培和汪大燮创立的讲学社聘请罗素来华讲学。罗素访华，是中国近现代哲学、政治思想上意义重大的事件。1998年，罗素在华讲演稿被中国文化书院评选为"影响中国20世纪历史进程的重要文献"①。在《全国报刊索引》中以"罗素""讲演"为关键词进行全字段搜索，共检索出163个结果。其中《北京大学日刊》88篇、《民国日报·觉悟》41篇、《时报》7篇、《科学》4篇、《每周评论》4篇、《东方杂志》3篇、《世风》3篇、《罗素月刊》2篇以及《新闻报》《京师学务局教育行政月刊》《南京高等师范日刊》《云南小学教育旬报》《法政学报（北京1918）》《江苏省教育会月报》《江苏省立第二师范学校校刊》《少年中国》《教育杂志》《兴华》《教育新刊》各1篇，可见当时罗素来华讲学受到广泛关注。

基于罗素在近代中英教育交流中所起到的重要作用，本部分将对罗素的教育思想在中国传播的主要途径进行介绍与分析，并探究罗素在近代中国教育方面的影响力。

（二）罗素教育思想在中国的传播

1. 罗素的教育哲学思想在中国的传播

罗素对于教育目的的主张，离不开他的整个政治哲学观点。他认为人类行为的原动力是冲动和欲望，而冲动是尤为支配人类全部行为的主要原因。但罗素是一个主张"绝对多元论"的人，所以他的冲动本能观，也是一种多元论。罗素将冲动分为两种：一是占据的冲动（Possessive Impulse），二是创造的冲动（Creative Impulse）。前者包括财产、权利、战争等冲动说，

---

① REMPEL R A, HASLAM B. The Collected Papers of Bertrand Russell, Volume 15 [M]. New York: Routledge, 2000: 293.

后者包括知识、艺术、恋爱、建设等冲动说；前者是死的方面冲动，后者是生的方面冲动，这两种冲动是互相消长的。社会政治目的全在减少占据的冲动，增长创造的冲动。他以这种观念为标准评判一切制度。社会政治制度的目的即在增长创造冲动，养成自尊心理。教育是社会政治制度的一种，那么它最大的目的也是增加创造冲动，养成尊敬心理，以达到善良生活。因此，他对于现代教育中"多以儿童为手段而不当作目的"的观点表示反对，如果以儿童为手段，那么儿童的独立人格便被破坏了。

赵元任的《罗素哲学的精神》[①]、胡龙藻的《介绍罗素哲学》[②]、素昧《罗素论现代哲学趋势》[③]、潘公展的《罗素论哲学问题》[④]、刘国钧的《罗素最近之哲学思想》[⑤]、李石岑的《现代哲学杂评》[⑥]和端六的《罗素之哲学研究法》[⑦]等文章对罗素的哲学中的"现象与实体""物之存在""物之性质""观念论"等做出译介，并指出哲学"能给我们一种权力的观念，进步的希望"[⑧]。而专门介绍罗素的教育哲学的文章分别刊登在1926年《哲学月刊》第1卷的第2期和第3期。《罗素的教育哲学》是罗素先生为留英中国学生所办季刊 The Chinese Student 所作的文章。文章详论近世教育多受机械主义的影响，旗帜鲜明地反机械主义的教育，并指出今日无论在精神方面，还是在物质方面，机器俨然有喧宾夺主的势力。然而我们若想战胜它，应格外注意教育。教育制度所努力欲实现的，约有两种：一种是想造就良好的国民，一种是想造就良好的人。接下来，罗素对所谓好国民的三种错误一一进行驳斥。这三种错误分别指的是："第一，一个人无分男女是被视为一国的国民，不是世界的国民；第二，一个国家或人群是当做有一种'善'，和它普通国民共有的'善'不同，且较它更'善'；第三，此所谓'善'被视为仅用机械方法可以实现的，不是专靠个人精神上的能力的东西。"[⑨]

---

① 赵元任. 罗素哲学的精神 [J]. 罗素月刊, 1921 (1): 14-22.
② 胡龙藻. 介绍罗素哲学 [J]. 光华季刊, 1926, 1 (2): 15-19.
③ 素昧. 罗素论现代哲学趋势 [J]. 南大半月刊, 1935 (24): 16-20.
④ 潘公展. 罗素论哲学问题 [J]. 东方杂志, 1920, 17 (21): 35-47.
⑤ 刘国钧. 罗素最近之哲学思想 [J]. 金陵月刊, 1928, 1 (1): 69-77.
⑥ 李石岑. 现代哲学杂评 [J]. 民铎月刊, 1920, 2 (4): 1-39.
⑦ 端六. 罗素之哲学研究法 [J]. 东方杂志, 1920, 17 (20): 1-2.
⑧ 素昧. 罗素论现代哲学趋势 [J]. 南大半月刊, 1935 (24): 20.
⑨ 陈宝锷. 罗素的教育哲学 [J]. 哲学月刊, 1926, 1 (2): 5.

最后，罗素在文中针对办学的人，提出两点建议："第一，个人的公众义务是当对于全人类，不当对于人类较小的团体，如阶级、国家等。第二，一个好社会，是合健全男女组织而成，这即是人相聚而自由居住，没有破坏或残忍的事情。"①

2. 罗素教育代表作在中国的传播

罗素一生撰写了大量著作，其中教育代表作主要有两本，即《论教育：特别是儿童早期教育》（*On Education：Especially in Early Childhood*）和《教育与社会秩序》（*Education and the Social Order*）。

1926 年，罗素出版《论教育：特别是儿童早期教育》② 一书，分析当时传统教育与现代教育的优劣之处，探讨教育目的与何谓实用知识的问题。另外他根据自己的教育实践经验，从父母的角度提出自己对子女品性教育和智力教育的过程和方法的见解。书中罗素对幼儿教育部分着墨颇多，对初等与中等教育论及较少。以下为罗素的教育主张。

罗素认为教育应该要培养人有活力（Vitality）、勇气（Courage）、敏于觉知（Sensitiveness）和理智（Intelligence）的品性，这些需要在出生至 6 岁之前培养完成，6 岁以后的教育重点放在开发儿童智力上。

以往婴儿在出生第一年不曾被纳入学校教育范围之内，但即使是对待最小的婴儿，也要将它看作潜在的成人。初生婴儿有反应性与本能，而无习惯，所以如果最初的习惯是好的，包括不通过哭闹来控制成人并养成自制力，日后就可免去无穷的麻烦。照顾儿童生理上的健康，绝不能只为了满足儿童当下暂时的快乐而牺牲将来。总之，品性教育要以爱和知识为前提来进行。

罗素所谓结合爱与知识，采用正当的方法来培养良好品性，有如下重要的内涵：第一，无条件爱，减少恐惧；第二，顺应本性，导向建设；第三，同伴教育，培养勇气。

罗素认为，儿童 6 岁以后，教育应把主要精力放在智力的进步上，并养成智力发展时所需的品性。他还认为知识的美德包括好奇心、虚心、自信、忍耐、勤勉、集中精力等，其中以好奇心为最基本的要素。

---

① 陈宝锷. 罗素的教育哲学 [J]. 哲学月刊，1926，1（3）：10.
② 《论教育：特别是儿童早期教育》在美国出版时改名为《教育与美好生活》（*Education and the Good Life*）。

罗素提出，课程应因人而异，但教授的先后是很重要的。凡是含有猛烈的精神努力的事项，都不该在 7 岁以前从事，而当逐渐熟练以减少其困难。在学校低年级时应先学习跳舞，后练习歌唱。关于文学，罗素认为"所谓的文学价值就是对一部典型的优秀文学作品精通熟识，这种精通熟识将影响人的风格，不仅是对写作的影响，而且也影响人的思想"①。因此文学对人的影响是潜移默化的。关于地理和历史，罗素认为如果孩子们能从小了解到世界上存在热带和寒带国家，了解到不同国家、不同民族的异域风情，孩子们的视野就会不断拓宽。关于算术，罗素认为其具有相当的实用功能，孩子们应当去熟练把握。通过学习算术，孩子们可以掌握精确入门的相关知识。关于历史，应当开设历史课，通过循序渐进的方式讲解杰出人物成功的小故事，激发孩子们对成功的渴望。

罗素认为智力教育的方法比智力教育的内容更为重要。教学过程不应当简单枯燥，而应该努力做到妙趣横生。比如数学，有时可以讲解数学在实际生活中的运用，有时可以举办关于数学发展史的讲座，有时也可举办数学小竞赛。不要吝啬表扬学生，只要学生取得进步，哪怕很小，教师都应当善于发现，并及时进行表扬，不断激发学生的学习热情。此外，罗素认为某些事情应当让儿童自己去完成，就如同吃饭和睡眠一般自然，而不是外界强加干涉的结果。教师应当努力成为孩子的朋友，和学生达成统一战线，让学生处于积极学习的状态，感受到学习带给他们的乐趣，养成良好的学习和行为习惯。除了常规的学习外，教师还应当鼓励孩子们关心社会政治生活，并接触各种观点思潮，而不仅仅阅读一家之言。同时教师还应鼓励学生不断进行思想交流，定时组织学生辩论，在思想的交锋之中提升自己的水平。

对于幼童的性教育，罗素认为是必要的。罗素主张破除对性的迷信和禁忌，认为性一开始就应该被视为是自然、快乐和正当的。性知识应与其他知识一样公开地被讨论，孩子越了解就越不会为了满足好奇心而做出让成年人难以认同的行为。

对于大学教育，罗素指出，大学教育目的有二：一是专业训练，二是培养研究学术的人才。罗素希望看到大学毕业生都是具有实践专业、在学问及研究上具有特殊才能的人。并且，罗素提出每个大学教师应该自身以从事研

---

① RUSSELL B. Education and the Good Life [M]. New York：Boni & Liveright，1926：269.

究为主，同时有充分的闲暇与精力来了解各国与任教学科有关的资料与最新消息。

上述罗素《论教育：特别是儿童早期教育》中的儿童本性观、品性教育、智力教育、性教育和大学教育等观点通过直接译介和专题探讨等方式呈现给国人。

伯涛译的《罗素论儿童第一年的教育》①和《罗素论儿童的性教育》②、李大年译的《教育与人生》③、张崧年译的《幼儿的训育》④、许天虹译的《罗素：论幼儿教育》⑤、陈博文译的《罗素论教育之目的》和程启檠译的《罗素教育学说》等直接翻译了《论教育：特别是儿童早期教育》的部分章节。

徐志摩的《罗素与幼稚教育》从中华民族"不孝有三，无后为大"的传统观念着手，指出我们生子女的唯一目标是替祖先传命脉，而儿童本身的利益是绝对没有地位的。文章进而指出，我们民族更新的希望在于革新教育。教育的问题是在于怎样帮助一个受教育的人正确地做人。最后，文章呼吁要特别注意儿童教育，因为品格最重要的养成期是在孩子出娘胎到学龄年的期间。至于这场革命式的教育工作的性质、原则以及实行的方法，徐志摩力荐大家学习罗素的著作《论教育：特别是儿童早期教育》。高仁山和西征在《罗素在教育上的主张》的书评中回应了新文学家徐志摩在《晨报副刊》中接二连三地介绍罗素的报道。高先生指出罗素"在教育上的主张看起来，并没有什么新奇的发明，值得大吹大擂"，并且对于教育方面的问题，"在原理上主张得多，在实施上发表得少"。罗素提出的"康健""勇敢""精娴""聪慧"以及在教育方法方面的主张"好奇、公开心、忍耐、勤奋、注意力、准确"等并没有什么特别的。西征最后补充道："中国在文化方面，渐行落伍，无可讳言；但外国人也不定是天神，中国人也不是没切实努力

---

① 罗素. 罗素论儿童第一年的教育 [J]. 伯涛, 译. 新女性, 1929, 4 (6): 126-135.
② 罗素. 罗素论儿童的性教育 [J]. 伯涛, 译. 新女性, 1929, 4 (6): 136-144.
③ 罗素. 教育与人生 [J]. 李大年, 译. 民铎杂志, 1927, 9 (1): 1-28; 罗素. 教育与人生 [J]. 李大年, 译. 民铎杂志, 1927, 9 (2): 1-29.
④ 罗素. 幼儿的训育 [J]. 张崧年, 译. 教育杂志, 1927, 19 (11): 1-8.
⑤ 罗素. 罗素：论幼儿教育 [J]. 许天虹, 译. 教育与文化（福州）, 1945 (创刊号): 26-27.

的。"①

1926 年陈宝锷在《晨报副刊》上连续以《罗素论大学教育》为题报道罗素对大学教育的观点。此文译自罗素《论教育：特别是儿童早期教育》第十八章"The University"，文章指出英国大学中在 17、18、19 世纪提倡"绅士教育"，而近来的大学教育为造成专门人才的场所。大学对于人类生活既有"研究"也有"教育"的功用②。罗素在政治上虽然是不赞同两次世界大战是由个别国家的国家主政者的私心和无知所导致的，但主张成立"世界政府"来维持世界和平。在《建立世界大学的提议》中，罗素指出，"在现在，教育到处都为国家所统治，而且被使用来鼓励某种程度的民族主义思想——这种思想总是很难适合于任何国际的政府的。"罗素指出，某种形式的国际机构的建立，"必须创造教育的组织系统，在这个组织系统之下，计划消除民族的隔膜和偏见，出版教科书籍和鼓舞人类普遍友爱的研究著作，并训练对于任何超民族的机构所赖以建立的原则，有健全信仰的教师们。"③罗素明确提出世界大学将领导建立新的世界观。

综上所述，罗素的教育代表作《论教育：特别是儿童早期教育》在中国教育界引起了广泛的关注。从《论教育：特别是儿童早期教育》被翻译、推广到徐志摩先生的消化吸收，再到高仁山和西征的不盲目崇拜罗素教育学说，保持民族教育的自信与自尊的整个历程来看，罗素的品性教育、智慧教育、性教育、大学教育及教育方法在中国得到深入的传播与探究。

1932 年罗素的另一教育代表作《教育与社会秩序》（*Education and the Social Order*）④ 主要对现代各国教育进行深刻批评，并对未来教育提出建议与展望。赵演的《罗素的理想教育》将此书的第一章"The Individual Versus the Citizen"翻译介绍给国人。文章首先对教育是应该训练良好的个人还是良好的公民进行阐释，指出公民训练与个性教育不论在教育、政治、伦理以及形而上学上都是重要的，并总结出个人教育是一种比公民教育更为精细的东西。但从政治方面考察，就其对于时代的需要的关系而言，恐怕公民教育

---

① 高仁山，西征. 罗素在教育上的主张 [J]. 新教育评论，1926, 1 (25)：20 - 22.
② 陈宝锷. 罗素论大学教育 [N]. 晨报副刊，1926 - 06 - 19：37 - 38.
③ 罗素. 建立世界大学的提议 [J]. 萧明，译. 新教育杂志，1947 (5 - 6)：14 - 15.
④ 《教育与社会秩序》一书共 16 章，在美国出版时该书第二、三、四、五章合并为一章，以《教育与现代社会》（*Education and the Modern World*）为书名出版。

仍要占先①。周秋岛译的《儿童团体的教育意义》②选取此书中与学校训练中有关的内容，翻译并介绍给实际从事教育工作者作为参考。文章指出，在童年期与幼儿期中影响个人的团体势力是性格构成当中的一个重要因素，而学校团体是一个决定性格最重要的因素。孙致和译的《教育中之阶级意识》翻译此书第十章"Class-Feeling in Education"，介绍了阶级与教育的关系。具体而言，阶级区别所带来的伤害不仅限于儿童，还扩张到教师和课程方面，并指出阶级区别带来的最大的损害是伦理方面的损害③。唐海沧的《罗素评消极的教育论摘述》翻译介绍此书第二章"The Negative Theory of Education"的部分内容，并指出教育有三种理论，其中第一种教育理论较为合理，即教育制度是给教育者以发展的机会，并探讨教育上的最大自由的学说④。

由此可见，罗素在《教育与社会秩序》中论及的公民与个性教育、消极教育论、训育中的团体影响、教育的阶级意识等思想都在中国得到关注与传播。

3. 罗素新教育实践思想在中国的传播

1927年，罗素与其第二任妻子朵拉（Dora Black）不满意当时存在的任何一间学校，即不赞成学校里的道德教育、宗教说教及对自由的多重限制，也不认同现代教育家不看重学院式教育的意见⑤。因此为了他们的两个孩子——儿子约翰（John Conrad Russel）和女儿凯萨琳（Katharine Jane Russell）能健康成长，两人决定合办贝肯山学校（Beacon Hill School），目的是改良学校教育方式及教学内容。

贝肯山学校为寄宿制学校，坐落在离伦敦西南部50英里，占地240英亩的私人林场，四周层峦叠嶂，可谓自由自在、无拘无束，与外界隔绝。这所学校是进步教育实践与传统科目的结合。它独一无二之处在于学生在人性化的情景中学习传统课程。罗素创设贝肯山的目的主要是帮助孩子能够自己

---

① 赵演. 罗素的理想教育 [J]. 东方杂志, 1933, 30 (4): 7-14.
② 罗素. 儿童团体的教育意义 [J]. 周秋岛, 译. 浙江省第一学区辅导月刊, 1934 (5): 5-9.
③ 罗素. 教育中之阶级意识 [J]. 孙致和, 译. 译刊, 1933, 1 (3): 38-50.
④ 唐海沧. 罗素评消极的教育论摘述 [J]. 进修半月刊, 1933, 3 (3): 43-44.
⑤ RUSSELL, B. Autobiography [M]. New York: Routledge, 1975: 368.

思考和为自己工作，从而为长大后能面对不断变化的世界各种问题做准备①。

贝肯山学校建立的第一个特色在于在整个教育过程中对个体及其权利的尊重。在贝肯山实施的一系列对孩子尊重的行为在当时被认为是很激进的。罗素认为孩子可以自行管理，并希望由此学习参与未来公共事务的能力，培养民主精神。比如，学校由议会（School Council）管辖，学校的教职人员和超过5岁的孩子都可以参加议会。只要成员中有人提出要求即可召开议会，而且议会中投票通过的规定，学校里的每个人都要遵守。议会讨论过睡觉时间、休息时间、梳洗、打扫和适当的行为。而成人负责监管规则的执行，这样可避免英国学校中由于年长孩子的权威所导致的欺凌、威压行为的发生②。贝肯山学校的第二个特色在于学生在思想和表达上的完全自由。罗素认为在教育中倡导自由言论的优点在于激励学生对科学的好奇心和使用文字的能力③。

在人文环境中，贝肯山学校开设一系列传统课程，如科学、历史、数学、地理、文学、法语、德语和戏剧写作课。贝肯山学校采用各种各样的教学方法。在培养孩子的体能时，凯萨琳说："森林作为狩猎和追踪的游戏场所很不错，其本身就是一个开放辽阔的实验室和图书馆，可以让我们学到动物和植物的生存知识，同时也是一个体育馆，帮助我们达到强身的目的。"④在探求学科知识抑或性知识时，凯萨琳说："我们那本能的好奇心，可以借各种方式得到鼓励，而且我们的问题都尽可能得到最真实的回答。借这种方式激励我们学习的兴趣以及寻求真理的习惯。……教学是根据求知的心理，而非预先安排好的基本教学课程，硬把事情、技艺强行塞入孩子脑袋，把孩子当成电子计算机。"⑤

---

① RUSSELL, B. In Our School [J]. New Republic 68，1931（9）：92-94.
② RUSSELL D，BLEWITT T. The Modern Schools Handbook [M]. London：Victor Gollancz, 1934：36-37.
③ RUSSELL B. Free Speech in Childhood [J]. The New Statesman and Nation 1，1931（5）：486.
④ 凯萨琳·泰. 我的父亲——罗素 [M]. 李宁，译. 台北：水牛图书出版事业有限公司, 1989：100.
⑤ 凯萨琳·泰. 我的父亲——罗素 [M]. 李宁，译. 台北：水牛图书出版事业有限公司, 1989：90.

陈子明的《罗素的教育思想及其所创办之烽火冈学校》① 和胡祖荫译的《罗素的新学校》② 将罗素创办新学校的教育实践和教育理念通过直译的方式介绍到中国。前文译自《现代欧洲教育家及其事业》一书第十一章"Russell and Beacon Hill",后文译自"The Modern Schools Handbook"。前文在提到烽火冈学校(即贝肯山学校)时,指出它是一个实验学校,将创始者的教育理论实施于实际。烽火冈学校遵循"没有什么知识不可给予儿童"的原则,并且十分尊重儿童的个性。最后指出在罗素的教育事业中有三点最为突出。即"第一,允许儿童在工作及游戏中以极大的个人自由;第二,不用直接的、道德的、伦理的或宗教的教训,尽力避免社会或民族之优秀的意识;第三,在性、父母关系及身体官能的范围内,竭力扫除因袭的禁令。"后文介绍罗素新学校的方方面面,指出罗素的新学校是一所男女同校的寄宿学校,并论及教学的具体内容、教学方法、训育、管理、性教育等,最后指出新教育的目的是培养自由以促进自我的创造和人类的互助。

综上所述,罗素的教育思想主要通过学者直接翻译其专著和文章的方式将其教育哲学、教育代表作和新教育实践介绍到中国。

近代史学家郭湛波曾指出:"中国近五十年思想最大之贡献,即在西洋思想之介绍……这些介绍对于中国近代思想影响甚大,尤以杜威、罗素之来华讲学(为最)。"③ 杜威和罗素作为"哲学中的孪生兄弟"④,都于1920年先后访问了中国。杜威夫妇于1919年4月30日来到中国,进行持续了超过两年的访华演讲。而罗素在1920年10月12日到达中国。这两位哲人在近代中国转型的重要阶段,都对中国产生了重要的影响。罗素对于中国知识分子来说,是现代大哲学家、圣贤和传奇人物,也是极有名的社会思想家,具有丰富多彩的人生经历。

罗素的教育思想是在第二次工业革命兴起之时曾经称霸世界的英国经济地位衰落的大背景下提出来的。他提出的教育改革思想是针对英国当时的社

---

① 陈子明译. 罗素的教育思想及其所创办之烽火冈学校 [J]. 教育研究(广州),1935 (58):37-43.
② 胡祖荫译. 罗素的新学校 [J]. 教育季刊(上海1925),1940,16(4):15-25.
③ 郭湛波. 近五十年中国思想史 [M]. 济南:山东人民出版社,1997:282.
④ MCKENNEY J L. Deway and Russell: Fraternal Twins in Philosophy [J]. Educational Theory, 1959 (1):24-30.

会现状，在批判了传统教育的同时又推动了当时教育事业的发展。罗素提出：在教育目的方面，学生本身即为教育目的，不可成为一种工具；在品性教育方面，由成人身教做起，赏罚注意公平明确，以合作代替竞争等；在教学内容与科目的选择上，不应单从功利主义的角度，将其分为有用与无用的学科，而应从爱和知识出发；在教学方法上，强调人本主义无条件接纳与包容，尊重不同学生的学习速度，并以民主的方式让学生参与学校的各项规定；等等。罗素的教育思想在当时中国新型的知识分子试图寻找一个理想的道路来建设自己祖国的过程中，为他们提供了一种"罗素化"的尝试。罗素教育思想冲击了中国的传统观念，为国人带来了新思想。在渴求新思想的"五四"时代，罗素的教育学说给中国人留下了深刻印象。但是"对'五四'时代的中国来说，现实需求是急迫的，而罗素是超前的"①，鉴于此，罗素的教育思想对中国教育界的影响是有限的。

---

① 伯特兰·罗素. 中国问题 [M]. 秦悦, 译. 北京：经济科学出版社, 2012：10.

第三章
近代中国的留学英国教育

自晚清官员访英游学开始以来，中国近代的留学英国教育虽偶有暂停，但一直未曾中断。在此后一百多年的风风雨雨中，国家虽战乱丛生，但从未放弃过对人才的培养和对先进文化教育的主动追求。从晚清时期到北洋政府时期，再到南京国民政府时期，留英学生主要通过官费留学派遣和民间自费留学的方式，在整个中国的留学生中位列前茅。通过对袁同礼先生《中国留学大不列颠及北爱尔兰同学博士论文目录（1916—1961）》中的 1916 年到 1949 年人文社会科学留英博士群体的探究，我们可发现近代人文社会科学留英博士群体的教育作为。官费留学生的杰出代表严复、民间自费留学生中的成功典范曾宝荪都在近代中国的留学英国教育中占据一席之地。

一、近代中国留学英国教育概貌

中国留学英国教育的历史是从"旅游"或者说是"游学"开始的，而不是一开始就出现"留学"一词。之所以叫"游学"，是因为他们是以游历的形式去往英国学校，重在观察和访问，简单了解英国学校，而并没有深入学习、了解的意愿。有此经历的人虽然在中国不具有代表性，却是中国近代最早接触、了解西方（英国）的人。在这期间有诸多留英名人，如：黄宽（中国近代可考的最早的留英学生，曾留学爱丁堡大学学习医学，获博士学位），斌椿（前山西襄陵县知县，原在清政府总税务司赫德处办理文案，此人为领队）及凤仪、德明（二人为同文馆英文馆学生），彦慧（同文馆法文馆学生）一起于同治五年正月二十一日（1866 年 3 月 7 日）至当年七月初十（8月19日）出京赴欧游历，先后游历了法、英、丹、普鲁士等九国。这是清政府第一次派人去西方，也是中国人接触、了解西方的开始。其中德明著有关于此次游历的《航海述奇》，德明等人在英国时还曾参观访问了牛津、剑桥大学。除此之外，还有辜鸿铭、伍廷芳、王韬等在英国求学和游学，他们处于中国留学英国教育的萌芽阶段。

在此之后，由于国家形势的急剧变化，中国知识分子开始逐步认识到派遣学生前往发达国家学习是救国之道。下文将对派遣留英学生的时间和方式以及游学之后开始的大规模留学活动分别进行详述。时间上分为晚清（1840年鸦片战争至1911年辛亥革命爆发）、北洋政府时期（1911年辛亥革命后至1927年4月）和南京国民政府时期（1927年南京国民政府成立至1949年人民解放军占领南京），方式上主要分为官费留学派遣（包括中央派遣、地方派遣、军队派遣以及中英庚款公费留学）和民间自费留学（包括学生自费留学与英国协会资助留学）。

（一）官费留学派遣

作为中国近代教育史上最重要、占比重最大的部分，官费留学派遣是需要详细介绍的。官费留学派遣自晚清士大夫向西方学习时开始，历经洋务运动、戊戌变法、清末新政、辛亥革命、北洋统一、护国运动、护法运动、直奉战争、北伐革命、中原大战、改旗易帜、国民政府成立、"黄金十年"、抗日战争、解放战争直到南京解放，经历了晚清、北洋政府和南京国民政府三个战乱频仍的时期。但在此期间国家并未放松对留学人才的培养，一直筹集资金资助国内人才前往国外留学深造，储备人才。在如此长的历史时期内，虽然大部分留学生去往美国，但前往英国等发达国家的亦不在少数，兹将留学英国的教育历史叙述如下。

1. 中央派遣

（1）晚清时期

第一，驻英公使选派留学生。

这方面的第一人当数首任驻英公使郭嵩焘。他在随行团队中就选派了同文馆的学生一同前往。郭嵩焘于1876年赴英，到达英国并经过考察后，他认为朝廷的海军留学见效慢、益处少，应转变学习科目，着重学习西方的科学技术，特别是修筑铁路的技术，因此他曾草拟了续派留学生办法并呈送李鸿章审阅。此外，郭嵩焘还游览考察了包括林肯学院、牛津大学、剑桥大学、伦敦大学在内的英国知名大学，并详细了解了这些学校的制度和考试形式。时任副使的刘锡鸿在随公使考察后，也提出了自己的看法。刘锡鸿认为对于英国的学习应该保留在学习造船和驾驶方面，但他提出要引进更多的英国教员来华教学的观点，认为这样可以进一步提升留英学生的质量，避免留英学生因基础薄弱而不能尽快适应英国学习的状况。后来，刘锡鸿根据考察的结果和想法向朝廷递交了一份详细的留学建议书，翻译官张德彝（德明）也同意刘锡鸿的建议。

第二，同文馆派遣留学生。

同文馆第一次选派的留英学生已于上文提及。此后，曾纪泽、薛福成前往伦敦时也带领了三四名同文馆学生随行。1890年，总理衙门将此制度化，规定派遣至美英法俄四国的公使每次可带领两名同文馆学生作为办公助手（1896年增至4名）。随队前去的同文馆学生被安排学习语言、文学、算法等学科，以3年为期，总理衙门责成出使大臣对留学生严加稽核。同文馆学生在英所耗费用全部由使馆负担，3年后返国参加大考，然后被给予相应官职。这次留学规定成为近代以来中国留学形式的范式，即费用上全额资助，留学归国后给予特定官职。

同文馆派遣的留学生以京师同文馆的学生为主，还有一些地方性同文馆，如上海广方言馆、广东同文馆的学生留学英国。这些人在返国之后，都被政府安排了同文馆教习、政府翻译、驻外使节等官职。这些人才为清末的外交、中西文化交流等做出了贡献。

第三，各部派遣留学生。

清末新政后，一些新成立的部门也主导了一些留学活动，有学部、邮传部、陆军部、农工商部等部门。其中，学部是全程参与各部派遣留学生活动的总负责部门。据宣统二年（1910年）十一月三十日驻英监督高逸呈字第四百八十六号留学英国之官费生履历清册，及现藏台北"教育部"档案室资料可获取当时清末中央部门所派遣的留英学生人数、所学专业、就读学校、到英年月、年龄、籍贯等信息。

当时学部共派遣10人，他们的年龄皆在25岁至30岁之间。10人来自豫、冀、闽、苏、浙5省，所学专业有法律、经济、机械、商科、文学、政治等，入读学校有林肯法院、维多利亚大学、伯明翰大学、利物浦大学、伦敦财政学校、伦敦大学等。邮传部派遣12人，入读非因明伯雷实业学校、格兰斯哥大学、伦敦大学，所学专业有雷机、船政、机械、铁路、工程，年龄在21至28岁之间，12人来自闽、浙、苏三省①。商部派遣1人，是来自江苏的罗鸿年，他前往伯明翰大学入读商科。农工商部派遣1人，为李顺义，实为自费生，后来农工商部曾给予其一定接济。陆军部派遣厉汝燕，实为自费生，实习时由陆军部给予官费。

（2）北洋政府时期

中华民国成立后，革命军政府为了彰显革命气派，成立了专门的稽勋局。"稽勋"是考察有功人员的文言说法。稽勋局根据孙中山的建议，选拔对革命有功勋的人的青年子弟前往东西洋各国留学，旨在奖酬有功于民国、有功于革命的人员。因此，这部分留学生的选拔除了要有一定的知识基础外，更重要的是有政治功勋或革命功勋的人员的子弟。1912年10月稽勋局派遣25人出国留学，其中留美11人，留日9人，留英、法各2人，留德1人。留英的两人分别是来自安徽的刘式庵（学习机械工程）和邵逸周（学习矿学）。此后稽勋局又再次派员出国，有陈克明、李骏、王世杰、周振禹、李四光、林启庸等。

除了以上的特殊留学外，其余留学方式均为教育部考选和各省资助。教育部考选的基本规则为"凡官费留学生，非大学或专门学校毕业者，不能当选"。1912年至1913年，北京教育部将留学教育的工作重点放在旧有留学生的核定、救济、管理等方面。

1917—1920年，教育部曾依次考选官派留学生，但由于教育部公报中未提及录取名单中学生的派遣国家，故笔者无法辨识哪些是留英生。但在1922年和1925年的官派留学生选拔名单中，出现了有明确派遣国家的留学生名单，其中留英生名单如下②：1922年考选留学生有江西的张雪听，湖北的邓毅生、张鸿渐，山东的张国杰和直隶的马洋路、荫桎。1925年考选留学生有吉林的傅馥桂、韩仁，安徽的朱光潜、朱泰信、谭声乙。

（3）南京国民政府时期

第一，国民党中央训练部派遣。

---

① 刘真. 留学教育：中国留学教育史料（第2册）[M]. 台北："国立"编译馆，1980：611.

② 刘真. 留学教育：中国留学教育史料（第3册）[M]. 台北："国立"编译馆，1980：1564.

为了培养管党治党的人才，从 1929 到 1933 年间国民党共派出 4 批留学生赴欧美日各国学习，也即党员留学生（入党 3 年以上，且为高等专门学校或大学毕业生方可），留学期限为 3 年。这种留学生不是由教育部统一组织，而是由国民党中央组织部、中央训练部统一负责，这是与其他留学生最大的不同之处。

1929 年国民党专门制定了《派遣留学生管理章程》，中央训练部设留学生管委会来负责海外留学生的事务。对留学生的管理十分严格，他们有任何行动、言论、实习、学习等情况均需及时向管委会报告，如有违规则立即取消留学资格并遣送回国。

1929 年国民党派出了第一批留学生，其中留英学生 4 名，其他留学生资料已经散佚，这是已知最为详细的留学名单①：姚定尘，24 岁，籍贯广东，毕业于日南大学，留学科目是政治；李宗禹，27 岁，籍贯安徽，毕业于北京大学，留学科目是经济、教育；李蔚唐，27 岁，籍贯安徽，毕业于北京大学，留学科目是政治；郑异，25 岁，籍贯浙江，毕业于北京师范大学，留学科目是社会科学。

从国民党留英学生的情况来看，他们都毕业于国内外知名大学，前往英国学习的科目都为文科类。这表明国民党主要培养的留学生是治党人才而非实业人才，因此对学生管理十分严格。

据统计，1933 年有 14 人在英学习，其中包括 3 名补助生（赵澍、余瑞瑛、翟凤阳），他们均在伦敦大学学习②。

第二，教育部派遣。

教育部于 1938 年 8 月对以下学生核发留学证书（仅录留英）③，他们分别是：刘炳荣，男，29 岁，籍贯广西平乐，预定所习科目是经济及统计；刘恩兰，女，34 岁，籍贯山东安丘，预定所习科目是气候测量；潘德民，男，31 岁，籍贯江苏盐城，预定所习科目是机械工程及军事工程；张秉谦，男，29 岁，籍贯浙江嘉兴，预定所习科目是机械工程。

---

① 发给公费生留学证书一览表，《教育部公报》第一卷第五期，民国十八年五月。
② 中国第二历史档案馆. 中华民国史档案资料汇编第五辑第一编教育（一）[M]. 南京：江苏古籍出版社，1994：380.
③ 刘真. 留学教育：中国留学教育史料（第 4 册）[M]. 台北："国立"编译馆，1980：2020.

1942年10月30日教育部公布录取留英公费研究生名单（仅录留英）①，他们分别是：沈元，航空工程学门；袁陆善，造船学门；陆迪利，经济学门；孟庆元，电机工程学门；陈汝铨，纺织工程学门；张自存，经济学门；林慰梓，机械工程学门；曹本熹，化学工程学门。

第三，其他部门派遣。

交通部派遣公费留英生②：朱阴桐，籍贯安徽，科目是铁道机械工程。

资源委员会公费留英生③：卞学曾，籍贯天津，科目是电线制造。

清华公费留英生④：徐人寿，籍贯浙江，科目是筑港工程；徐民寿，籍贯浙江，科目是电机工程，马达制造。

2. 地方派遣

（1）晚清时期

第一，各省派遣。

各省在晚清期间派遣的留学生以留日居多，留学其他国家的占少数。各省在清末派遣到英国的留学生多在20世纪初，除了一些边远省份之外，其余各省均有派遣到英国的留学生，其中江苏、山西两省派遣留英生较早。省派留英学生多是在本省的高等学堂内部挑选，各省派遣的留英生归国后一般都为本省所用。

据1910年11月30日驻英监督高逸呈字第四百八十六号留学英国之官费生履历清册，及现藏台北"教育部"档案室资料可获取当时清末地方所派遣的留英学生人数、所学专业、就读学校、到英年月、年龄、籍贯等信息。

奉天派遣4人，入读伯明翰大学和伦敦财政学校，分别学习商科、冶金、银行。

直隶派遣6人，入读伯明翰大学、特拉姆大学和伦敦大学，分别学习化学、工程、机械、法律、医科、理财。

山东派遣4人，入读纽开司而大学、利兹大学，分别学习矿学、农学、理科。

---

① 刘真. 留学教育：中国留学教育史料（第4册）[M]. 台北："国立"编译馆，1980：2026.
② 民国三十年四月二十四日我国驻英大使馆检送留英学生名单（伦字第二六五六号）。
③ 民国三十年四月二十四日我国驻英大使馆检送留英学生名单（伦字第二六五六号）。
④ 民国三十年四月二十四日我国驻英大使馆检送留英学生名单（伦字第二六五六号）。

山西派遣 22 人，入读皇家格致学校、皇家矿学校、伦敦大学、国立专门理科大学、伯特西工业学校、康逢矿学校、南威而司大学、康瓦而学校、格兰斯哥专门学校、孟乞司德大学、显非而特大学、伯明翰大学以及开柏列治大学，分别学习矿学、机械、工程、冶金、理科、工科、经济。

江宁派遣 14 人，入读迦爱医院，格兰司哥大学、孟乞司德大学、苏格兰实业学校、利兹大学、爱丁堡大学、克拉克司学堂、伯明翰实业学堂和开柏列治大学，分别学习医学、地质学、美术及理科、化学制造及染色科、电机、矿学、工程、织造、农植、工科、教育。江南制造总局派遣 5 人，入读特拉姆大学、伯明翰大学以及开诺克药厂，分别学习炮学、机械、理科、冶金以及火药。

江苏派遣 3 人，入读伯明翰大学、孟乞司德大学、开柏列治大学，分别学习理科、工程。

安徽派遣 13 人，入读开柏列治大学、伦敦大学、国立理科专校、利兹大学、伦敦财政学校、厄白汀大学和格兰斯哥大学，分别学习理科、化学、机械、财政、矿学、文科、铁路。

福建派遣 3 人，入读爱丁堡大学、开柏列治大学以及格兰司哥大学。

浙江派遣 8 人，入读开柏列治大学、特拉姆大学、格兰司哥大学、伯明翰大学和伦敦大学，分别学习法律、船政机械、工程、冶金、商科、财政。

湖北派遣 3 人，入读康瓦而大学、阿姆司脱郎学校，分别学习矿学及工科。

湖南派遣 2 人，入读厄白汀大学，分别学习工科及文科。

四川派遣 3 人，入读非因司柏雷工业学校、子兰司德公立工业学校、国立矿学校，分别学习机械、制造、矿学。

广东派遣 8 人，入读爱丁堡大学、伦敦医院、格拉斯哥大学、开柏列治大学，分别学习医科、女学理科、矿学。

广西派遣 2 人，入读格兰司哥大学，学习矿学。

留学英国毕业生（1910 年统计）共 22 人，留英肄业生（1910 年统计）共 20 人①。

留英费用为每月 16 英镑，一年共计 192 英镑。除此之外，据 1909 年学

---

① 刘真. 留学教育：中国留学教育史料（第 2 册）[M]. 台北："国立"编译馆，1980：611.

部会计司通告，发给赴英美两国留学者治装费龙洋百五十元，川资龙洋七百元，每一人共得龙洋八百五十元。

第二，其他留学生。

这部分最著名的当数盛宣怀创办的南洋公学（1907年改为高等实业学堂）与天津中西学堂（也称天津西学堂，即后来的北洋大学）。盛宣怀以"自强首在储才，储才必先兴学"为思想依据，相继创办了这两所学堂。又以"一齐人傅，不如置诸庄岳，是以派遣出洋尤为要著"为宗旨，所以他多次选派学生赴西洋学习。此外，京师大学堂与京师译学馆也有派遣学生留英活动。

（2）北洋政府时期

民国初年（1911—1914年），当时各省在海外的留学生中以浙江最多，其次是湖南、江苏、四川、广东。除新疆外，各省均向外派遣了留学生，总数达1600多人。1914年，在统计完各省派遣的留学生名额后，教育部以此为基准确定了各省向外派遣留学生的名额。教育部在1914年7月专门制定了《各省官费留学生缺额选补规程》，以供各省在派遣中出现缺额时补选之用。

1916年10月北洋政府公布了《选派留学外国学生规程》。该规程对省部选拔留学生资格做了规定：留学生必须在本国大学、专门学校、高等师范学校本科及以上毕业，方有官费留学的资格；各高校教师可视情况予以免试；每届留学生的选派名额、留学国别、留学专业、留学年限等均由教育部直接负责；留学考试分为两次：第一试和第二试。第一试由各省组织实施并在本省考试，第二试则由教育部组织实施，参加者必须是第一试通过者①。

北洋政府从1917年开始按照新的选派规程选拔留学生，共进行了6次，到1925年结束。整体来看，北洋政府时期考选留学生数量总体不多，且其中留日、留美较多，留英人数很少。这一时期的官费留英生很少，并没有形成规模，只是由政府零散地、不系统地派遣了留学生。

（3）南京国民政府时期

第一，一般派遣。

---

① 刘晓琴. 中国近代留英教育史［M］. 天津：南开大学出版社，2005：237.

1927—1944 年间，各省派遣留学生是比较普遍的（1934 年例外①），这是延续北洋政府时期的留学办法。同时，1933 年制定的《国外留学规程》中也确认公费留学以省费为重心，但各省派遣留学生的办法、考试、派遣工作均在教育部的监督下进行，中央加强了对各省派遣留学生的管理。

总的来看，各省派遣留英学生不多，以下按省份分别叙述。

湖北省 1928 年派遣 5 名，分别学习钢铁、商科、建筑、政治经济学。1930 年派遣 1 人，霍秉权，赴英入读伦敦大学和剑桥大学②。1934 年派遣 1 人，戴礼智，赴英学习钢铁金属。1935 年派遣 1 人赴英学习渔业③。1938 年后停止派遣。

江苏省 1932 年派遣 3 人，分别学习机械、纺织、电机。1933 年派遣 4 人，仅查到 1 人所习科目为经济。1937 年后停止派遣。

湖南省在 1937 年前共举办四届公费留学生考试。第一届无留英生；第二届录取 3 人，有 1 人留英学习农业及农村组织、农民教育；第三届录取 10 人，留英 1 人，学习天文气象④；第四届录取留英生 2 人，1 人学习公共卫生，1 人学习冶铁。1937 年后停止派遣。

广东省在 1937 年前共举办三届公费留学生考试。第一届录取留英生 1 人，入伦敦大学；第二届录取留英生 1 人，学习造船；第三届录取留英生 1 人，入利物浦大学学习造船。

广西壮族自治区在 1937 年仅有 1 名留英学生，学习机械；在 1938 年也仅有 1 名，学习冶金。

安徽省仅 1 人，周培智，赴爱丁堡大学学习考古学⑤。

---

① 1934 年 7 月教育部举行了第一届各省考选留学生复试，其中免复试的省份有山东、江苏、广东、山西、湖南，参加复试的有河南、安徽、湖北、江西，这是教育部举办的唯一一次各省考选外国留学生的复试。
② 林清芬. 抗战时期我国留学教育史料——各省考选留学生（第三册），湖北省考选留学生[M]. 台北："国史馆"，1996：132-134.
③ 林清芬. 抗战时期我国留学教育史料——各省考选留学生（第三册），湖北省考选留学生[M]. 台北："国史馆"，1996：4.
④ 林清芬. 抗战时期我国留学教育史料——各省考选留学生（第一册），安徽省考选留学生[M]. 台北："国史馆"，1996：246.
⑤ 林清芬. 抗战时期我国留学教育史料——各省考选留学生（第一册），安徽省考选留学生[M]. 台北："国史馆"，1996：431.

河南省在1931年派遣1名留英生学习冶金①，在1934年派遣4名分别学习法律、经济、物理、地质②，在1937年夏派遣留英生4名，分别学习经济、物理、地理、美术。

福建省在1937年选派4名留英生，分别学习畜牧、纤维③；在1938年派遣1人赴英。

山东在1931年派遣2人④。

江西省在1931年派遣留英生4人，分别学习文学、物理、法律、商科⑤。

河北省在1929年和1935年各派遣4名⑥。

第二，蒙藏地区派遣计划。

为了推行的便利，全国教育应当统一，但也有因地制宜的必要。蒙藏地方的语言、文字、风俗、习惯、地势、交通、经济等方面的需要，处处与内地不同。若把适宜内地的办法推广到蒙藏地方，不一定可行。因此，国民政府教育部在1930年改进全国教育方案时，针对蒙藏教育，曾计划在8年内资助蒙藏学生出洋留学。其办法如下：

甲、选派区域及额数

内蒙十名、外蒙八名、青海二名、西藏八名、西康四名、新疆四名，共计三十六名。

乙、资格

高级中学以上学校毕业，或具有同等学力者。

丙、留学年限

三年到七年，学医及学工程的可酌量延长。

---

① 刘真. 留学教育：中国留学教育史料（第4册）[M]. 台北："国立"编译馆，1980：1809—1810.

② 刘真. 留学教育：中国留学教育史料（第4册）[M]. 台北："国立"编译馆，1980：1811—1812.

③ 刘真. 留学教育：中国留学教育史料（第4册）[M]. 台北："国立"编译馆，1980：1819.

④ 教育零讯汇编（民国二十年八月），中华教育界，第十九卷第四期，民国二十年十月号.

⑤ 江西二十年度欧美留学生费别与学科统计表，江西教育行政旬刊，第四卷第二期，民国二十一年十二月.

⑥ 通告国外各留学生，河北教育，第一卷第二期，民国二十四年九月.

丁、选派期限

每两年考选九名，日本四名、欧美五名，报送及考选规则由教育部另定。

戊、待遇

留学经费由中央支给①。

笔者查阅相关档案得此份计划，并未发现教育部曾在后来制定更为详细的报送及考选规则。从笔者已搜集的留英学生名单中也并未发现蒙藏地区的留学生。因此，笔者认为此计划仅存在于档案中，后来并未实施。

3. 军队派遣

（1）晚清时期

晚清正式派遣的留英生是从海军开始的。留英海军学生是清末留英学生的主要群体。在甲午中日战争前，福州船政学堂学生是留英海军学生的主体。作为我国最早的海军学堂，福州船政学堂初以法国为师，学堂的教习多为法国人。但后来英国海军更强大，故后所聘教习多为英人。入此学堂者必习英文，这是清朝海军学生留英学习的基础。此后又有1875年开设的天津水师学堂，1889年开设的江南水师学堂，这些学堂都培养了留学英国的海军学生。

光绪元年三月十三日（1875年4月18日），沈葆桢奏请"派洋将……随带学生出洋游历"，这是中国第一次派海军前往英国学习。后经朝廷多方筹议，先后共派遣3届学生（1875年12人、1882年2人、1886年20人）。留学生在学堂经5年预备学习后，方可派遣至英国学习。到英国后先学习枪炮水雷，后送至格林回次、抱士穆德大学学习。而后分至各炮台、兵船、矿厂游历1年，再上大兵船、大铁甲船学习水师各法约2年，定可有成。此中经费由福建总督、福建海关、福州船政学堂共同负担。

海军留学生是晚清政府海军建设中十分倚重的人才，他们的影响要超过同时期的留法学生。海军留学生作为海军管驾人才，在英国学习主要是技术，接受的教育为西方军事科技知识，属专业人才。海军留学生中的严复，则能从中西文化的比较中深层次地了解西方社会，是严格意义上的文化边缘人。

---

① 刘真. 留学教育：中国留学教育史料（第4册）[M]. 台北："国立"编译馆，1980：1828.

而 1877 年赴英留学的罗丰禄回国后，则为李鸿章所重用，负责处理交涉事宜。光绪二十年十月（1896 年 1 月）至光绪二十八年四月（1902 年 5 月）罗丰禄任驻英公使，达到了其政治生涯的顶峰，这与其留学经历有很大关系。

（2）北洋政府时期

辛亥革命后，由清政府派遣的海军留学生仍继续在英留学，但人数较多，且清政府灭亡后对留学生疏于管理。为了进一步加强对留学生的海外管理，1913 年 9 月，海军部派遣施以霖为驻英海军留学生监督，并附带随员程锡庚、周恭良 2 人赴英。到英后，2 名随员转为留学生，后来又招募 1 名陈可潜作为留学生，这是北洋政府时期派出的第一批海军留学生。1913 年 12 月，海军部出台《留英海军学生监督办事处章程》。1916 年 6 月，因海军部长时间没有派遣留英海军学生，故裁撤了驻英海军留学生监督一职。第一次世界大战后，北洋政府认识到了欧洲军事力量的快速发展，又将派遣留学生提上了日程。1918 年，北洋政府开始派遣留学生去英国学习。此类学生是从国内各类专门学校选派的，如北京南苑航空学校的蒋逵（赴英学习航空机械和考察航空事业），同行者还有沈德燮、江光瀛、吕委芳、邹文耀、邓启。蒋逵在后来的回忆录《旧中国航空界见闻》里面回忆了这段独特的留学经历。北洋政府时期的留英海军学生如下：

> 1918 年 10 月，派郑耀枢、郑世漳、刘焕乾、任光海、李葆祁、王俊宗 6 人赴英国留学。
> 1919 年 6 月，派傅德同等 4 人赴伦敦马可尼公司实习无线电。
> 1920 年 3 月，派沈德燮、江光瀛、蒋逵等赴英国实习制造飞机。
> 1925 年 2 月，海军部派引港传习所学生刘镇谟、汪廷榆、王伦 3 人赴英国留学，在兰烟囱邮船练习①。

从上述派遣情况来看，北洋时期的海军留学派遣没有计划性，所学专业并没有统一的规划，因此呈现出来的专业比较多元。但从专业的选择方面来看，较之晚清时期，此时的留英学生已经开始学习较为复杂的专业，如飞机制造等。这一方面反映了海军留学派遣随时代的发展而变化，另一方面也反

---

① 陈书麟，陈贞寿. 中华民国海军通史 [M]. 北京：海潮出版社，1993：91 - 92.

映了北洋政府时期派遣海军留学生重在实用。

（3）南京国民政府时期

南京国民政府成立后，继承了晚清、北洋政府时期派遣海军留学生的传统。1929年6月，英国海军部表示愿意继续为中国培育航海和轮机人才，南京国民政府海军教育自此展开。

1927年到1940年：南京国民政府于1929年派遣20名海军赴英留学，其中军官8名，留学期3年；学生12名，留学期5年；他们均从烟台海军学校航海班毕业。他们在英国学习科目都为航海，且大部分为福建人，另有1人来自安徽，1人来自广东。这与晚清福州船政学堂（民国改为福州航海学校）的继续发展有着紧密的联系。留学前，海军部长陈绍宽为了中国海军不受英人轻视，专门对这20人进行为期3个月的培训，主要内容就是英国海军的各种礼节、习惯、着装等，后派遣英人弼德（在中国海军舰队任少校舰长）赴英担任留学监督。1930年，海军部派遣4名军官和6名学生赴英，均学习航海。1932年11月，海军部派遣4名学生赴英，学习轮机。1934年，海军部派遣江南造船厂2人赴英国、意大利学习造船。同年派遣8名学生赴英学习航海。1936年，海军部派遣6人赴英学习海军。1937年，海军部派遣2名军官赴英学习枪炮、水雷、潜水艇。七七事变爆发后，海军部就停止外派留学生了。

1941年到1949年：1941年教育部开始对海外留学人员进行调查统计，随即4月24日发函驻英大使，要求其查询留英学生名单并及时报送。随后驻英使馆检送了留英学生名单（伦字第二六五六号），名单兹录于下。

海军部总共派遣2名公费留英生，分别是江苏的柳鹤图，学习造船；江西的夏新，学习造船。

军训部所派遣的留英生总计11人，其籍贯以南方为主，主要来自浙江、湖南、四川、广东、云南5省，留学专业为5人习步兵，2人习辎重，2人习工兵，1人习军火制造。而北方仅1人，为来自辽宁的孙成城，留学专业为步兵。此外，来自广东的陈树丰以自费方式由军训部派遣留学，这种留学方式在整个留英学生中不多见，但从一侧面反映出南京国民政府对出国留学的重视。

1943年，重庆军委会选派大批航海、轮机人员（军官18名、学兵187名）赴英学习航船操作技能，准备接收英国海军赠予中国的战舰。他们是南京国民政府时期被派遣的最后一批留英军队学生。

4. 中英庚款公费留学

从 1933 年至 1947 年，中英庚款（文教基金）董事会共进行了九届留英公费生考试，共选取 194 人前往英国。前六届留英考试较为正常，一年一届，后三届因战争而情况多变。1939 年，第七届庚款留英生考试选拔 23 人，因欧洲战争改派这批留学生赴加拿大留学。1940 年起停止了对庚款留英生的选拔。直到 1943 年，留学政策重新调整。中英文教基金董事会（原中英庚款董事会）举办了第八届留英考试，共录取 30 人。1946 年举办第九届留英学生考试，共录取 17 人，1947 年派遣其赴英留学。1948 年 1 月，因国民党败退，庚款留学计划就此终结。

在整个国民政府所举办的各类公费留学考试中，庚款应该说是最难考的。为了保证录取人员的高质量，中英文教基金董事会完全按分数录取学生。庚款选拔时竞争激烈的程度，可以从各年报考、应考及实际录取的比例中体现（见表 3-1①）。

表 3-1　历届庚款考试情况

届次	报名人数	应考人数	录取人数	录取占报名（应考）人数比例（%）
第一届（1933 年）	216	192	9	4.17（4.69）
第二届（1934 年）	425	289	26	6.12（9.00）
第三届（1935 年）	290	262	24	8.28（9.16）
第四届（1936 年）	382	324	20	5.24（6.17）
第五届（1937 年）	360	293	25	6.94（8.53）
第六届（1938 年）	439	338	20	4.56（5.92）
第七届（1939 年）	384	未知	23	5.99
第八届（1944 年）	未知	未知	30	/
第九届（1946 年）	未知	未知	17	/

历届录取人数最高不到报名人数的 10%，录取人数占应考人数的比例略高于报名人数比例，但是也不超过 10%。可见，历届庚款考试的竞争是十分激烈的，故被录取的留英生的成绩相当优异。

---

① 刘真. 留学教育：中国留学教育史料（第 4 册）[M]. 台北："国立"编译馆，1980：1928.

从庚款资助留英生所学学科来看（见表3-2），主要集中在实科类。实科类的专业中，又主要集中在理科和工科，这2个专业在九届总共派遣留英学生112人。而在九届派遣的留英学生194人中，理科和工科所占比例高达57.73%。这反映了20世纪三四十年代的时代背景。医科、文科、法科、商科4个专业的历届派遣的留英人数比较接近，每届都在1~3人左右。从每届派遣的总人数来看，除第一届外，基本维持在20人左右。在严格选拔制度下的庚款留英生专业素质高，保证了留英学习研究的效果，成为民国时期成效卓著的一个留学群体。

表3-2 中英庚款留学生学科分布情况①

科目	第一届	第二届	第三届	第四届	第五届	第六届	第七届	第八届	第九届	总计
理科	2	8	6	8	5	5	6	5	4	49
工科	1	13	10	4	6	8	7	9	5	63
医科	2	2	2	2	2	0	2	2	2	16
农科	0	0	3	0	6	3	0	6	0	18
文科	2	2	2	2	2	1	1	0	2	14
法科	2	0	1	2	1	1	3	3	1	14
商科	0	1	0	2	3	1	0	3	3	13
教育	0	0	0	0	0	1	4	2	0	7
总计	9	26	24	20	25	20	23	30	17	194

（二）民间自费留学

1. 学生自费留学

（1）晚清时期

尽管清末留学生的派遣和管理均由学部负责，但一些家庭殷实、眼界开阔、与英国有来往的父母也愿意将自己的孩子送往英国上学，这部分学生占据了自费留学的绝大多数比例。少数学生较为优秀，获得了英国大学的奖学金，因而也能够自主前往英国读书。总体来说，由于是自愿选择，且每个家庭的情况不同，故学生留英时选择的学校、科目等都有很大的差异。但笔者

---

① 刘真. 留学教育：中国留学教育史料（第4册）[M]. 台北："国立"编译馆，1980：1913-1930. 专业划分办法参见：中国第二历史档案馆编. 中华民国档案资料汇编第五辑第一编教育（一）[M]. 南京：江苏古籍出版社，1994：342-350.

在整理相关资料时发现,相同地域人们的自费留学科目有相近之处,如东南亚华侨留英学生,其选择的留学科目一般为医学,如任连德、林可胜;香港及周边地区(闽粤等)的留学生选择的科目一般为法律,如罗文干、郑天锡;而内地的自费留学生因其所处地区较为落后,故而选择的科目一般为工商路矿等,如李顺义、吴治俭。这一倾向从晚清留学英国教育中即有显露,到民国时更加明显。

(2)北洋政府时期

北洋政府对自费留学生的管理较为严格。自费生需中等学历毕业,且获得留学机关所颁发的留学证书。自费生到达目的国后,也需及时将所获留学证书交由中国驻当地的学务机关进行核验。除此以外,他们还需经常将自己的留学情况(如成绩、处分、经费等)及时报送给中国驻当地学务机关。毕业归国时,学生须将毕业证书呈请管理机关验明,获得证明书。根据北洋政府《教育公报》中对历年呈请的自费留学生统计,北洋政府时期留英且经过官方核准的共计28人。

民国八年(1919)核准自费留学生(仅录留英生)为2人。具体见表3-3。

表3-3 民国八年(1919)核准自费留英学生[①]

姓名	籍贯	年岁	何校毕业	愿往何地肄习何科	留学期内预定经费数	保证人姓名	与本生之关系	备注
俞平伯	浙江德清	20	北京大学文科	赴英国习哲学心理学科	四千元	浙江烟酒公卖局局长许引之	戚属	民国八年十月核准
梁敬锌	福建闽侯	28	北京大学毕业	赴英国专习政治经济	四千五百元	教育部司长秦汾	师生	民国八年十一月核准

民国九年(1920)核准自费留学生(仅录留英生)为14人,具体见表3-4。

---

① 刘真. 留学教育:中国留学教育史料(第3册)[M]. 台北:"国立"编译馆,1980:1573.

表 3-4　民国九年（1920）核准自费留英学生①

姓名	籍贯	年岁	何校毕业	愿往何地肄习何科	留学期内预定经费数	保证人姓名	与本生之关系	备注
陈浑洲	广东文昌	27	国立法政专校预科	赴英国习经济	国币六千元	本部部员陈新民	族谊	民国九年一月核准
蔡时椿	广东文昌	27	北京大学预科	赴英国习经济	国币六千元	本部部员陈新民	乡谊	民国九年一月核准
许汉雄	广东琼县	21	朝阳大学预科	赴英国习经济	国币六千元	本部部员陈新民	乡谊	民国九年一月核准
陈元荣	广东台山	18	英国爱丁堡华特逊学院	续留英国	三千元	大学教员程振基	友谊	民国九年四月核准
马松年	山西晋城	20	山西第四中学大学预科肄业	赴英国习冶金科	五千元	河东道尹马骏	父子	民国九年五月核准
伍泽元	广东台山	24	唐山工专木料一年	赴英国习土木工程科	四千元	盐务署办事员李伯荃	世谊	民国九年五月核准
于世秀	奉天海城	24	北京大学本科二年	赴英国习政治经济	六百五十镑	北京大学教员万兆芝	师生	民国九年五月核准
赵云章	直隶滦县	21	唐山工专修业生	赴英	经费筹足	简任职赵谦	友谊	民国九年五月核准
英骥	京兆	21	英国伦敦大学肄业	仍回英京		商务印书馆经理孙壮	友谊	民国九年十月核准
王述之	江苏上海	18	上海民力中学校	赴英国入伦敦大学		商务印书馆经理孙壮	友谊	民国九年十月核准
曹仲彝		23	广州中学校	赴英属加拿大习经济	国币五千元	本部部员黄芸苏	乡谊	民国九年十月核准
麦爵安	广东台山	22	台山县立中学校	赴英属加拿大习商科	国币八千元	本部部员黄芸苏	戚谊	民国九年十月核准

① 刘真．留学教育：中国留学教育史料（第 3 册）［M］．台北："国立"编译馆，1980：1583-1600．

(续表)

姓名	籍贯	年岁	何校毕业	愿往何地肄习何科	留学期内预定经费数	保证人姓名	与本生之关系	备注
周恩来	浙江绍兴	22	南开中学	赴英国习社会学	每年英金一百六十镑	唐山矿地处主任李金藻	世谊	
李福景	直隶天津	20	南开中学	赴英国习理科	每年国币一千元	唐山矿地处主任李金藻	叔侄	

民国十年（1921）核准自费留学生（仅录留英生）为1人，具体见表3-5。

表3-5 民国十年（1921）核准自费留英学生①

姓名	籍贯	年岁	何校毕业	愿往何地肄习何科	留学期内预定经费数	保证人姓名	与本生之关系	备注
金岳霖	湖南长沙	27	美国哥伦比亚大学哲学博士	赴英国习政治	每年二千五百元	本部编审委万兆芝	友谊	民国十年十一月核准

民国十三年（1924）核准自费留学生（仅录留英生）为6人，具体见表3-6。

表3-6 民国十三年（1924）核准自费留英学生②

姓名	籍贯	年岁	何校毕业	愿往何地肄习何科	留学期内预定经费数	保证人姓名	与本生之关系	备注
张恩林	山东博兴	22	正谊中学毕业	赴英习铁路工程	三万元	鞠承颖	校长	民国十三年一月核准
何言硕	湖北建始	20	武昌文华大学中学部毕业	赴英习法律	国币一万元	何佩瑢	伯父	民国十三年二月核准
季警洲	江苏崇明	24	国立大学	赴英习政治	暂备二千元	本部主事孙鼎烜	戚属	民国十三年二月核准

---

① 刘真. 留学教育：中国留学教育史料（第3册）[M]. 台北："国立"编译馆，1980：1603.
② 刘真. 留学教育：中国留学教育史料（第3册）[M]. 台北："国立"编译馆，1980：1619-1637.

（续表）

姓名	籍贯	年岁	何校毕业	愿往何地肄习何科	留学期内预定经费数	保证人姓名	与本生之关系	备注
辛树帜	湖南临沣	29	北京大学毕业	赴英	四千元	明德学校校长胡元倓	师生	民国十三年六月核准
赖锟	福建	24	上海圣约翰大学文学士	赴英习经济	一万元	朱少屏	朋友	民国十三年八月核准
高筠	江苏金山	23	东吴大学毕业	赴英学习法科	一万五千元	沈彭年	师生	民国十三年八月核准

民国十六年（1927）核准自费留学生（仅录留英生）为5人，具体见3-7。

表3-7 民国十六年（1927）核准自费留英学生①

姓名	籍贯	年岁	何校毕业	愿往何地肄习何科	留学期内预定经费数	保证人姓名	与本生之关系	备注
廖英芬	山东无棣	20	京师大同中学高中一年级	赴英习医科	八千元	车指南	师生	民国十六年七、八月份核准
李徐性天	山东泰安	22	北京慕贞女子中学高中毕业	赴英习文学	九千元	魏宗迈	同乡	民国十六年七、八月份核准
田钟秀	山西稷山	35	国立北京大学毕业	赴英习教育	五千元	阎应徵	友谊	民国十六年七、八月份核准
杨荣立	京兆安次	19	通县潞河中学	赴英习商科	八千元	刘骏卿	友谊	民国十六年十一月核准
张训坚	江苏江宁	23	清华大学三年级	赴英习政治经济	八千元	朱邦献		民国十六年十一月核准

---

① 刘真. 留学教育：中国留学教育史料（第3册）[M]. 台北："国立"编译馆，1980：1648-1659.

从以上含有28名留英学生的名单可以看出：按专业来说，大部分自费留英生以学习文科类为主，其中学习政治经济学的共计10人，同时还涉及哲学、心理学、社会学、教育、文学等专业；而学习实业类的较少，如冶金、土木工程、铁路工程共计3人。按地区来说，以广东（6人）、江苏（4人）、山东（3人）省份为多，东北三省只有奉天1人。按毕业院校来看，大部分是大学毕业或预科，其次是中等学历。从年龄上来说，以青年18～29岁为主，极少为30岁以上。

（3）南京国民政府时期

1929年至1946年间自费留英生的统计数据为①：1929年派遣留英学生34人，1930年派遣3人，1931年派遣21人，1932年派遣47人，1933年57人，1934年57人，1935年74人，1936年派遣49人，1937年派遣27人，1938年派遣8人，1939年派遣26人，1941年派遣3人，1942年派遣46人，1943年派遣1人，1944年派遣156人，1945年派遣1人，1946年派遣41人。其中1940年未派遣，总计有651人被派遣到英国留学。

其中教育部共举办两届自费留学生考试。

由于第一届录取的学生全部被送美留学，因此不再赘述。1945年，抗日战争结束，随后在重庆的中央部门纷纷开始还都南京。在此时期，教育部在1946年7月举办了第二届自费生留学考试。此次报考人数共3817人，到考人数2774人，未考完人数125人，考试结果为计录取自费留学生1216人②。另外，第二届自费留学考试与公费考试同时进行，其中参加公费考试落选而成绩合乎自费录取标准（外语25分，总成绩35分）者共718名，这些人开始向政府请求自费前往目的地国，得到政府应允。据相关史料显示，截至1947年10月初，第二届自费生中已由教育部发给留学证书者共1163人，其中按国别分，赴美者1018人，赴英30人③。此时留学英国人数较少，原因之一就是二战结束后英国也正处于恢复期。

2. 英国协会资助留学

资助中国学生留英的英国协会主要有两个机构：一个是英国文化委员

---

① 根据以下三种资料汇编而成：(1)《民国二十三年度全国高等教育统计》表172；(2)《留学教育》(四) 第1671—1672页；(3)《中华民国史档案资料汇编》第五辑第二编教育（一），第892-893页。

② 刘真．留学教育：中国留学教育史料（第4册）[M]．台北："国立"编译馆，1980：2138.

③ 刘真．留学教育：中国留学教育史料（第4册）[M]．台北："国立"编译馆，1980：2139.

会，另一个是英国工业协会。

作为英国"非政治、非外交、非营利的组织"，英国文化委员会除了聘请中国学者赴英讲学或考察外；另外一项重要的举措即设置奖学金，每年为中国提供 20 名留英学生奖学金名额。主要设置于牛津和剑桥两所大学中，以备容纳中国学生。此外，英国文化协会还在各大学中设立研究中国的学科，由各专家担任教授，予以指导。英国文化委员会的对华文化交流在 1942 年后逐渐频繁起来。

英国工业协会资助中国学生赴英进入工厂实习，其出国手续由中英文化协会代办。其间曾因抗战而停止，1942 年后恢复运行。1942 年英国工业协会资助 12 名工科毕业生入英国工厂实习，期限 1 年。每名学生由工协补助 4 英镑，教育部补助 12 英镑。1943 年共派遣 31 名实习生①。

1944 年英国实行了最大规模的奖学金政策。英国文化协会制订 60 名全额资助计划，所有研究生之旅费、学费、生活费及在研究期内的一切费用悉由该会负责。5 家英国公司制订 5 名药剂学全额资助计划。英国工业协会制订 69 名津贴实习计划。为此，教育部专门进行了奖学金考试。

在 1944 年的奖学金测试录取名单中，有文法科留英研究生 8 人，留英实习生无；工科留英研究生 25 人，留英实习生 65 人；理科留英研究生 12 人，留英实习生 4 人；医药科留英研究生 15 人，留英实习生无；农艺科留英研究生 5 人，留英实习生无②。文科总共仅 8 人，其余均为实业。由此可见，即使是对于自费留学的学生，教育部对其留学专业也有专门的指导，希望能够通过此指导来培养更多的切合实际、对国家有利的人才。

（三）近代中国留学英国教育的主要特征

第一，近代中国留学英国教育以官费留学派遣为主，民间自费留学为辅。

形成官费留英为主的格局，与近代中国历史的发展和国民的经济生活水平有直接的关系。晚清时期，大多数人认为外国是蛮夷之地，对其嗤之以鼻，认为不值得与其沟通与交流。其火器与轮船皆为奇技淫巧，不值一提。在此种舆论和认知情况下，清政府要想真正地输送国人前往外国（英国）

---

① 刘晓琴. 中国近代留英教育史 [M]. 天津：南开大学出版社，2005：340 – 341.
② 刘真. 留学教育：中国留学教育史料（第 4 册）[M]. 台北："国立"编译馆，1980：2129 – 2137.

进行技术学习而不使用官费资助,是很少有人主动前往的。另外,当时国民经济水平低下,一般人很难有能力和资本去承担如此大的花销。如果不使用官费资助,主动前往英国留学受到的阻力较大。在两种因素叠加之下,晚清官费留英成为主要渠道既是大势所趋,也是形势所迫。辛亥革命之后,中国的国力衰弱形势并没有马上扭转。因此,新政府在此基础上着眼于国家发展、政权稳定、培养人才的多方面考虑,继续实施留学英国计划,这使得许多学子能够乘此良机得以在英国接受较为完整的高等教育。其中十分知名的人物有朱光潜等。蒋介石上台后,继续实施留英政策。受到内战外乱的影响,留英学生人数整体上起伏较大,但总数却在不断增加。在抗日战争中,由于交通断绝,很多留英学子的生活来源费用有断绝的危险。当时教育部专门对留英学生概况和需资助的人员名单进行了统计。若非官费留学的性质,留学生在国外资金很难得到保障,特别是在战争时期。

民间自费留英是随着中国经济形势逐渐向好所出现的一种留学形式,这种形式虽然不可能成为留英主流,但对于学子自身的发展和国家建设方面来说,还是大有裨益的。但近代中国的经济发展始终受制于国内局势的动荡而没能获得较好发展,因此整个近代期间自费留英学生是不多的。在抗日战争胜利后,英国在华特权被取消,英国工协和文委也在此时适当地提供了资助中国学生前往英国学习和实习的机会。但由于仅此一次,且名额较少,因而此事在整个近代留英史上没有受到太多关注。

第二,近代中国留学英国教育始终受近代中国局势变化的影响。

外部方面。晚清时期,英国是当时老牌资本主义帝国,因此去往英国游学和留学的学子还是较多的。且晚清时期的主要人物如李鸿章等与英国打交道较多,因而清政府派过去的学生在英国的高等院校和军事学院还是受到格外照顾的。但到北洋政府时期,国力衰弱,巴黎和会的失败使得当时北洋政府在整个世界上都受到排挤,此时去英国留学的人数较少。到南京国民政府时期,由于国民党实际上是投靠美国的,因此教育部开始重新审视自身的留学政策和方案,开始将注意点放到了美国。此时期赴美留学生数量大增,派往英国的学生数量不多,但相比北洋政府时期还是有所增加。抗战胜利后,中英新约的签订使得中英关系迈入了良好阶段,此时英国不断抛出橄榄枝,如增加留学名额、增加资助标准等。

内部方面。晚清时期,中国国内此起彼伏的农民起义和革命党使得清廷不得不考虑英国方面的坚船利炮。而除了巨资购买以外，若能直接学习到相关技术则是最省钱省力的一种方式。因此，清政府派遣海军和船政学堂学生前往英国学习。北洋政府时期，国力衰弱、军阀混战使得本来就贫弱的中国变得雪上加霜，能够派遣少量留学生出国实属难得，因此北洋政府时期派往英国方面的留英学生并不多。南京国民政府一统天下，使得国家能够有财力和实力派遣学生去海外学习。鉴于以往派遣海军前往英国学习的传统，国民政府时期也予以继承，继续派海军往英国进行学习。此外，南京国民政府也实施了一些官费、自费留学考试，以选拔更为合适的人才前往英国留学。

第三，中国近代留英学子投身报国、建设国家，影响深远。

在近代，一个人若能出国留学，这对于自己家族和个人绝对是一件足够光耀门楣的事情，但其意义又不仅限于此。基于当时的历史环境，在国外受先进知识熏陶后的留学生大多数能主动、积极响应国家的号召及时回国建设家乡。留学生从英国回来以后，大部分都留在了高等院校，为中国近代人才培养、文化传承、国家建设等方面做出了自己的贡献。尽管留学英国的学生不如留美学生多，但他们的贡献依然不容忽视，有些人的影响力直到现在依然存在。以前文所列举的第四届庚款生为例，留英学生中一些人影响力很大，包括辛一心（交通大学造船系的创始人之一）、李浩培（武汉大学教授兼法律系主任、浙江大学教授兼法学院院长）、楼邦彦（西南联合大学副教授，武汉大学、中央大学、北京大学教授）、王绳祖（金陵大学历史系教授、系主任，南京大学历史学系教授、副系主任，英美对外关系研究室主任）、李旭旦（中央大学教授、地理系主任，南京大学、南京师范学院、南京师范大学教授）等。

二、近代中国留英学生人文社会科学博士论文的文本分析

刘晓琴在《中国近代留英教育史》① 中总结近代留英教育特点时指出，中国近代留学英国教育从一开始就表现出留英生学术水平起点较高的特点。从同文馆学生赴英游学开始算起，留英学生的派遣向来以国内学堂出身为标

---

① 刘晓琴. 中国近代留英教育史 [M]. 天津：南开大学出版社，2005：456 - 457.

准。从最早培养翻译人才的同文馆中选拔的赴英学生，到近代第一所海军学校福州船政学堂毕业生中选拔的船政首批留英生，到毕业于国内高等学堂的后续派遣的海军留英生，再到名校毕业或成绩优异的公费留英生，留学英国教育的高起点自始至终都得以保持。因此，中国近代留英学生在英国学习时大部分取得了较好的成绩，不少人获得了英国大学的硕士、博士学位。

撰写学术论文是留英学生在英期间学术创作的主要形式。留英生撰写的博士论文是中英教育交流的产物，代表了他们在英国学习的最高水平。据袁同礼先生所编《中国留学大不列颠及北爱尔兰同学博士论文目录（1916—1961）》（*Doctoral Dissertations by Chinese Students in Great Britain and Northern Ireland*, 1916—1961）的统计资料①显示，我国学生从 1916 年到 1961 年共有 344 人在英国各大学获得博士学位。而且他们中的一些博士论文曾以中文或英文的方式出版发行，如 1937 年获得伦敦大学政治博士学位的张宗良，其博士论文《英国警政制度》（*The English Police System and Its Applicability to Rural China*）由南京正中书局出版②。1939 年获得伦敦大学政治经济学院哲学博士学位的陈伯骥，其博士论文《中国民主的理论与实践》（*The Theory and Practice of Chinese Democracy*）在商务印书馆出版③。1948 年获得牛津大学国际法专业哲学博士学位的陈体强，其博士论文《有关承认的国际法》（*The International Law of Recognition*）于 1951 年由史蒂文斯父子有限公司在伦敦出版④。1939 年获得伦敦大学博士学位的蒋百幻，其博士论文《论 1856—1860 年的中英关系》（*Anglo-Chinese Diplomatic Relations*, 1856—1860）于 1965 年由三联书店以《第二次鸦片战争》之名出版等。由此窥见，留英博士论文质量不可小觑，近代留英博士生的学术根底扎实，非同一般。

袁同礼先生分两大部分呈现留英博士论文目录，第一部分为"人文、社会和行为科学"，共计 92 篇⑤。第二部分为"物理、生物和工程科学"，

---

① 袁同礼. 袁同礼著书目汇编 3 [M]. 北京：国家图书馆出版社，2010：489 – 523.
② 安徽省地方志编纂委员会. 安徽省志·人物志 [M]. 北京：方志出版社，1999：571.
③ 刘国铭. 中国国民党百年人物全书（下）[M]. 北京：团结出版社，2005：1358.
④ 刘志. 中外社会科学名著千种评要 法学 [M]. 北京：华夏出版社，1992：335.
⑤ 其中编号中出现 43a 和 88a，故第一部分的"人文、社会和行为科学"中实际有 94 篇博士论文。

共计252篇。目录中包含的信息有：作者、博士学位、毕业院校、毕业时间和博士论文题目。在随后的统计分析中，袁同礼先生将留英博士论文按学科进行分类统计，人文社会科学84篇、物理和地理科学101篇、生物学47篇、健康科学40篇、工程科学74篇①。其中，人文社会科学的84篇论文中涵盖11个学科，分别是经济学、国际法及国际关系、政治科学、历史、法律、语言学及文学、社会学、人类学和考古学、教育、哲学和神学、心理学。而美中不足的是，袁同礼先生的目录并没有将每一篇博士论文具体归属于哪一个学科标注出来，因此读者无法直接得知某一博士生所属的学科。虽然"人文、社会和行为科学"所统计到的博士论文篇数（92篇）远远不及"物理、生物和工程科学"的篇数（252篇），但是人文社会科学教育是人人都要首先接受，也必须接受的基本教育②，人文社会科学是人类进步的重要推动力③。因此，本节研究的对象为主修人文社会科学的留英博士生。

依托《中国留学大不列颠及北爱尔兰同学博士论文目录（1916—1961）》中第一部分"人文、社会和行为科学"中所列94位留英博士论文目录的基本信息，研究时间范围为1916年到1949年，地域范围为英国和中国，但因受资料所限，此处不包括中国香港、澳门和台湾地区。笔者通过逐一查找文献，来标注和确认目录中的每一篇博士论文具体归属于哪一个学科，明确本节研究对象。然后根据这些研究对象，试图探究留英博士的个体生命的成长历程，进而对留英博士群体进行分析，最后揭示人文社会科学留英博士群体在近代中英教育交流中的社会影响。

（一）近代人文社会科学的留英博士名录

首先，由于本书研究时段以1949年为下限，故排除29位1949年后在

---

① 留英博士论文按学科进行统计，显示人文社会科学共计84篇，包括经济学21篇，国际法及国际关系、政治科学各11篇，历史10篇，法律9篇，语言学及文学6篇，社会学4篇，人类学和考古学、教育、哲学和神学、心理学各3篇；物理和地理科学共计101篇，包括物理学34篇、化学30篇、数学15篇、地质学和古生物学10篇、地理学9篇、天文学和气象学3篇；生物学47篇，包括动物学12篇，生物化学10篇，植物学9篇，生物学6篇，细菌学、农业和林业各5篇；健康科学40篇，包括解剖学与生理学16篇，医疗卫生、制药24篇；工程科学74篇，包括航空工程7篇、化学工程6篇、土木工程20篇、电力工程10篇、海洋工程2篇、机械工程12篇、矿冶14篇、纺织工程3篇。
② 顾明远. 中国教育科学2002 [M]. 北京：人民教育出版社，2003：653.
③ 王悠然. 人文社会科学是人类进步的重要推力 [N]. 中国社会科学报，2015 - 02 - 16.

英国和爱尔兰取得博士学位的留英学生。同时，本书的地域范围中不包括香港，排除 1 位籍贯为香港的教育类留英学生①。又排除 11 位法律学科的留英博士生（陈体强、郑天锡、钱清廉、赵冰、夏晋麟、黄正铭、刁德仁、王滌、胡百全、林彪和黄金鸿）和 18 位经济学的留英博士生（伍启元、张自存、费孝通、陈仲秀、周培智、侯树彤、徐毓枬、李超英、黎名郇、刘驷业、马润庠、宋侠、蒋硕杰、吴元黎、杨敬年、游保生、程锡庚、程希孟），这是因为法律和经济学两个学科的留英博士生在国内的部分专著中已有详细的探讨。如王伟教授著的《中国近代留洋法学博士考（1905—1950）》② 一书，第四章集中考察了中国近代留英的法学博士。陈体强、郑天锡、钱清廉、赵冰、夏晋麟、黄正铭、刁德仁、王滌和胡百全的中英文姓名、籍贯、教育经历、博士中英文论文题目、工作经历和社会贡献得以清晰呈现，而且该书还对留英法学博士进行了统计分析③。邹进文教授著的《近代中国经济学的发展：以留学生博士论文为中心的考察》④ 一书，通过分析欧洲、日本和美国留学生博士论文，探讨了近代中国经济学的发展。其中留英博士生伍启元、张自存和费孝通的博士论文从个案的角度解析了经济学中

---

① 何艾龄（1904—2007），英文名 Ho, Tsi-Dsi Irene，香港人，为何东爵士七女。1921 年，香港大学首次取录女学生，成功考入英文系。1925 年毕业，成为该校首位女毕业生。旋赴英国伦敦大学伦敦国王学院修读师训课程，后又负笈美国，取得教育硕士文凭。1929 年往广州岭南大学任教。1932 年返回伦敦担任父亲的秘书，同年获玛丽王后在白金汉宫接见。1936 年，获伦敦大学教育学院博士学位，博士论文题目为《中国古代和近代教育理论》（笔者译，英文博士论文题目为 Ancient and Modern Educational Theory in China）。何艾龄博士 1961 年获颁授英帝国官佐勋章（OBE），以表扬其对香港教育多年来的贡献。可参考：香港妇女事务委员会，香港女性飞跃百年展（中文版），第 33 页。

② 王伟. 中国近代留洋法学博士考（1905—1950）[M]. 上海：上海人民出版社，2011：160 - 178.

③ 书中还详细探讨了朱奇武、郑斌、贺其治三位留英博士，他们均在 1950 年分别获得牛津大学、伦敦大学和利物浦大学博士学位。而本研究截止时间为 1949 年，故此三位留英博士不在本研究之列。另王伟教授在第四章指出袁同礼先生所统计的 9 名法学博士存在缺乏明确判断的标准和依据的问题。他通过考证，发现留英法学博士共计 12 名，并对其进行一一介绍和统计分析。笔者对袁同礼先生的目录一一统计时发现，1938 年从伦敦大学毕业的林彪也属于法学博士，他的博士论文题为《议会与和平条约：英国和法国议会对〈1919 年和平条约〉反应的比较研究》。1948 年从剑桥大学毕业的黄金鸿也应属于法学博士，他的博士论文题为《海外公民外交保护的英国实践》。

④ 邹进文. 近代中国经济学的发展：以留学生博士论文为中心的考察 [M]. 北京：中国人民大学出版社，2016：424 - 438；454 - 461.

的国际贸易理论研究和农业经济理论研究①。最后，排除 7 位未被袁同礼先生归属到人文社会科学里，但出现在第一部分"人文、社会和行为科学"中的地理学科的留英博士生（鲍觉民、侯仁之、任美锷、徐近之、林超、丁骕、林恩兰）②，最终确认余下的 28 位留英博士生成为本节研究对象。通过考证，笔者逐一将他（她）们归类到国际法及国际关系、政治科学、历史、语言学及文学、社会学、人类学和考古学、教育、哲学和神学、心理学九类学科中，最大可能地还原九类学科里留英博士生的成长轨迹，从而管窥留英博士生在中英教育交流中所做出的贡献。

国际法和国际关系学科（下文用 I 表示），笔者统计得知，共计 3 位留英生撰写博士论文，分别是陈岱础、郑康耆和李孟萍。

I1 陈岱础（1913—?），英文名 Chen, Tai-Chu，福建闽侯人。他在燕京大学毕业后赴欧美留学，获美国哥伦比亚大学政治学硕士、英国伦敦大学国际关系博士学位，其 1937 年博士论文题目为《中国边疆外交史》③。后担任国民政府外交部专员、秘书。1943 年起，他历任中华民国驻苏联大使馆一等秘书、参事，联合国大会中国代表团顾问，巴黎和会中国代表团顾问，外交部代理亚西司司长，美洲司司长④。

I2 郑康耆（?—1957），英文名 Cheng, Kang-Chi，广州人。早期就读南洋公学，1899 年曾自费在日本预备学校——日华学堂学习。1938 年获伦敦大学博士学位，其博士论文题目为《1931—1933 年英国报刊对满洲里问题

---

① 研究国际贸易理论研究的是伍启元的博士论文《国际贸易价格关系理论：一个历史的研究》和张自存博士论文《收支平衡的周期性波动》；研究农业经济理论是费孝通的《江村经济》。除此之外，袁同礼先生《中国留英同学博士论文目录（1916—1961）》中经济学领域的留英博士生及其论文还有：陈仲秀的《英国对华贷款比较：特别关注 1860—1913 和 1894—1913 两个时期》、程锡庚的《现代中国政治研究》、程希孟的《行为主义和无产阶级的专政理论》、周培智的《中英百年经济关系：1834—1934》、侯树彤的《中国的货币与银行问题》、徐毓枬的《萧条时期的英国棉纺工业》、李超英的《中国的公共财政制度：一个比较研究》、黎名郁的《1690—1699 年的巨额货币发行：通货膨胀问题的一个特殊研究》、刘驷业的《银行业务：英美货币市场的一项比较研究》、马润庠的《政府借款技巧：英国财政部借款操作方法研究（1914—1940）》、宋侠的《英国出口贸易的周期性变化：1924—1938》、蒋硕杰的《贸易周期下真实工资变动与边际利润的关联》、吴元黎的《资本形成与经济秩序：一个关于贫困国家案例的研究》、杨敬年的《英国中央政府各部门职权的分配（与美国和英属自治领的比较）》、游保生的《不发达国家人口调查有关的抽样技术》。
② 地理学科留英博士生的研讨可参考张雷的论文《民国时期地理留学》。
③ 英文博士论文题目为 *China's Frontier Problems*。
④ 陈铭坤，陈及霖. 闽台陈氏名人·台湾卷 [M]. 中国文献古籍出版社，2012：105 - 106.

的报道》①。回国后其在民国政府外交部任职，1941 年赴澳大利亚首都堪培拉设立中国公使馆，1948 年回上海工作继续担任外交官，后来转任壳牌公司上海办事处总经理②。

I3 李孟萍（1908—1973），英文名 Lee，Meng-Ping，湖南湘乡人。1930 年为国立中央大学学生，毕业后留学英国。在英国时任中国驻伦敦总领事馆主事、随习领事。1946 年在伦敦大学获博士学位，其博士论文题目为《满洲与阿比西尼亚危机的日内瓦治理》③。抗战时他回国进入外交部，历任专员、科长、专门委员、简任秘书、机要室主任等职④。

政治科学学科（下文用 P 表示），笔者统计共计 10 位留学生，他们分别是：张宗良、陈伯骥、陈尧圣、张天开、刘乃诚、鲍必荣、吴恩裕、于望德、余铭、李泰华。

P1 张宗良（1905—1986），英文名 Chang，Chung-Liang，安徽庐江人。初在南京安徽中学毕业，1931 年毕业于国立中央大学，获文学学士。不久考入英国伦敦大学研究院，专攻政治。1937 年获博士学位，其博士论文为《英国警政制度》⑤。毕业后回国，投身国民党政界，任政治部秘书、处长、中央训练团办公厅副主任等职。1940 年任安徽省政府皖南行署主任暨保安司令部皖南行营主任。1948 年调任建设厅长兼三青团安徽支部主任，并为国大代表。

P2 陈伯骥（1912—1978），英文名 Chen，Paky，广东广宁人。自幼丧父，由祖父陈德三抚育成人。1920 年到县城南街文治学堂就读，三年后考进广东省广雅中学，1929 年高中毕业，考入上海复旦大学就读。两年后转读暨南大学，1935 年毕业后即远涉重洋，负笈英伦，就读于伦敦大学政治系，两年后取得硕士学位，1939 年攻取博士学位⑥，其博士论文题目为《中国民主的理论与实践》⑦。回国后，1940 年入中央训练团第七期受训。

---

① 笔者译。英文博士论文题目为 The Presentation of the Manchurian Question in the English Press (1931—1933)。
② 李柏华. 文博鸿业 李鸿业文博生涯 [M]. 上海：学林出版社，2013：225.
③ 笔者译。英文博士论文题目为 The Geneva Treatment of the Manchurian and Abyssinian Crises。
④ 张宪文，方庆秋，黄美真. 中华民国史大辞典 [M]. 南京：江苏古籍出版社，2001：909.
⑤ 安徽省地方志编纂委员会. 安徽省志·人物志 [M]. 北京：方志出版社，1999：571.
⑥ 中国人民政治协商会议广宁县委员会《广宁文史》编辑组. 广宁文史第 9 辑 [M]. 广宁：[出版者不详]，1991：14.
⑦ 英文博士论文题目为 The Theory and Practice of Chinese Democracy。

后在重庆任教。1942 年 5 月任中国国民党中央三民主义丛书编纂委员会编纂及驻京办事处主任。1946 年任上海商学院教授兼图书馆馆长、教育部特设南京临时大学教授。1948 年当选为第一届"国民大会"代表。1949 年任中山大学教授。著有《中国民主政治的原理》《中国民主的理论与实践》（英文）、《中国政治思想简史》（英文）等书①。

P3 陈尧圣（1911—?），英文名 Chen, Yao-Sheng，浙江上杭人。幼入杭州小学，后入南京金陵中学，毕业后考入私立之江大学政治系。1933 年毕业，获文学士学位。1935 年，在北平燕京大学政治系获文学硕士学位。1939 年，在英国伦敦大学获哲学博士学位，其博士论文题目为《上海问题的国际化解决》②。他历任国民党中央组织部总干事、国联同志会秘书、外交部情报司科长和驻英大使一等秘书③。

P4 张天开（1913—1998），英文名 Djang, Tien Kai，广东梅县人。1925 年入读沪江中学，毕业后考入北平国立清华大学。1937 年赴英国，就读于伦敦大学政治经济学院，主修社会立法及行政。1940 年获哲学博士学位，其博士论文题目为《英国工厂检查制度》，该论文于 1942 年由乔治爱伦·恩文书商出版。回国后他在社会部任职。1949 年任职于总统府社会部工矿检查处。著有《英国工厂检查制度》《劳工行政比较研究》《各国劳资关系制度》《台湾工业与劳工》等书④。

P5 刘乃诚（1901—1976），英文名 Liu, Nai-Chen，安徽巢县人。1920 年入读南京金陵大学，毕业获文学学士学位。1925 年，获取安徽省公费留学生的名额，赴欧洲留学。1926 年到 1930 年在伦敦大学政治经济学院学习并获博士学位，其博士论文题目为《基于欧洲经验的中国市政改革》⑤。其间曾在德国柏林大学、法国巴黎大学与维也纳大学学习与研究。1932 年回国，受聘于国立武汉大学，1933 年起在武汉大学政治系任教授，1936 年 9 月到 1938 年 8 月任政治系主任⑥。刘乃诚是民国时期"中国政治学会"的发起人之一。刘乃诚先生著作论文颇多，如《比较政治制度》又名《各国

---

① 刘国铭. 中国国民党百年人物全书（下册）[M]. 北京：团结出版社，2005：1358.
② 笔者译。英文博士论文题目为 The International Settlement of Shanghai。
③ 刘国铭. 中国国民党百年人物全书（下册）[M]. 北京：团结出版社，2005：1343.
④ 刘国铭. 中国国民党百年人物全书（下册）[M]. 北京：团结出版社，2005：1168.
⑤ 笔者译。英文博士论文题目为 Reform of Chinese City Government Based on European Experience。
⑥ 谢红星. 武汉大学校史新编（1893—2013）[M]. 武汉：武汉大学出版社，2013：57.

政治制度》（1934年上海商务印书馆）、《近代国家观》（1933年第3卷4期武汉大学社会科学季刊）、《主权的研究》（1933年第4卷2期武汉大学社会科学季刊）等①。

P6 鲍必荣（？—？），英文名 Pao, Pih-Yong，安徽合肥人。1930年7月，参加并通过安徽省教育厅举行的第二届省费留学考试②，1931年2月获得安徽省教育厅赴欧省费留学生资助的名额，赴英国伦敦大学学习政治经济学③。1937年获博士学位，其博士论文题目为《近代地方政府的分散和权力下放》④。1938年到1946年在武汉大学（乐山时期）任政治系教授。曾任德国柏林大学、法国巴黎大学研究员⑤。1940年编《行政概论》一书。

P7 吴恩裕（1909—1979），英文名 Wu, En-Yuh，辽宁沈阳人。曾就学于省立东北大学俄文系。1933年毕业于国立清华大学哲学系。毕业后任《晨报》副刊——《思辨》《文哲月刊》主编。1936年公费留学英国伦敦大学政治经济学院，研究政治思想史。1939年获博士学位，其博士论文题目为《1840—1848年马克思社会和政治观念的演变》⑥。曾任重庆中央大学政治学系（1939—1946年）、北京大学政治学系（1946—1952年）教授⑦。

P8 于望德（1910—？），英文名 Yu, Wang-Teh，陕西三原人。他在上海复旦大学毕业后赴英国留学，获英国爱丁堡大学法学学士学位。1937年获伦敦大学政治学博士学位，其博士论文题目为《1868—1917年英国的内阁》⑧。回国后，曾任重庆大学、中央大学教授、行政院县政计划委员会法制组专员和经济会议政务组副主任。1941年至1947年任行政院参事。1945年5月在中国国民党第六次全国代表会上当选为候补中央执行委员。1946年当选为"制宪大会"代表。1947年5月任驻哥伦比亚公使，兼任驻委内

---

① 吴翰. 制度精神培养之重要性与途径——民国政治学人刘乃诚政治思想研究 [J]. 广东社会科学，2012（6）：81-86.
② 谢青，汤德用. 中国考试制度史 [M]. 合肥：黄山书社，1995：669.
③ 郭万清. 安徽省志 17 外事侨务志 [M]. 北京：方志出版社，1999：120.
④ 笔者译。英文博士论文题目为 Deconcentration and Decentralization in Modern Local Government。
⑤ 涂上飙. 乐山时期的武汉大学（1938—1946）[M]. 武汉：长江文艺出版社，2009：90.
⑥ 笔者译。英文博士论文题目为 The Evolution of Marx's Social and Political Ideas, with Special Reference to the Period：1840—1848。
⑦ 周川. 中国近现代高等教育人物辞典 [M]. 福州：福建教育出版社，2012：270.
⑧ 笔者译。英文博士论文题目为 The English Cabinet, 1868—1917。

瑞拉、厄瓜多尔公使。1948年去台湾,任台湾大学教授,后任"驻智利大使馆"公使①。

P9 余铭(?—?),英文名 Yui, Ming,广东香山县人。20世纪20年代在美国留学。回国后追随孙科。在孙科出任驻苏大使期间,余铭担任代办要职②。1932年1月8日任国民政府外交部参事兼驻沪办事处处长。1941年在牛津大学贝利奥尔学院获得博士学位,其博士论文题目为《1922年九国条约》③。1948年10月25日任总统府新闻局伦敦办事处处长④。

P10 李泰华(1905—?),英文名 Lee, Tai-Hua,山东邱县人。1929年国立清华大学第一级毕业生,系别为教育心理。1930到1932年期间任山东省立泰安第三中学校长,并获得山东省公费留英资格。因九一八事变,推迟到1933年出国,先在美国纽约哥伦比亚大学攻读硕士学位后,再到英国伦敦大学政治经济学院读博士学位。其博士论文题目为《古代中国的封建社会》⑤。回国后任重庆中央大学教授。1943年任第三战区长官司令部秘书长。1945年10月到1949年1月任山东省政府委员兼教育厅厅长。1946年兼三青团山东支团部干事。1947年兼任中国国民党山东省党部执行委员,1948年3月当选为第一届"国民大会"代表⑥。

历史学科(下文用H表示),笔者共统计2位留学生:蒋百幻和魏煜孙。

H1 蒋百幻(1907—1988)亦名蒋孟引,英文名 Chiag, Pei-Huan,湖南新宁人。1933年毕业于中央大学历史系,获文学学士学位。1939年毕业于英国伦敦大学,获博士学位。师从著名历史学家 C. K. Webster 学习国际关系史、外交史,其博士论文题目为《论1856—1860年的中英关系》⑦。归国后曾任西北大学、中央大学教授兼历史系主任。主要著作有《第一次世界大战》《第二次鸦片战争》《英国史论丛》《英国史》《蒋孟引文集》等,译著

---

① 刘国铭. 中国国民党百年人物全书(上册)[M]. 北京:团结出版社,2005:26.
② 黎细玲. 香山人物传略 4[M]. 北京:中国文史出版社,2014:697.
③ 英文博士论文题目为 The Principles and Policies of the Nine Power Treaty of 1922 in the Light of Subsequent Developments。
④ 刘国铭. 中国国民党百年人物全书(上册)[M]. 北京:团结出版社,2005:1075.
⑤ 笔者译。英文博士论文题目为 Feudal Society in Ancient China。
⑥ 清华大学校史研究室. 清华大学史料选编(第2卷)·国立清华大学时期(1928—1937)[M]. 北京:清华大学出版社,1991:782.
⑦ 英文博士论文题目为 Anglo-Chinese Diplomatic Relations(1856—1860)。

有《瑞士简史》等①。

H2 魏煜孙（约1916—?），英文名 Wei，Yu-Sun，福建福州人。毕业于国立中央大学，1944年赴英留学。1949年获剑桥大学哲学博士学位，博士论文题目为《英国外交和1894年英国刚果条约》②。历任外交部专员、科长，驻澳大利亚大使馆一等秘书③。

语言学和文学学科（下文用L表示），笔者共统计2位留英生：张心沧和钟作猷。

L1 张心沧（1923—2004），英文名 Chang，Hsin-Chang，上海人。1937年6月毕业于聂中丞公学，1938年秋考入沪江大学英文系，1940年任《沪江旁观报》执行编辑，1942年从沪江大学毕业。1947年赴英国爱丁堡大学深造，先后获得哲学博士、文学博士学位。1949年获得博士学位，其博士论文题目为《伊丽莎白早期英国戏剧的特点——以乔治·皮尔的作品为例》④。代表作有《斯宾塞小说中的寓意和礼俗：一个中国视角》（1955年爱丁堡大学出版社出版）、《中国文学：通俗小说与戏曲》（1973年奥尔丹出版公司和爱丁堡大学出版社分别出版）等⑤。

L2 钟作猷（1902—1988），英文名 Chung，Tso-You，四川双流人。1916年就读于成都联合县立四年制中学。1920年在北京大学文预科两年期满后升入该校外国语文系、英语系，专攻英国文学，兼读其他外国文学作品，获文学学士学位，留校任预科及本科英语教师。1927年至1934年，先后任北京大学讲师、副教授。之后赴英国爱丁堡大学留学，专攻英国文学。于1936年获英国文学博士学位，其博士论文题目为《萨克莱、狄更斯、金斯利·艾利特、梅利犹士及华特·培特的历史小说》⑥。回国后在四川大学、西北大学、光华大学、南开大学外文系任教授。主要讲授研究生的进修课

---

① 《江苏省高等学校教授录》编委会. 江苏省高等学校教授录[M]. 南京：南京大学出版社，1989：83.
② 笔者译。英文博士论文题目为 British Diplomacy and the Anglo-Congo Treaty of 1894。
③ 刘国铭. 中国国民党百年人物全书（上册）[M]. 北京：团结出版社，2005：499.
④ 笔者译。英文博士论文题目为 Early Elizabeth Dramatic Style with Particular Regard to the Works of George Peele。
⑤ 郑锦怀. 泉籍翻译家与中西交流 生平述介与著译考录[M]. 青岛：中国海洋大学出版社，2016：108 - 109.
⑥ 英文博士论文题目为 The Historical Novels of Thackeracy, Dickens, Charles Kingsley, George Elliot, George Meredith, and Walter Pater。

程。他用英文写成的书、论文及书评众多，比如 *Basic English Grammar*（《基本英文词典》，1932 年中华书局出版）、*Advanced Practical English Grammar*（《高级实用英文语法》，1933 年北京大学出版社出版）、*Foundations of English Rhetoric*（《英文修辞学基础》，1934 年中华书局出版）、*Higher English Writing and Prose Selections*（《高级英文写作与文选》，1935 年中华书局出版）、*Scots and English Contrasting Characteristics*（《苏格兰人和英国人特性之对比》，1938 年由中国评论社发表）、*Modern Scottish Literature*（《近代苏格兰文学》，1939 年《天下》月刊刊登），等等①。

社会学学科（下文用 S 表示），笔者共统计 1 位留学生撰写博士论文。这位留学生是吴文晖。

S1 吴文晖（1913—1990）②，英文名 Wu, Wen-Hui，广东梅县人。中学就读于梅县东山中学，1929 年到 1933 年就读于南京中央大学社会学系，毕业后留校任教。1936 年远赴英国伦敦大学进修，1938 年获社会学博士学位。其博士论文题为《现代中国农民的地位》③。抗战时回国任浙江大学（时迁贵州）教授和农经系主任、中央大学（时迁重庆）教授和农经系主任，是著名的农业经济学家。1949 年后任中山大学、华南农业学院教授、广东省农经学会第一届理事长④。

人类学和考古学学科（下文用 A 表示），笔者共统计 4 位留学生。他们分别是：许烺光、夏鼐、田汝康和吴金鼎⑤。

A1 许烺光（1909—1999），英文名 Francis L. K. Hsu，辽宁庄河人。1923 年转入南开中学，1930 年考入上海沪江大学社会学系。1933 年考入北京辅仁大学研究所。1937 年获得中英庚子赔款奖学金，留学英国伦敦大学政治经济学院，师从马林诺夫斯基，1938 年指导教授改为弗思。1940 年通过了博士论文《中国南部家庭的功能》⑥。1941 年受费孝通邀请回国任教，任国立云南大学副教授、教授；1943 年兼任社会学实地调查工作站代理站

---

① 《中国社会科学家辞典》（现代卷）编委会. 中国社会科学家辞典现代卷［M］. 兰州：甘肃人民出版社，1986：630.
② 袁同礼先生记录为：吴文辉。
③ 英文博士论文题目为 *The Position of the Peasant in Modern China*。
④ 《南京农业大学发展史》编委会. 南京农业大学发展史·人物卷［M］. 北京：中国农业出版社，2012：505–507.
⑤ 此处与袁同礼先生统计的共计 3 位人类学和考古学学科的留英博士生有出入。
⑥ 英文博士论文题目为 *The Functioning of a North China Family*。

长。1944年去美国，先后在哥伦比亚大学、康奈尔大学、西北大学、旧金山大学任教，曾兼任西北大学人类学系主任。著有《祖荫下：中国的文化与人格》（1948）、《中国人与美国人：两种生活方式》（1953）、《心理人类学》（1961，提出"心理人类学"概念）、《宗族、种姓与社团》（1963）、《文化人类学新论》（1969）等著作①。

A2 夏鼐（1910—1985），英文名 Shiah, Nae（Hsia Nai），浙江温州人。1934年从清华大学历史系毕业。1935年赴英国伦敦大学求学。1939年由于欧战爆发，他从英国出发，道经埃及，在开罗博物馆从事考古及文物研究工作达一年多，后返回中国。1946年伦敦大学授予其埃及考古学博士学位，其博士论文题目为《古埃及串珠》②。1942年回国后先后任职于中央博物院筹备处、中央研究院历史语言研究所、中国科学院考古研究所、中国社会科学院考古研究所和国家文物委员会。曾被中国、英国、德国、瑞典、美国、意大利等多国国家科学院授予荣誉。著有《考古学论文集》（1961）、《考古学和科技史》（1979）等③。

A3 田汝康（1916—2006），英文名 Tien, Ju-Kang，云南昆明人。1940年获昆明国立西南联合大学哲学心理学学士学位。1945年赴英国进入伦敦大学政治经济学院深造，1948年获社会人类学博士学位，其博士论文题目为《滇缅边境傣族的宗教仪式和社会结构》。曾任英国伦敦大学政治经济学院人类学系导师。在社会学、华侨史及东南亚各国史方面发表《十七世纪至十九世纪中叶中国帆船在东南亚航运及商业上的地位》等论文40余篇。著有《沙拉越华侨的社会结构》《中国进入机械化时代》《滇缅边境傣族的宗教仪式研究》等④。

A4 吴金鼎（1901—1948），英文名 Wu, Gin-Ding，山东安丘人。曾就读于安丘德育中学、潍县广文中学。早年肄业于齐鲁大学文理学院，1926年考入清华大学国学研究院，师从李济学习人类学。1928年至1929年间，他到山东章丘平陵考古调查，发现城子崖遗址。1930年初到中央研究院历

---

① 周川. 中国近现代高等教育人物辞典［M］. 福州：福建教育出版社，2012：179.
② 英文博士论文题目为 *Ancient Egyptian Beads*。
③ 王巍. 中国考古学大辞典［M］. 上海：上海辞书出版社，2014：81.
④ 《上海高等教育系统教授录》编委会. 上海高等教育系统教授录［M］. 上海：华东师范大学出版社，1988：143.

史语言研究所考古组工作，参与城子崖的发掘工作。1933年赴英国伦敦大学留学，1937年获博士学位，其博士论文题目为《中国史前的陶器》。抗日战争期间，先后在中央博物院筹备处和中央研究院历史语言研究所工作。抗战胜利后，曾主持齐鲁大学的恢复工作，任职于文学院、国学研究所、历史系等①。

教育学科（下文用E表示），笔者共统计1位留学生②。这位留学生是孙贵定。

E1 孙贵定（1893—1949），英文名Sen，Kwei-Ting，江苏无锡人。1913年从南洋公学毕业后赴英留学，1916年在英国爱丁堡大学获心理学学士和文艺科硕士学位。1916年秋入爱丁堡大学教育学专班攻读博士学位。1922年完成博士论文，题目为《小组意识及教育应用》。1923年回国后任职于厦门大学新闻科主任，任职于哲学系、教育科等。1937年到上海，任教于暨南大学等校。1946年起任光华大学教授、教育系主任。著有《教育学原理》《英文中国寓言》③。

哲学和神学学科（下文用Ph表示），笔者共统计1位留英生。这位留学生是韦卓民。

Ph1 韦卓民（1888—1976），英文名Wei，Francis Cho-Min，广东香山县人。幼时在私塾读书7年，这为他奠定了良好的国学基础。1903年到武汉，入读武昌美国基督教圣公会创办的文华书院备馆（中学部）预备班。1907年，韦卓民升读文华书院正馆（1909年改为文华大学），1911年毕业并取得学士学位。之后，他留校任教，接受洗礼成为基督教徒。1918年夏，在吴德施主教的帮助下，赴美国哈佛大学留学进修哲学，1919年获硕士学位。1920年秋，韦卓民回国，担任文华大学哲学教授。1924年，任华中大学副校长兼教务长、代理校长，1927年兼任教区理事会教育部长。北伐战争时期华中大学停办。1927年夏，韦卓民前往英国伦敦大学研究院深造，在著

---

① 王巍. 中国考古学大辞典 [M]. 上海：上海辞书出版社，2014：78.

② 另一篇为1951年严元章完成的博士论文。严元章（1909—1996），协金陵大学文学士（1931年），中山大学教育硕士（1939年）；1948年9月，接受英国文化协会奖学金，前往英国留学三年。1951年获伦敦大学国王学院哲学博士。博士论文题目为：《教育背景的比较：中国和英国教育发展中的历史、地理、文化、经济和政治因素》。

③ 孙轶旻. 近代上海英文出版与中国古典文学的跨文化传播（1867—1941）[M]. 上海：上海古籍出版社，2014：412.

名哲学家霍布候斯教授的指导下研究哲学。为博采众长，比较法国、德国等国家各种哲学流派的理论并取得有关资料，他先后到柏林大学、巴黎大学及牛津大学进修。1929 年取得哲学博士学位，其博士论文题为《伦理学和宗教的对比》。1931 年起，多次应美国芝加哥大学、耶鲁大学、哥伦比亚大学邀请担任特约讲师和教授。1934 年为扩建华中大学曾赴美国募集资金，并在其主持下，将华中大学向国民政府教育部立案。1946 年 8 月从美国讲学归来后继续主持华中大学校务①。

心理学学科（下文用 Ps 表示），笔者共统计 4 位留英生。他们分别是：吴定良、潘渊、陈立和曹日昌。

Ps1 吴定良（1894—1969），英文名 Woo, Ting-Liang，江苏金坛人。1920 年考入南京高等师范学校教育心理学系，师从陆志韦等人。1924 年毕业后留校当助教。1926 年，赴美国哥伦比亚大学心理学系攻读统计学。1927 年转学至英国伦敦大学继续攻读统计学，师从统计学与人类学家卡尔·皮尔逊教授。1928 年获博士学位，其博士论文题目为《手和眼睛的右旋和左旋》。1930 年，成为第一位"国际统计学社"的华人社员。1926 年到 1935 年留学期间的主要学术贡献如下：他与导师 Karl Pearson 及著名人类家 G. M. Morant 合作及单独发表论文 50 余篇，创立了相关计算法和相关显著性查阅表，驳斥了当时中国人大脑功能不如欧洲人的谬论。1935 年回国，任职于南京中央研究院历史语言研究所，后筹建体质人类学研究所。1945 年，任浙江大学史地系教授，开设普通人类学及统计学课。1948 年当选为首届中央研究院院士②。

Ps2 潘渊（1892—1974），英文名 Pan, Yuen，浙江绍兴人。1913 年毕业于浙江高等学校文科专业。1916 年赴京考取第一届高等文官，在教育部社会司第一科工作。1926 年考取官费赴英游学。在爱丁堡大学攻读教育学一年后，转至伦敦大学专攻心理学，1930 年获得博士学位，其博士论文题目为《情绪与意志之关系》③。后又到伯明翰、巴黎、日内瓦、罗马、维也纳、柏林等地参观大学。留学期间，他在商务印书馆的《留英学报》上发

---

① 中山市人民政府地方志办公室. 中山市人物志 [M]. 广州：广东人民出版社，2012：137.
② 吴定良. 吴定良院士文集 [M]. 北京：知识产权出版社，2014：639 – 641.
③ 英文博士论文题目为 The Relation of Feeling and Conation with Special Reference to the Hedonic and Hormic Theories。

表过《欧洲戏剧发达史》等文章。1931年秋回国,在湖北省教育学院工作一年。1932年到1933年任北师大心理学教授。1933年至1937年任北大教授。1937年在川下村兴办小学,著有《民族精神》等书。1941年,任浙江大学龙泉分校教授,后又兼任浙江师范学院英文系主任①。

　　Ps3 陈立(1902—2004),英文名 Chen, Lin,湖南长沙人。16岁时以七省教会小学联考第一名的成绩升入全国名校——武昌博文中学。1922年底,提前参加香港大学入学考试,因成绩出色被录取,但无钱入学。1923年底,高中毕业,留校任助教半年。1928年毕业于上海沪江大学。1930年夏,获得湖北官费留学名额,入伦敦大学心理学系攻读博士学位,导师是创立因素分析法的心理学大师斯皮尔曼。1931年春假赴比利时学习法语口语。1932年下半年去剑桥大学访问研究,师从巴特列特学习实验心理学,师从阿德里安(诺贝尔奖获得者)学习神经心理学。1933年7月通过伦敦大学博士学位论文答辩,其博士论文题目为《在感觉阈限上和智力活动中的起伏》②。下半年在英国国立工业心理研究所接受工业心理学培训。1935年中,写成《工业心理学概观》一书。1937年后,南下到长沙临时大学任教。1939年在浙江大学教育系工作,1941年加入美国心理计量学会。1942年任教于中山大学。1945年7月成立科学工作者协会③。

　　Ps4 曹日昌(1911—1969),英文名 Tsao, Jih-Chang,河北束鹿人。早年就学于北平师范大学预科和教育系、清华大学心理学系。1941年在西南联合大学哲学心理学系任教,1945年赴英国剑桥大学留学,1948年获哲学博士学位,其博士论文题目为《学习与记忆中的时间间隔》④。1948年到香港,任香港大学心理学系教授,兼理中国科学工作者协会香港分会事宜。译有《记忆》《实验心理学》,著有《珠算教学的研究》《学习与记忆中的时间间隔》《普通心理学》《心理学方法的建立》《关于心理学的基本观点》等教科书和著作,辑有《曹日昌心理学文选》⑤。

---

① 上虞县志编纂委员会编. 上虞县志[M]. 杭州:浙江人民出版社,1990:819.
② 英文博士论文题目为 *Oscillation at the Threshold and in Mental Work*。
③ 许康. 湖南历代科学家传略[M]. 长沙:湖南大学出版社,2012:492-495.
④ 英文博士论文题目为 *Time Interval's in Learning and Memory*。
⑤ 杨治良. 简明心理学辞典[M]. 上海:上海辞书出版社,2007:46.

（二）近代人文社会科学留英博士论文的统计分析

针对以上9个人文社会科学的28位留英博士，按其学科、姓名（中英文）、籍贯、在华就读学校、博士论文题目、博士毕业高校和博士授予时间类别制成表3-8：1916—1949年部分人文社会科学留英生博士论文题录。

表3-8 1916—1949年部分人文社会科学留英生博士论文题录

学科	序号	姓名（中英文）	籍贯	在华就读学校	博士论文题目	博士毕业高校	博士授予时间
国际法和国际关系	1	陈岱础 Chen, Tai-Chu	福建	燕京大学	China's Frontier Problems 中国边疆外交史	伦敦大学 London (LSE)	1937
	2	郑康耆 Cheng, Kang-Chi	广东	南洋公学	The Presentation of the Manchurian Question in the English Press, 1931—1933 1931—1933年英国报刊对满洲里问题的报道	伦敦大学 London (LSE)	1938
	3	李孟萍 Lee, Meng-Ping	湖南	中央大学	The Geneva Treatment of the Manchurian and Abyssinian Crises 满洲与阿比西尼亚危机的日内瓦治理	伦敦大学 London (LSE)	1946
政治科学	1	张宗良 Chang, Chung-Liang	安徽	中央大学	The English Police System and Its Applicability to Rural China 英国警政制度	伦敦大学 London (LSE)	1937
	2	陈伯骥 Chen, Paky	广东	暨南大学	The Theory and Practice of Chinese Democracy 中国民主的理论与实践	伦敦大学 London (LSE)	1939
	3	陈尧圣 Chen, Yao-Sheng	浙江	之江大学	The International Settlement of Shanghai 上海问题的国际化解决	伦敦大学 London (LSE)	1939

（续表）

学科	序号	姓名（中英文）	籍贯	在华就读学校	博士论文题目	博士毕业高校	博士授予时间
政治科学	4	张天开 Djang, Tien Kai	广东	清华大学	Factory Inspection in Great Britain 英国工厂检查制度	伦敦大学 London (LSE)	1940
	5	刘乃诚 Liu, Nai-Chen	安徽	金陵大学	Reform of Chinese City Government Based on European Experience 基于欧洲经验的中国市政改革	伦敦大学 London (LSE)	1930
	6	鲍必荣 Pao, Pih-Yong	安徽		Deconcentration and Decentralization in Modern Local Government 近代地方政府的分散和权力下放	伦敦大学 London (LSE)	1937
	7	吴恩裕 Wu, En-Yuh	辽宁	清华大学	The Evolution of Marx's Social and Political Ideas, with Special Reference to the Period 1840—1848 1840—1848年马克思社会和政治观念的演变	伦敦大学 London (LSE)	1939
	8	于望德 Yu, Wang-Teh	陕西	复旦大学	The English Cabinet, 1868—1917 1868—1917年英国的内阁	伦敦大学 London (LSE)	1937
	9	余铭 Yui, Ming	广东		The Principles and Policies of the Nine Power Treaty of 1922 in the Light of Subsequent Developments 1922年九国条约	牛津大学 Oxhon (Balliol)	1941
	10	李泰华 Lee, Tai-Hua	山东	清华大学	Feudal Society in Ancient China 古代中国的封建社会	伦敦大学 London (LSE)	1939

(续表)

学科	序号	姓名（中英文）	籍贯	在华就读学校	博士论文题目	博士毕业高校	博士授予时间
历史	1	蒋百幻 Chiag, Pei-Huan	湖南	中央大学	Anglo-Chinese Diplomatic Relations, 1856—1860 论 1856—1860 年的中英关系	伦敦大学 London（LSE）	1939
历史	2	魏煜孙 Wei, Yu-Sun	福建	中央大学	British Diplomacy and the Anglo-Congo Treaty of 1894 英国外交和 1894 年英国刚果条约	剑桥大学 Cantab（Selwyn）	1949
语言学和文学	1	张心沧 Chang, Hsin-Chang	上海	沪江大学	Early Elizabeth Dramatic Style with Particular Regard to the Works of George Peele 伊丽莎白早期英国戏剧的特点——以乔治·皮尔的作品为例	爱丁堡大学（Edinburgh）	1949
语言学和文学	2	钟作猷 Chung, Tso-You	四川	北京大学	The Historical Novels of Thackeracy, Dickens, Charles Kingsley, George Elliot, George Meredith, and Walter Pater 萨克莱、狄更斯、金斯利、艾利特、梅利犹士及华特·培特的历史小说	爱丁堡大学（Edinburgh）	1936
社会学	1	吴文晖 Wu, Wen-Hui	广东	中央大学	The Position of the Peasant in Modern China 现代中国农民的地位	伦敦大学 London（LSE）	1938
人类学和考古学	1	许烺光 Francis L. K. Hsu	辽宁	沪江大学	The Functioning of a North China Family 中国南部家庭的功能	伦敦大学 London（LSE）	1940
人类学和考古学	2	夏鼐 Shiah, Nae(Hsia Nai)	浙江	清华大学	Ancient Egyptian Beads 古埃及串珠	伦敦大学 London（UC）	1946

（续表）

学科	序号	姓名（中英文）	籍贯	在华就读学校	博士论文题目	博士毕业高校	博士授予时间
人类学和考古学	3	田汝康 Tien, Ju-Kang	云南	西南联合大学	*Religious Cults and Social Structure of the Shan States of the Yunnan-Burma Frontier* 滇缅边境傣族的宗教仪式和社会结构	伦敦大学 London (LSE)	1948
人类学和考古学	4	吴金鼎 Wu, Gin-Ding	山东	齐鲁大学、清华大学	*Prehistoric Pottery in China* 中国史前的陶器	伦敦大学 London (Courtauld)	1937
教育	1	孙贵定 Sen, Kwei-Ting	江苏	南洋公学	*Group Consciousness; with Special Reference to Educational Applications* 小组意识及教育应用	爱丁堡大学 (Edinburgh)	1922
哲学和神学	1	韦卓民 Wei, Francis Cho-Min	广东	文华大学	*Comparative Ethics and Religion* 伦理学和宗教的对比	伦敦大学 London (LSE)	1929
心理学	1	吴定良 Woo, Ting-Liang	江苏	南京高等师范学校（东南大学）	*Dextrality and Sinistrality of Hand and Eye* 手和眼睛的右旋和左旋	伦敦大学 London (UC)	1928
心理学	2	潘渊 Pan, Yuen	浙江	浙江高等学校	*The Relation of Feeling and Conation with Special Reference to the Hedonic and Hormic Theories* 情绪与意志之关系	伦敦大学 London (UC)	1930
心理学	3	陈立 Chen, Lin	湖南	沪江大学	*Oscillation at the Threshold and in Mental Work* 在感觉阈限上和智力活动中的起伏	伦敦大学 London (UC)	1933
心理学	4	曹日昌 Tsao, Jih-Chang	河北	清华大学	*Time Interval's in Learning and Memory* 学习与记忆中的时间间隔	剑桥大学 Cantab (King's)	1948

在年代分布上，笔者以10年为分界点对28名博士进行统计。1916年到1926年，留英博士人数为1名；1927年到1937年，留英博士人数为12名；1938年到1949年，留英博士人数为15名（其中1949年2名）。

从籍贯分布来看，28名博士籍贯中人数最多的省份是广东，有6人，占21%；其次是浙江、湖南和安徽，均为3人，占11%；福建、辽宁、山东和江苏各2人，占7%；上海、陕西、四川、云南、河北各1人，占4%。

从在华高校分布来看，这28名博士中，除政治科学的鲍必荣和余铭资料不全外，在其余26名博士中，来自清华大学的有6名，来自中央大学的有5名，沪江大学的有3名，南洋公学的有2名，来自燕京大学、暨南大学、之江大学、金陵大学、复旦大学、北京大学、西南联合大学、文华大学、东南大学、浙江高等学校的各1名。26名留英博士中有8名来自教会大学，即沪江大学（3名）、燕京大学（1名）、之江大学（1名）、金陵大学（1名）、文华大学（1名）和齐鲁大学（1名），这6所教会大学均为基督教教会大学。

从在英高校分布来看，28名博士中毕业于伦敦大学的人数最多，有22名，占总人数的78.6%，属于绝对多数。其中17名来自伦敦大学政治经济学院（LSE），4名来自大学学院（UC），1名来自考陶德艺术学院（Courtauld）。毕业于爱丁堡大学的有3名，占总人数的10.7%。毕业于剑桥大学的有2名，占总人数的7.1%。毕业于牛津大学的有1名，占总人数的3.6%。

（三）近代人文社会科学留英博士群体的教育作为

综上所述，从以上9个人文社会科学28位留英博士的名录中我们不难发现，在1916—1949年期间取得博士学位的留英生回国后服务于文教科研、外交部和政府机关，成为所在领域的杰出人才。

第一，留英人文社科博士论文选题，既有涉猎对英国及其他国家文化的考察、介绍、研究、评价的主题，又有关注中英文化教育异同的比较与融合的主题，还有探究如何在外来文化的冲击下继承、扬弃、发展中国传统文化的主题，选题有现实意义。

研究哲学学科的韦卓民从比较的视角，用英文发表了有关中西文化等方面的论文，特别是就对待中国文化的态度及保存中国文化的方法问题上进行了极有价值的探索。作为英籍华裔汉学家，致力于文学学科的张心沧对中国古典小说研究颇深。他将《镜花缘》的部分故事情节与斯宾塞小说进行对比研究，还翻译了《红楼梦·花冢》，编译了《中国文学：通俗小说与戏曲》，将中国文学介绍并传播到英国。政治科学学科的吴恩裕在曹雪芹的生平家世及《红楼梦》版本研究领域贡献很大，是著名的《红楼梦》研究专家。

第二，人文社科留英博士生回国任教，充实了政治学、人类学、社会学、心理学等专业的师资队伍，引领和更新了近代中国的人文社科的学科建设。

虽然中国近代政治学科的形成在前期受日本风格、后期受美国模式的影响很大①，但是从上面统计的获得政治学博士的 10 位留英学生来看，他们回国后都投身于中国的政界和学术界。近代政治学科的发展也少不了英国的影响，如刘乃诚曾担任武汉大学政治系主任、教授，而且是民国时期"中国政治学会"的发起人之一。他著作论文颇多，学术造诣深厚。吴恩裕曾担任重庆中央大学、北京大学政治学系教授，北京政法学院教授，中国社会科学院研究员等。

心理学科的吴定良师从英国著名的统计学与人类学家卡尔·皮尔逊教授，他依托自身的心理学背景的重要理论支撑来拓展学术发展，从事人类学研究。回国后筹建体质人类学研究所并组织成立中国人类学学会。陈立先生回国后先后在中央研究院和清华大学心理研究所、浙江大学、浙江师范学院等工作。他致力于心理学教学、科研事业，是我国工业心理学的创始人，是智力理论和心理测验研究的先驱，出版了全国第一部工业心理学方面的专著②，是我国心理学一代宗师。潘渊先生回国后，先后在湖北省教育学院、北京师范大学、北京大学、浙江大学龙泉分校、浙江师范学院、山东师范学院等工作，翻译心理学名著并撰写学术专著。曹日昌则开创了中国现代心理学事业。他在学习、记忆方面的研究贡献卓著，筹建中国科学院心理研究所，负责重建中国心理学会，主编中华人民共和国成立以来第一本普通心理学教科书，翻译国外心理学方面的专著，为介绍和传播西方心理学研究成果

---

① 刘杰. 中国近代政治学的形成研究 [M]. 北京：中国政法大学出版社，2016：128 – 133.
② 浙江省科学技术协会志编纂委员会. 浙江省科学技术协会志 [M]. 北京：方志出版社，1999：447.

到中国做出了贡献。

社会学学科的吴文晖曾任浙江大学、中央大学的教授和农经系主任，开拓了中国农业经济学研究领域。人类学的许烺光创立了"心理人类学"。考古学科的吴金鼎一生致力于对中国新石器文化的研究，他在中国史前陶器的认识和评价、对龙山遗址的发现及城子崖的发掘等方面有突出成就。

哲学学科的留英哲学博士生韦卓民在英国伦敦大学著名哲学家霍布候斯教授指导下研究哲学。他在西方哲学史方面的造诣最高深，翻译了包括《纯粹理性批判》和《判断力批判》在内的有关康德哲学的10部专著，还翻译并撰写了4部有关黑格尔哲学和逻辑学方面的著作①，丰富了中国哲学学科的研究领域。

但从搜集到的文献资料来看，值得注意的是：留英博士生的教育学论文数目与同时期统计到的留美教育学博士论文的数目形成鲜明对比。据刘真统计，从1905年到1960年，中国留学生在美国获得教育博士学位共有147人②。其中，1905年到1935年留美的教育类博士论文共计51篇，而中国留英生完成的教育类博士论文数目却很少，只有孙贵定的1篇博士论文③。另外，阎书昌的《中国近代心理学史1872—1949》统计了1919—1949年中国心理学留学生博士论文题录〔涵盖《中国留美同学博士论文目录（1905—1960）》《中国留学大不列颠及北爱尔兰同学博士论文目录（1916—1961）》《中国留学欧洲大陆同学博士论文目录（1907—1962）》〕，共计63篇。其中从英国取得博士学位的论文共计4篇（留学生分别是吴定良、潘渊、陈立、曹日昌），占6%，而从美国取得博士学位的论文共计48篇，占76%④。以上两组数据清晰地展现了近代留学生在英美两国所取得的教育类、心理学类博士论文数目的显著差异。这从一个侧面说明，英国和美国对中国教育心理领域的影响有相当大的差别。也就不难理解近代中国的教育界没能形成学习英国的高潮的原因了。

---

① 王世鹏.韦卓民：学者的素养——从《韦卓民全集》出版说起［N］.光明日报，2017-07-20.
② 刘真.留学教育：中国留学教育史料（第3册）［M］.台北："国立"编译馆，1980：1144.
③ 王小丁.中美教育关系研究（1840—1927）［D］.保定：河北大学博士论文，2007：163.
④ 阎书昌.中国近代心理学史（1872—1949）［M］.上海：上海教育出版社，2015：99-103.

三、留英生严复、曾宝荪的教育贡献

在前述漫长的一百多年的近代留学英国教育史中，出现了两位较有影响力的人物。一位是官费留学派遣的严复，一位是民间自费留英的曾宝荪。严复是近代中国第一个真正了解西方思想文化的启蒙思想家。与同时期的其他政治活动家不同的是，严复将自己一生的大部分时间都奉献给了教育事业。严复总共在英国学习两年，这段经历使严复的思想既有保守、传统的一面，又有西方资产阶级启蒙思想的烙印。面对中国近代风雨飘摇、内忧外患的局面，严复提出教育救国思想、三育思想和实证教育思想。而同为晚清时期的自费留学生曾宝荪也是近代知名人物，她是近代著名的女教育家、湖南近代女子教育的先锋人物。曾宝荪少年时期在英国老师巴路义女士（Miss Louise Barnes）的资助下，前往英国留学，成为伦敦大学第一个获得理科学士的中国女性。曾宝荪的留英经历深深影响了其回国后创办艺芳女校的教育思想和实践。本节分别以严复、曾宝荪在英留学的经历为切入点，探讨留学英国对其各自教育思想、教育实践的影响，并进一步揭示其二人对现今中国教育改革的启示。

（一）严复的留英经历及其在中国教育界的重要地位

严复（1854—1921），原名传初，字又陵，是中国近代以来杰出的启蒙思想家、教育家、翻译家。他生于福建省侯官的一个中医世家，其父严振先是当时的名医。他幼年十分聪明，7岁开始求师、接受严格的旧学教育，11岁师从有"宿儒"之称的黄少岩学习"四书五经"。出生在士绅之家的严复本应按照父亲期望的那样通过科举踏入仕途，做一个达济天下的儒官。但父亲在他13岁时去世，他因家道中落而辍学，不能将此前一直接受的正统封建教育继续下去。同年5月，严复以《大孝终身慕父母论》这篇文章获得沈葆桢的赏识，以第一名的成绩考入洋务派创办的福州船政学堂。严复在这里接受传统的中式教育，读"四书五经"、《孝经》等，同时也接受西方教育，严复的西学之路由此开始。经过5年的努力，严复以最优的成绩在福州船政学堂毕业。1877年，严复有幸成为清廷选派至英国皇家海军学院"深究其驶船之方,及其练兵制胜之理"的 12 名学生之一。在此期间,严复主要修习军事课程以及一些与海军有关的自然科学知识,并与驻英使节郭嵩焘结为忘年交,两人时常就中西方的学术、政治的异同展开讨论。两年后严复受命回国,在福州船政学堂就任教习一职,改名复,字几道。不久李鸿章就将他调至北洋水师学堂任总教习,随后他又担任会办、总办等职。1912 年他出任京师大学堂校长。严复将自己的大部分时间和精力都倾注在教育事业上,并在长期的教育实践中总结其教育理念,对中国近代教育影响深远。

19 世纪中国内忧外患。严复 13 岁之前一直生活在相对落后的南方村落,这里地理环境相对闭塞,思想上几乎没有受到西化的影响。在船政学堂里严复选择了教授英文的驭船学堂,英文成为他接受西方思想的媒介。"西方科学要求的精确性和能力训练与严复原有的严谨治学态度结合了起来,这种严谨的治学态度可能来自他早年受到的'汉学'家治学方法的训练"①。甲午战争惨败后,中国的现状使他的思想终于得以宣之于众。1895 年,严复连续在天津《直报》上发表《论世变之亟》《原强》《辟韩》《原强续篇》《救亡决论》等文,大声疾呼变法维新,自强图存②。同时他认为,造成东西方差距的根本原因在于思想和价值观。因此,他结合当时中国的实际情况,对旧式教育进行批判,呼吁开展新式教育。

严复既处在一个风雨飘摇、国力衰退的年代,同时又处在"西学东渐"日趋高涨的历史语境中。一方面,接受过系统全面的封建教育的严复虽然在旧式教育中游刃有余,但是他仍然认为当时的"八股"制度的危害已经远远大于它所发挥的作用。中国要想摆脱积贫积弱的现状,一场教育改革势在必行。因此,他曾在给友人的信中说道:"顾念吾国讲教育者将及十年,而迄视所为,皆如盲者论锦,聩者说钟。使皖人果相信,则为定规章,聚师资,使数年之中,费不虚掷,士可期成。"③ 另一方面,严复留学回国之后,在西学上有很高的造诣。他认为会通中西不仅要超越、批判旧学,也要对西学中的糟粕加以摈弃,在吸收西学的过程中要结合中国的具体实际。

---

① 史华兹. 寻求富强:严复与西方 [M]. 叶凤美,译. 南京:江苏人民出版社,1996:24.
② 高中理. 严复:会通中西与教育维新 [J]. 北京大学学报(哲学社会科学版),1998(2):127-133.
③ 王栻. 严复集(第 3 册)[M]. 北京:中华书局,1986:569.

1. 严复的留英经历

严复教育思想的形成离不开他的留学经历，他在"两年多的时间中，对于西方资本主义的社会及其文化思想，已有了相当深刻的了解"①。他在英国所接触到的各种理论为他的教育思想的形成提供了基础。

（1）严复的留英经历对其教育理念的影响

严复在英国已经对达尔文有所了解，并且达尔文的进化论观点都被描述进其《物种起源》一书当中，严复用"物竞天择、适者生存"来对进化论进行总结。赫胥黎的进化思想对严复的影响同样不能忽视，严复将其著作《进化论与伦理学》以《天演论》为名进行了翻译，加入了大量的注释和介绍，并在"按语"中将其与中国哲学的概念和方法进行了比较。严复赞同赫胥黎"竞争生存""优胜劣败"的思想，他说："以天演为体，其用有二：曰物竞，曰天择。此万物莫不然，而于有生之类为尤著。"② 严复认为，这种观点不仅能解释自然界的发展规律，也能解释人类社会的发展规律。因此他提出："是故天演之事，不独见于动植二品中也。实则一切民物之事，与大宇之内日局诸体，远至于不可计数之恒星，本之未始有始以前，极之莫终有终以往，乃无一焉非天之所演也。"③ 因为产生并接受了这样的想法，严复认为，民智未开是影响中国增强自身实力的一大障碍，想要改变中国当时的情况，教育救国迫在眉睫。

早在1881年，严复就读过斯宾塞的《社会学研究》（严译本名为《群学肄言》），这是影响严复思想的一件大事④。斯宾塞的社会教育学理论也使严复受益匪浅，在斯宾塞的书中，严复看到了西方科学方法对国家治理的重要作用。他在著作《原强》中介绍过达尔文和斯宾塞的思想，曾评斯宾塞所著《教育论》道："斯宾塞尔全书而外，杂著无虑数十篇，而《明民论》《劝学篇》二者为最著。《明民论》者言教人之术。《劝学篇》者，勉人治群学之书也。其教人也，以浚智慧、练体力、厉德行三者为之纲。"⑤ 通过斯宾塞，严复以一种不同的视角看待西方社会，他在《原强》中写道："盖

---

① 王栻. 严复传 [M]. 上海：上海人民出版社，1957：10.
② 王栻. 严复集（第5册）[M]. 北京：中华书局，1986：1324.
③ 王栻. 严复集（第5册）[M]. 北京：中华书局，1986：1326.
④ 史华兹. 寻求富强：严复与西方 [M]. 南京：江苏人民出版社，1996：29.
⑤ 王栻. 严复集（第1册）：诗文上 [M]. 北京：中华书局，1986：17.

生民之大要三，而强弱存亡莫不视此：一曰血气体力之强，二曰聪明智虑之强，三曰德行仁义之强。"这对严复教育思想的形成产生了极大的影响。

此外，近代英国经验论和科学方法论的传统也给严复以深刻的影响。在他看来，西方诸国之所以船坚炮利，国力富强，主要就在于以各种科学作为根据；而之所以有各种科学，则在于有新的哲学观念及指导方法。同时卢梭和洛克的"天性论"对严复教育思想的形成也产生了影响。严复对卢梭从"天性论"出发而提出的自然教育理论非常赞成。因此，他认为教育应当遵从天性，顺其自然，不能强加改造，要让每个学生以天性为师。

洛克是英国早期著名的思想家、政治家和教育家。当时英国普遍认同天赋观念，即"人们单凭运用他们的自然能力，不必借助于任何天赋的印象，就能够获得他们所拥有的全部知识；他们不必有任何这样一种原始的概念或原则，就可以得到可靠的知识"①。洛克对这种观念进行了批驳，他认为："那么我们就假定心灵像我们所说的那样，是一张白纸，上面没有任何记号，没有任何观念。心灵是怎样得到那些观念的呢？它是从哪里获得由人的忙碌而不受约束的幻想以几乎无限多的花样描画在它上面的那许多东西的呢？它是从哪里得到理性和知识的全部材料的呢？我用一句话来答复这个问题：是从经验得来。我们的全部知识是建立在经验上面的，知识归根到底都是导源于经验的。"② 这是一种反对天赋观念的思想，洛克认为知识是后天习得的，因此教育对儿童来说十分重要。他认为每个人受教育权利都是平等的，家庭教育对儿童来说至关重要，家庭应该担负起将儿童教育得强壮、高雅的责任。严复将这种"白板论"译为"白甘"，"智慧之生于一本，心体为白甘，而阅历为采和，无所谓良知者矣"③。这是说人的心灵像一张白纸一样，生来纯洁，没有任何观念和标记，所有的观念和知识都是从阅历中得来的。由于受到洛克的影响，严复认为中国的教育需要改革，对儿童的教育不应该囿于书本学术知识，更应该对他们进行体能、智慧和品德教育，以期

---

① 北京大学哲学系外国哲学教研室. 西方哲学原著选读 [M]. 北京：商务印书馆，1981：447 - 448.

② 北京大学哲学系外国哲学教研室. 西方哲学原著选读 [M]. 北京：商务印书馆，1981：450.

③ 语本《礼记·礼器》："甘受和，白受采，忠信之人，可以学礼。"甘受和：甘味无特性，能接受诸味之和。白受采：白色无特色，能接受各种色彩。

在根源上提升整个民族、国家的整体素质。

（2）严复的留英经历对其教育实践的影响

在英国留学的两年期间，严复学习了西方的自然科学与技术。经过了这种近距离的观察后，严复发现，中国要想富强，单单学习西方的科学技术是远远不够的，还应该在政治、经济等方面向西方学习。要使这些领域得到发展，教育是必不可少的。同时，严复也阅读了大量资产阶级政治学术理论著作，他所接触到的这些有关西方的学说对他教育理论的形成有着很大的影响。而他在英国耳濡目染的西式思维方式也将他的思想提升到了一个新的高度，指导了他回国后的教育实践。

1879年严复受清廷所召，回到福州船政学堂担任教习。在授课期间，严复将自己在英国所学的海军知识全部教授给学生，并且在自己的教育实践中总结教育思想。1880年严复受李鸿章之邀就任北洋水师总教习，在此期间他亲自操办学校的一切事务，包括学校的筹设和教育教学活动的组织及管理。严复接受过西方近代科学教育的熏陶，具备一定的科学理性思维，因此在教学实践中他以自身在留学期间获得的科学理念为指导。1906年3月至1907年6月，严复受聘到安徽高等学堂任监督，在这期间他提倡学生学习西学。对已有教育基础的学生进行心理学和教育学的科学教育，并且提出学好西学要先学好英语的建议，要多读外文原著，以便于更好地领悟西学中的内涵，如自由、平等、博爱等。严复认为，学术必求之初地而后得其真。努力用自己的耳目心思之力，研究天地之间现象的人是上等；其次是乞灵于书本的流传和师友的教授，但是这两点一定要靠本来用的语言文字；最下是求之翻译①。在严复对安徽高等学堂的改造过程中，一大批热爱西学的学生受到他的影响，如王星拱、刘贻燕、俞希禹、高一涵等，这些人对中国近代的科学教育及实业方面都做出了不可磨灭的贡献。1912年严复受命任京师大学堂总监督。同年5月，京师大学堂改名为北京大学，严复则为大学校长。在执掌北大期间，严复根据自己在英国留学所积累的理论知识及回国教育实践总结出的经验，对北大进行了改革，并将北京大学于危难之际保留了下来。严复在《论北京大学校不可停办说帖》中提出："宗旨兼保存一切高尚之学术，以崇国家之文化。"同时他提出的文科宜"兼收并蓄，广纳众流，

---

① 沈灌群. 从鸦片战争到五四运动时期的教育 [M]. 北京：教育科学出版社，1984：135.

以成其大"更是成为蔡元培"兼容并包"办学方针的先鉴。

2. 严复教育思想的内容

（1）教育救国思想

在英国留学期间，严复时常思考一个问题：西方富强的根本原因到底是什么。正是带着这样的疑问，严复在两年里将自己的见闻铭记于心，并多加思索。与国内的混乱环境相对，英国的富强及保障国家运行的政治、经济、教育、文化等各个领域都欣欣向荣，这使得解决国内问题越加显得迫在眉睫。两年的留英经历使旧学基础扎实的严复在思想上受到了启发，两种不同的思考方式和思想体系在他的头脑中碰撞融合又生成新的思想火花。严复在北洋水师学堂执教期间，由于思想理念与李鸿章有所背离，虽然在职位上得到升迁，但实际上并不能参与决策。因此严复郁郁不得志，认为不出三十年，中国的领土和藩属就要被侵占而尽，到时候就会像老牛一样被外国侵略者牵着鼻子走。而斯宾塞的社会教育学说使严复意识到了教育的重要性，在之后的教育生涯中他一直主张教育救国思想。当时的中国内忧外患，特别是1894年甲午战争的失败使国内的情况更加糟糕，这使严复深受震动，他连续发表了数篇"激进"的论文。王栻认为："在中国两千多年特别是中国近代的思想史上，严复占有显著的地位。严复生平活动的主要时期是在甲午战争之后，当时民族危机空前严重，严复正是中国思想史上第一个系统介绍西方学术、提倡资产阶级思想与文化的旧中国的资产阶级启蒙思想家。"[①] 严复在教育方面主张西化的倾向非常明显。他主张在解决中国的问题时采用西方的知识和方法，他的教育救国论的核心在于提倡西学，大力废除旧式教育。严复认为只有科学的新式教育才能救中国于水火，才能挽救当时危亡的局面。

（2）三育思想

教育内容是教育体系的重要组成部分。在严复看来，不符合实际情况的封建教育对承载民族希望的儿童来说是一种禁锢。严复的教育思想与西方的思想有很深的渊源，他通过翻译赫胥黎的《进化论与伦理学》，将一种对当时的中国人来说前所未闻的世界观介绍给大众，并主张从"民力""民智""民德"三个方面考察一个民族的实际情况。严复在教育内容上的改革围绕

---

① 王栻. 论严复与严译名著 [M]. 北京：商务印书馆，1982：1.

"三育",即体育、智育、德育三个方面展开。"是以讲教育者,其事常分三宗:曰体育、曰智育、曰德育,三者并重,顾主教育者,则必审所当之时势,而为之重轻。"① 他说:"国与国而竞为强,民与民而争为盛也,非以力欤?虽然,徒力不足以为强且盛也,则以智。徒力与智,犹未足以为强且盛也,则以德。是三者备,而后可以为真国民。"② 又说:"发明富强之事,造端于民,以智、德、力三者为之根本。"③ 当时中国有不少人深陷鸦片的泥淖,甚至被洋人耻为"东亚病夫",提高全体国民尤其是儿童的体质就显得尤为重要。因此严复主张"鼓民力",他说:"今者论一国富强之效,而以其民之手足体力为之基。"④ 即通过体育锻炼提高人的身体素质,从而进一步促进人的心理健康。严复认为当时中国当务之急就是禁鸦片和禁止妇女缠足。而只有身体健康,才能使德育和智育进行下去。因此严复认为国家和人民都应该重视体育的作用。在智育方面严复主张"开民智",就是鼓励民众学习西方的自然科学知识、文化知识、经济知识、政治知识,注重实证的思维方式。他认为:"欲开民智,非讲西学不可;欲讲实学,非另立选举之法,别开用人之涂,而废八股、试帖、策论诸制科不可。"⑤ 要使民智提高就必须将西方先进的教育制度引进到中国。严复对旧教育进行了彻底的批判,他认为首先应该废除八股取士的科举方式,主张兴办新学堂。严复也曾主张过全盘的西化,但是他发现在传统文化中有传承下来的智慧和民族特色。因此在开民智的过程中,他提出要注意决不能抛开民族传统中优秀的部分。在德育方面严复主张"新民德"。"新民德"主要是在道德方面进行改造,中国几千年的封建教育和统治使人民的身心无法得到完整的自由,民德也就无从发展。严复提出:"法令始于下院,是民各奉其所自主之约,而非率上之制也;宰相以下,皆由一国所推择。是官者,民之所设以厘百工,而非徒以尊奉仰戴者也,抚我虐我,皆非所论者矣。出赋以庀工,无异自营其田宅;趋死以杀敌,无异自卫其室家。"⑥ 因此以西方资产阶级的自由、平

---

① 严复. 论教育与国家之关系 [J]. 东方杂志,1906,3(3):30-31.
② 王栻. 严复集(第2册):诗文下 [M]. 北京:中华书局,1986:252-253.
③ 王栻. 严复集(第3册) [M]. 北京:中华书局,1986:514.
④ 王栻. 严复集(第1册):诗文上 [M]. 北京:中华书局,1986:27.
⑤ 王栻. 严复集(第1册):诗文上 [M]. 北京:中华书局,1986:30.
⑥ 王栻. 严复集(第1册):诗文上 [M]. 北京:中华书局,1986:31.

等观念来对中国人进行教化是有着非常重要的意义的。所谓"新民德",首先就是要将自由还给人民。显然,专制统治和封建礼教都是"新民德"道路上的绊脚石。

（3）实证教育思想

严复认为,教育不仅是要让人多接触新的知识,更是要通过教育来锻炼学生的思维方式,不仅要重视横向知识的增多,更应该注重纵深的了解和发掘。中国的旧式教育都是师长将课本上的知识传授于学生,学习的内容主要是所谓义理、考据、辞章之学。严复认为:"夫言词文字者,古人之言词文字也,乃专以是为学,故极其弊,为支离,为逐末,既拘于墟而束于教矣。"① 他主张学生在学习前人的"言词文字"时,要在个人经验的基础上加入实证。与中国传统教育不同的是,西方的科学教育对实证非常重视。严复认为"一理之明,一法之立,必验之物物事事而皆然,而后定之为不易"②。严复的实证方法包括"考订""贯通""试验"三个层次。其次是逻辑方法,"于格物穷理之用,其涂术不过二端。一曰内导（归纳）；一曰外导（演绎）"③。严复对逻辑方法的重视曾被美国学者史华慈教授评价为"具有阿基米德式高瞻远瞩的能力"④。在英国接受了两年教育的严复也将注重实践纳入到新教育教学方法的改进之中。同时严复还认为,在教学方法上"必使学者之心,与实物径按,而自用其明,不得徒资耳食,因人学语"⑤。提倡以经验论和归纳法为主要内容的科学教育观点是严复对教育方法改进方面的重大贡献。

3. 严复在中国教育界的重要地位

严复是中国近代卓越的启蒙思想家、教育家和翻译家。作为中国近现代教育史上一位举足轻重的先驱,他将自己一生大部分的时间和精力都奉献给了教育事业。"即使在晚年对变法革新丧失信心,也一直重视教育,特别重视对智力的培养"⑥。在英留学的经历使严复的人生发生了巨大的转变。

---

① 王栻. 严复集（第2册）：诗文下 [M]. 北京：中华书局,1986：237-238.
② 王栻. 严复集（第1册）：诗文上 [M]. 北京：中华书局,1986：45.
③ 王栻. 严复集（第1册）：诗文上 [M]. 北京：中华书局,1986：94.
④ SCHWARTZ B. In Search of Wealth and Power：Yan Fu and West [M]. Cambridge：The Belknap Press of Harvard University Press,1964：142.
⑤ 王栻. 严复集（第1册）：诗文上 [M]. 北京：中华书局,1986：16.
⑥ 张志建. 严复思想研究 [M]. 桂林：广西师范大学出版社,1989：119.

首先，严复在英期间努力学习海军技术知识，提高军舰驾驶技术。回国后，严复在授课过程中将自己所学的科学知识和技能都传授自己的学生，并在实践中检验自己掌握的知识，从中提取出有用的、符合中国实际的教育思想。他的这些思想对于经济高速发展、科学日新月异的今天仍有很强的借鉴作用。

其次，严复留学时的英国正处于维多利亚时代，其繁荣触动了他的心灵。他"尝入法庭，观其听狱"，从制度层面及价值观念上探索西方富强的奥秘。这为他解决中国社会问题提供了一个现实榜样①。

再次，严复在留学期间阅读了大量西方著述，吸收了其中的精华并能够结合自身的留学经历和教育实践总结出一系列教学理念，这对突破旧学的桎梏发挥了重大的作用。

最后，严复还十分注重国民的素质教育。为了达到这一目的，严复对旧学进行了深刻的批判，同时认为新式教育至少要通过"鼓民力""开民智""新民德"的方法使国民的整体素质有所提高。虽然现在看来，教育救国论并不能完全解决中国当时的困境，但在当时的历史条件下，能有这样的思想并将其付诸实践确实是一种突破。

当今社会经济发展迅速，科技水平不断提高，人才成为 21 世纪最宝贵的资源，因此合理的教育制度成为国家富强的保障。不管是发达国家还是发展中国家，都对教育十分重视，中国应该继续贯彻"科教兴国"的战略，吸收不同的教育理念，包括严复的教育救国论。同时也要取其精华去其糟粕，将不同的教育理念与中国的实际情况相结合，这正是我们如今研究严复教育思想的价值所在。

（二）曾宝荪的留英经历及其归国后的教育活动

曾宝荪（1893—1978），生于北京，字平芳，别号浩如。其曾祖父是学问显赫、治家有方的"清朝第一流人物"曾国藩。曾宝荪是大房长孙女，幼年聪颖好学，4 岁开蒙入富厚堂家塾就学，由祖母艺芳老人郭筠亲自教导。家塾时期，曾宝荪不仅学习国文、史地，同时还要学习外国文字。曾宝

---

① 陈勇军，虞文华. 严复和梁启超宪政思想的几点比较 [J]. 船山学刊，2008 (4)：208 - 211.

荪 14 岁来到上海,先后在上海晏摩氏女校、上海西门务本女校、浙江公立女子师范学校、冯氏高等女校就读①。1912 年曾宝荪由她在冯氏女校学习时的校长巴路义女士带领前往英国伦敦留学,在此期间曾宝荪刻苦学习,成为伦敦大学第一个获得理科学士的中国女性,亦是中国第一位女性理学学士。1918 年初,曾宝荪学成归国,放弃去冯氏女校等学校任教的机会,以家族私产在长沙设大学预科学校——艺芳女校。可以说留英经历使曾宝荪的教育思想更加深刻、完善,艺芳女校也成为中国近代教育史上的一枝独秀。

1. 曾宝荪留英的缘来

(1) 曾氏家风的传承

自曾国藩的太高祖曾元吉起,便鼓励子女读书,希望通过读书改变家族的境遇,有学者称:"他勤于耕作,家境日渐丰裕,开启了大界曾氏繁荣昌盛之象,也奠定了曾氏家族'耕读传家'的基础。"② 受家训影响,曾国藩一生重视教育,他曾说:"凡人多望子孙为大官,余不愿为大官,但愿为读书明理之君子。"③ 曾国藩十分注重家教,他常以书信为载体,于琐碎事物之中授子女以大道理。他曾嘱咐长子曾纪泽每次写信都要巨细靡遗,"详陈一切,不可草率。祖父大人之起居,阖家之琐事,学堂之工课,均须详载"④。同时曾国藩也是晚清洋务运动的倡导者和实践家,对中国近代教育有开风气之先的积极影响。他也鼓励子女出国留学,其子曾纪泽曾出任晚清英、法、俄三国公使,在事关民族利益与尊严的外交活动中表现不凡,理论素养十分专业,这些都对曾家后代出国留学产生了极大的影响。

曾宝荪的祖母郭筠是曾氏女眷中杰出的一位。郭筠秉承曾氏家训,以女主持的身份将曾氏在湖南的私塾——富厚堂打理得井井有条。曾宝荪初开蒙时便由祖母亲自教导,在学习中国传统古籍的同时,还学习外语、音乐、绘画等课程。此外,她幼年时常在朴记书楼翻阅曾纪泽的藏书,其中大部分是英法文等书,这些为她日后留学打下了良好的基础。她曾在回忆录中写道:"关于我的祖母,我要多说明些。因为没有祖母,我们孙辈的教育,就会毫

---

① 赵世荣. 女杰之乡——荷叶纪事 [M]. 长沙:湖南人民出版社,2005:157.
② 韩洪泉. 曾国藩的家风源流与家教实践 [J]. 湖南人文科技学院学报,2014 (4):15 - 22.
③ 曾国藩. 曾国藩家书 [M]. 长沙:湖南人民出版社,2014:138.
④ 曾国藩. 曾国藩家书 [M]. 北京:中国言实出版社,2017:239.

无成就。"① 郭筠对子孙的教育并不囿于传统文化,"我祖母的教育宗旨也很特别,她不赞成八股文章,也不愿两孙去考秀才,但她要我们学外国文字"。同时,郭筠经常阅读杂志报纸,对当时的政治时事也有自己的看法。

曾宝荪的父亲曾广钧早慧好学,小时最得曾国藩的喜爱。在曾宝荪幼年时,他不许人给她缠足、定亲,又在她准备加入基督教及留学英国时写长信为其答疑,并嘱咐她不可因宗教而忽略社会科学。因此曾宝荪虽生在一个传统儒家家庭,却没有遵循曾氏封建保守的男女观念长大。除却上述几位长辈,曾宝荪的七叔曾广钟也对其影响颇深。时年14岁的曾宝荪由七叔带领至上海学习。她曾在回忆录中写道:"我七叔对我们教育贡献很大,他笃信中国需要新知识来挽回亡国之惨——甲午之战,他曾带兵出关,年纪只有十九岁,眼见过新式武器与新式交通的重要。"② 曾宝荪等其他曾氏后人学习科学与工程也与之启示密不可分。

(2) 巴路义女士的资助

在杭州省立女子师范毕业时,曾宝荪经数学老师陈伯原先生推荐至冯氏高等女校学习,并在此遇见了影响其一生的恩师——巴路义女士(Miss Louise Barnes)。1912年巴路义有一年的回国假期,便提出带曾宝荪去英国留学。祖母郭筠只对此提出两点要求,一是在英期间须有巴路义的照应,二是巴师回国时曾宝荪一同回国。如此曾宝荪便迎来了一生的转折点,同时这也是近代中英教育交流史上浓墨重彩的一笔。在曾宝荪考入伦敦大学前,巴路义女士经常带领她访寻友人,请人为她补习英文,为她进入大学做准备。后来,面临假期休满回中国任教和留在英国照顾她的两难选择时,巴路义女士经过思考后选择放弃退休金。这对她来说是一生中的大事,对曾宝荪而言亦是如此。自1910年与曾宝荪相识,一直到巴女士去世,她都没有离开过曾宝荪。可以说,没有巴女士,就没有教育家曾宝荪③。

2. 曾宝荪的留英经历

曾宝荪到英国后,先后在两所中学读书,进一步学习英文,为入伦敦大学西田院做准备。她在英国留学履历可见表3-9。

---

① 曾宝荪,曾纪芬.曾宝荪回忆录[M].长沙:岳麓书社,1986:2.
② 曾宝荪,曾纪芬.曾宝荪回忆录[M].长沙:岳麓书社,1986:19.
③ 张红萍.曾宝荪:百年前的女教育家[N].中国妇女报,2017-03-02(B02).

表 3-9 曾宝荪留学英国的履历

时间	学校	课程内容	备注
1912年5月到1912年8月	瓦津私校	文学、艺术、音乐、舞蹈等	
1912年9月到1913年夏	黑山高中	英文、算学、第二外国语、生物、化学	因中文也算外国语,遂只学其他科目
1913年10月到1916年夏	伦敦大学西田书院	生物学、数学、化学、生理课	
1916年	牛津大学	英文	
1917年春	伦敦师范学院、圣马利师范专科学院	英文、理、算、教授法等	
1917年夏	剑桥大学	植物生理学	

初到英国时,虽有巴路义女士处处帮扶照顾,但曾宝荪的内心仍十分不安和迷茫。"想到我的家人,想到我的前途,想到我如何应付未知的环境,总要不丢中国人的丑才好!"① 她从小目睹祖国备受欺凌,遭受列强瓜分的情景。留英时,清政府如风中残荷,摇摇欲坠,求知救国的种子便在她的心中悄然落下。在中学期间这种意志与愿望更加深刻,"我应说明想学科学的志愿——那时我们中国的学生,已经完全相信科学救国,也许比现在学生更加认真,因为我们并不是想出路,想赚大钱,而是诚心诚意地志愿用科学来服务国家"②。曾宝荪最开始在一个旧式维多利亚时代的女校——瓦津女校学习,因刚开始英文太差,所以主修英文。在拜访了伦敦大学西田书院院长梅娜后,她决定再到黑山高中读一年书。当时的英国还是一个非常守旧的国家,虽剑桥大学、牛津大学都向女生开放,但是,当时的伦敦大学更提倡男女平等,且伦敦大学书院里已有的三个书院——西田、培德福特、赫罗威的学生全部是女生。伦敦大学还包含一个女子医学院,这也是曾宝荪选择伦敦

---

① 曾宝荪,曾纪芬. 曾宝荪回忆录 [M]. 长沙:岳麓书社,1986:32.
② 曾宝荪,曾纪芬. 曾宝荪回忆录 [M]. 长沙:岳麓书社,1986:34.

大学的原因之一①。在进入伦敦大学后，曾宝荪以生物学为主科，同时学习数学、化学、生理学等课。此外，"西田书院内及伦敦大学各书院还有课外专题演讲。我如能做到时，总去听讲。一则增加知识，二则学习英文"②。1916年夏，曾宝荪考取了伦敦大学理科学士，并到剑桥、牛津研究科目。1917年回伦敦后又读了一年师范科，主要学习英文、理、算、教授法等。

曾宝荪在英期间刻苦努力，所学所得皆与教育救国有关。她学贯中西，早年接受私塾教育，受曾氏家风耳濡目染，因此曾宝荪的教育思想中不乏儒家传统文化的影子。同时，在英期间学习过的几所学校的教育方式，基督教徒的善举中表现出的"爱世"和"力行"精神也对其教育思想的形成及教育实践的开展产生了很大的积极影响。

3. 归国后的教育活动

曾宝荪于1917年回国，深感长沙内地不易有留学生从事教育，于是她便婉言拒绝了杭州圣公会的邀请，也没有接受上海启秀女子中学邀请，而是选择回湖南创办女校，服务桑梓。学校以曾宝荪祖母的馆名"艺芳"为名。建校之初选址在西园，"西园规模当然远不如上海杭州，但是正合我们心中所意想的中国学校"③。其父与其二叔、七叔对学校的建成出力极大，促成了学校董事会的成立。而办学的主要资金则来源于巴路义女士的捐赠及曾氏私产。由于当时时局不定，学校三度停办，三度复校。曾宝荪也从来没有想过放弃学校、放弃自己的教育理想，而是以其独特的教育教学方法使之成为湖湘地区极具特色的学校。由于自幼受传统文化熏陶，青年时出国留学学习科学，再加之基督教对其影响，曾宝荪既有"和而不同"的传统文化思想，又有西方的科学思想；既保留了儒家传统，又兼备基督教的精神。艺芳学校的办学宗旨可以说是结合了中西之长。

曾宝荪在办学模式方面也深受对她多有提携的梅校长的影响，"因当时梅校长极反对学生人数太多，并且声明住宿生不得超过七十人，以便她的教育精神可以达到每一个人，而且她也能深深地认识每一个学生"④。艺芳女校学制为六年中学一贯制与小班制，曾宝荪出任校长，巴路义女士作为教员

---

① 王琳. 曾宝荪教育思想研究［D］. 南充：西华师范大学，2016：14.
② 曾宝荪，曾纪芬. 曾宝荪回忆录［M］. 长沙：岳麓书社，1986：47.
③ 曾宝荪，曾纪芬. 曾宝荪回忆录［M］. 长沙：岳麓书社，1986：70.
④ 曾宝荪，曾纪芬. 曾宝荪回忆录［M］. 长沙：岳麓书社，1986：45.

教授英文，曾宝荪堂弟曾约农则做教务主任兼英文、数学及理化老师。同时学校还开设手工、体育、生物等课程，初时只有8名学生和9名教员。后来学校声名渐起，慕名求学的人也逐渐增加，但艺芳学校依然保持这种小而精的办学模式，规定每班绝不超过30人。

同时学校也沿袭了西田书院"学生为本，爱护学生"的宗旨，实行"三不"原则，即不记过、不监考、不开除学生。"从不记过，不开除学生，但经校长一番劝导，没有不改悔的。功课不好的学生，各科教员亲自为她们补习，甚至校长也亲自补教，绝不收补习费。"①

西田书院设有学生会，会长通称曰学长。遇见学生与学校间有关系之事时，就开学生会，决议或请求的事，由学长报告校长斟酌行事②。这种在给予学生关怀的同时充分信任学生的模式也使曾宝荪深受启发。艺芳学友会即是学生们的自治组织，"其组织法相当于艺芳女校的宪法，艺芳中学全体师生都是学友会成员，所有议案均为一人一票，按票数通过。因此，在决定该校更换教员、征收费用、学校财务等重大事务时，学生起到决定性作用"③。

艺芳女校不仅注重对学生的知识教育，也注重对学生人格及道德的培养。在五四运动时期，艺芳女校因人数不够而不能参加游行活动，便成立3个爱国十人团，提倡使用国货，以自己的方式支持爱国运动。同时艺芳女校经常举办捐款活动，将基督教救人济世的精神发扬光大。

从艺芳女校办学模式来看，校长、教员与学生的关系十分密切融洽，彼此熟悉且感情很深。艺芳女校小班型的模式对今天的基础教育来说仍有很大的借鉴意义。"20世纪初，湖南教育形式多种多样，而最有特色和最引人注目的则是女子教育，艺芳女校最具典型性。"④ 艺芳学校办学32年，经三次停课，三次复学，共培养学生1000余名，这在当时相对保守的湖南来说是极大的成绩。这不仅对湖南教育产生了极大的影响，同时也是中国近代教育的一大突破。然而，由于时局所累，与曾宝荪同时代的女性虽有部分人解放了思想，但仍是以家庭为中心，妇女留洋更属罕见。

---

① 曾宝荪，曾纪芬. 曾宝荪回忆录 [M]. 长沙：岳麓书社，1986：77.
② 曾宝荪，曾纪芬. 曾宝荪回忆录 [M]. 长沙：岳麓书社，1986：51.
③ 石潇纯，阳骁. 论"艺芳模式"与曾宝荪的女子教育实践 [J]. 湖南科技大学学报（社会科学版），2016，19（5）：177-181.
④ 钟叔河，朱纯. 过去的大学 [M]. 武汉：长江文艺出版社，2005：89.

曾宝荪归国后所展开的教育活动遵循着因材施教的教育思想、基督教与人文教育观和男女平等的教育观。

首先，因材施教的教育思想。曾宝荪在西田书院学习期间，有几位老师对她帮助极大，"生物教授窦尔芙博士，极其循循善诱，年纪甚轻，热心无比，对我也极尽提携启发的力量，我真是十分喜欢在她的门下"①。这时曾宝荪意识到，在教育中应注重教育方法，因材施教。教授其数学科目的费特培女士为人和善，不但知道每位学生的学习情况，还知道每个学生的好友是谁，因而将学生的毕业典礼安排得圆满顺畅。这都使曾宝荪意识到，对学生的教育应关注到个人，使每一个学生都能有所得、有所发展。她对艺芳女校学生的教育不以追求高分为目的，而是希望培养学生的读书精神。并且艺芳女校在招生人数上控制严格，这也是为了便于实行通才教育，老师能关注到每个学生的情况。

其次，基督教与人文教育观。曾宝荪与宗教的渊源颇深。她幼年便勤敏好学，时常去富厚堂的藏书楼中读书。正宅之南的书楼藏书中大部分是经史子集及各省县志，收藏其祖父母书籍的芳记书楼中则多是天文、英文、星卜、医相等书目。她曾于回忆录中写道："乡下人极迷信，从我房到书房要经过一段长廊黑巷，我夜晚走过，总要念心经偈语，这也许是我宗教观念的起头吧。"②留英期间，与巴路义及几位曾宝荪曾拜访、接触过的基督徒的交往过程中，他们所呈现出的舍己为人、宽容和善的品质也和曾宝荪教育思想中的爱世精神密切相关。同时基督教中的"力行"精神也是促使她办学的一大原因。她与堂弟曾约农约定："立志贡献自己为国家、为世界致用，约定互相努力，互相帮助，以求达到这目的。"③

曾宝荪起初接受中国传统教育，她对学生的人文教育十分重视，初建艺芳学校便以君子六艺作为班级的名字。加入基督教后她又致力于将西方宗教中的人文主义与中国传统文化相结合。艺芳女校的学生陈慧雅曾说："曾宝荪校长放弃高官厚禄，奉献私有财产，牺牲青春，以毕生精力从事教育事业，都是出于基督徒'博爱'精神。"④

---

① 曾宝荪，曾纪芬. 曾宝荪回忆录［M］. 长沙：岳麓书社，1986：46.
② 曾宝荪，曾纪芬. 曾宝荪回忆录［M］. 长沙：岳麓书社，1986：15.
③ 曾宝荪，曾纪芬. 曾宝荪回忆录［M］. 长沙：岳麓书社，1986：53.
④ 王琳. 曾宝荪教育思想研究［D］. 南充：西华师范大学，2016：8.

最后，男女平等的教育观。曾宝荪曾在其回忆录中有感于当时的社会环境及曾氏家族的现状："在这样的家庭里，旧礼教之深，旧风俗之重要，要一个女子来摆脱，是很不容易的。"① 曾宝荪自幼在学识丰富、思想开放的祖母郭筠的教导下读书生活，其父也是一位具有维新思想的有识之士。于她而言尚且如此，其他女性的处境更加难过。在英国留学期间，她也发现牛津大学和剑桥大学虽不反对女子读书，也设置女生书院，却不给女子发学位。这些经历都让她切实体会到，应宣扬男女平等的观念，所以她选择开办女校，培养有知识和独立人格的新女性。

曾宝荪所处的时代是一个动荡的时代，无论东方还是西方都处于一个变革的时期。在英留学的经历使曾宝荪了解了西方女权主义理论，也受到女权主义思潮的影响，同时她对男女地位的认识有了更深刻的体会。留学经历使得曾宝荪受到了西方民主主义思想的影响，她冲破封建思想束缚，发表自己的观点，以传播先进的教育理念，推动教育思想的革新②。

综上所述，曾宝荪作为民间留学生中的成功典范，在英留学期间不但刻苦好学，而且在明确了科学救国的志愿后更是为此不懈努力，并将其留英期间所感所得付诸归国后的教育活动中。曾宝荪的教育思想及实践对中国妇女思想解放、妇女地位的提升有着不可磨灭的重要作用。

---

① 曾宝荪，曾纪芬. 曾宝荪回忆录 [M]. 长沙：岳麓书社，1986：10-11.
② 王琳. 曾宝荪教育思想研究 [D]. 南充：西华师范大学，2016：6.

第四章
近代以降汉学在英国的传播

近代以降，漂洋过海的中国人将地地道道的第一手汉学传播到英国，让英国人真正地体会到正宗的中国文化。随着中英交流的深入，英国邀请中国学者前往英国进行教学和演讲。与此同时，近代大批英国传教士、外交官和商人乘着鸦片战争的炮船到达中国后，也随即开始了认识中国、了解中国、熟悉中国、学习中国的过程。在此过程中，一些原本具有学术背景的传教士和外交官潜心观察、细心研究，写出了很多关于中国传统文化、思想、制度、习俗等方面的文章和著作。而且，英国的一些有识之士开始在大学推动设立汉学教授和汉语班，以此作为研究中国学问的前沿阵地。本章将呈现近代以降汉学在英国传播的具体过程和内容。

一、向英国传播汉学的中国学者和机构

传播汉学不能仅仅依靠来华传教士口耳相传，毕竟这只是第二手的汉学资料。还应该让正宗的中国人去英国进行地地道道的第一手汉学传播，这样才能让外国人真正体会到正宗中国文化。在 1908 年，曾有大臣向皇上进言，为研究中国的英国协会提供一些书籍，以增进英国汉学家对于中国的实际了解，这类书包括《钦定图书集成》和《大清会典》各书[①]。许多中国人为了在西方传播汉学，不远万里赶赴英国参加一些高校讲堂。他们给当地的汉

[①] 奏为英绅设立学会研究中国文明掌故拟恳请颁赏钦定图书集成大清会典各书以敷文化而资讲贯折．中国第一历史档案馆藏，光绪三十四年（1908 年）二月十二日．

学研究注入了新鲜的血液，使英国人能够直观地感受和了解究竟什么才是真正的汉学。在这个传播的过程中，晚清时期的王韬，民国时期的李四光、侯宝璋、张彭春、费孝通是其中的代表人物，中英文化协会交换讲座机制发挥了重要作用。

（一）晚清时期对英国传播汉学的学者代表

王韬（1828—1897），原名王利宾，字兰瀛。后改名为王瀚，字懒今、紫诠、兰卿，号仲弢、天南遁叟、甫里逸民等，外号"长毛状元"，清末杰出的思想家、政论家。清道光八年十月四日（1828年11月10日）出生于苏州。1849年应英国传教士麦都士之邀，到上海墨海书馆工作。后因曾与太平天国有往来而遭清廷通缉，在英国驻沪领事的协助下去往香港。应邀协助时任英华书院院长理雅各将中国的传统经典译为英文。1867年到1868年，他曾在英国和法国游历，第一次亲自接触了西方文明和生活。1868年到1870年，他曾居住在英国苏格兰，以亲自考察西方（英国）的文化和生活方式。1874年在香港创办了《循环日报》，这是中国历史上第一份以时政评论为主题的报纸。1879年，王韬赴日本东京、大阪、神户、横滨等城市进行了为期4个月的考察，随后撰写了《扶桑游记》。

王韬在英国伦敦帮助理雅各翻译期间，曾经有幸被牛津大学邀请前去演讲。他在自传中这样记述道："英之北土曰哈斯佛①，有一大书院，素著名望。四方来学者，不下千余人。肄业生悉戴方帽，博袖长衣，雍容文雅。每岁必品第其高下，列优等者，例有赏赉；而颁物之先，必先集于会堂听讲。监院者特邀余往，以华言讲学。余备论中外相通之始。"② 同时他在自传中也写出了自己演讲的全文，全文如下：

昔英女主以利沙伯③遣人至粤，而东方之贸易以开；继有英官斯当东者始效华言，于是接踵来华者，始能通中国语言文字。夫中国在亚境之东方，英国处欧洲之西鄙，地之相去也七万余里。三百年前，英人无

---

① 牛津的汉语音译——笔者注。
② 王韬. 漫游随录 [M]. 长沙：岳麓书社，1985：97.
③ 伊丽莎白的汉语音译——笔者注。

至中国者；三十年前，中国人无至英土者。今者，越重瀛若江河，视中原如堂奥；无他，以两国相和，故得至此。惟愿嗣后益敦辑睦，共乐邕熙。尔众子弟读书国塾，肄业成均；其已得考授秀士、孝廉，列于前茅者，皆出类拔萃之资，年少而志盛，学博而文富，皆将来有用之才也。他日出而用世，上则翼辅王家，下则流传圣道，必能有益于中国，是所厚望焉①。

演讲过后，掌声雷动，"同声称赞，墙壁为震"。王韬在这次演讲中表达了自己希望将来的中英关系"益敦辑睦，共乐邕熙"的愿望。同时，也勉励在座学子和即将去中国赴任的工作人员能够"上则翼辅王家，下则流传圣道，必能有益于中国"，也就是希望他们能够做好中英和平关系的保护者和中英文化交流的传播者。

之后伦敦画馆将王韬演讲时的境况画成十二幅作品交给他。王韬感动不已，遂赋两首律诗于其后。其中一首诗云：

(一)②
九万沧溟掷此身，谁怜海外一遗臣。
形容不觉随年改，面目翻嫌非我真。
尚戴头颅思报国，犹余肝胆肯输人？
昂藏七尺终何用，空对斜曛独怆神。

诗中的这两句"尚戴头颅思报国，犹余肝胆肯输人"表达了作者虽身在海外却依然不忘报国的心情，也表现了他对于自己在牛津演讲之事的骄傲心情。他觉得，能够在牛津演讲实在是中国人的骄傲，中国人是不"肯输人"的。

(二) 民国时期对英国传播汉学的学者代表

1. 李四光

李四光（1889—1971），字仲揆，湖北黄冈人，我国地质力学的创立

---

① 王韬. 漫游随录 [M]. 长沙：岳麓书社，1985：97.
② 王韬. 漫游随录 [M]. 长沙：岳麓书社，1985：98.

者，地质工作的主要奠基人之一，中华人民共和国成立后为我国地质领域做出了杰出贡献。

李四光在1910年7月毕业于日本大阪高等工业学校，1913年入英国伯明翰大学学采矿和地质，1919年获地质硕士学位。归国后，1920年任北大地质系教授、系主任，1922年任中国地质学会第一届副会长，1928年任中央研究院地质研究所所长，1931年获英国伯明翰大学自然科学博士学位，1932年任中央大学代校长。中华人民共和国成立后，历任中国科学院副院长、世界科学工作者协会执行委员会副主席、地质部部长、中国科学院学部委员（院士）、中国科协主席和国务院科教组组长。

在如此绚烂的人生经历中，李四光也曾经做过中英教育交流的使者。而这一段经历却鲜为人知。

第一次是在1934年底，根据中英交换讲学的协议，李四光应邀赴英国讲学。他携妻女从上海出发，在轮渡上他又再次认真审查修改讲稿，以更好地向英国同行师友介绍中国地质独特的区域特点和自在的完整性。当然，仅以西欧区域地质建立起来的地质术语和概念不足以阐释中国的地质现象、解释中国独特的地质构造问题。他根据多年积累的大量地质文献资料，以富有创造性的、精到的观点潜心撰写具有中国风格和特色的地质学讲义。讲义的第一章从青藏高原讲起，以示西藏地区是中国领土不可分割的一部分。1935年上半年，李四光在伦敦、剑桥、伯明翰等八所大学巡回演讲，"中国地质学"专题普遍受到英国地质学界同仁的重视和欢迎。此外，李四光还应母校伯明翰大学教授威尔士的邀请参加了地质旅行和科学实验。讲学结束后，李四光决定在英国再停留半年，以将讲稿整理成书出版。1936年初，中国地质学书稿完成后，李四光偕眷归国①。

第二次是在1948年2月李四光偕夫人从上海启程前往伦敦，出席第18届国际地质学会。李四光曾经在华盛顿和莫斯科召开的第16、17届国际地质学会上宣读过他的论文。1948年8月，因战争而延迟7年的国际地质学会在伦敦开幕，与会各国学者达3000人，这是二战后最负盛名的学术盛会。在这次会议上李四光宣读了他的论文，题为《新华夏海的起源》。李四光认为，研究包括渤海、黄海、东海和日本海在内的新华夏海的起源对于探查清

---

① 萨本仁，潘兴明.20世纪的中英关系［M］.上海：上海人民出版社，1996：125.

楚太平洋盆地的发育过程具有重要意义。李四光揭示了研究和解决新华夏海起源问题的途径，回答了形成新华夏海的主要应力性质以及构造运动的类型问题①。

世人所了解的多半是李四光在中华人民共和国成立后在地质学方面的突出贡献，特别是在汶川、玉树地震发生后，许多人都纷纷向李四光投以赞许和仰慕的目光。但人们不知道的是，李四光不仅后半生知名，其前半生也是一位中英交流的重要使者。他不仅求学于英国伯明翰，获得硕博学位，而且还反哺师恩。在自己学成归国后，不忘初心，依然坚持多次前往英伦，为当地的地质学师生贡献自己的教学智慧和研究成果，增强了中英之间的教育沟通。

2. 侯宝璋

侯宝璋（1893—1967），字又我，安徽凤台人。著名病理学家、医学教育家，曾任齐鲁大学医学院教授。1934 年发表了中国第一部《病理组织学图谱》，用绘图的方式将病理组织直观地展示出来，给人以深刻印象，在当时引起了极大的关注。后来，他得到资金资助②，前去伦敦大学热带病研究所工作一年。1946 年应美国国务院的邀请赴美讲学。1947 年应英国文化委员会（British Council）的邀请赴英讲学③。他的讲学几乎全是中国古代医学史的内容，如"中国古代解剖史考""中国古代结核史考""中国古代杨梅疮（梅毒）考"等。在英国，他结识了著名的病理学家卡麦隆教授，并且选定肿瘤病理学作为自己以后的研究方向。1948 年他受聘于英国教育部，任香港大学医学病理系主任教授，曾代理院长职务。中华人民共和国成立后又陆续发表论文 50 多篇，著书 3 部，执教近 50 年，为我国培养了大批医学人才。

3. 张彭春

张彭春（1892—1957），字仲述，天津人。中国教育家、早期话剧家、导演。1910 年毕业于保定高等学堂，同年考取赴美庚款留学生，进入美国克拉克大学。后入哥伦比亚大学研究院读研，硕士毕业后曾于 1917—1918

---

① 萨本仁，潘兴明. 20 世纪的中英关系 [M]. 上海：上海人民出版社，1996：126.
② 教授侯宝璋等获得乙种奖助金. 齐鲁大学校刊 [J]. 1943（31）：3.
③ 教授侯宝璋由美赴英讲学. 齐鲁大学校刊 [J]. 1947（59-60）：11.

年任南开代理校长，1923 年建议成立清华大学。1931 年在芝加哥大学和芝加哥艺术学院讲授中国哲学、中国文艺。后到英国，就戏剧和文艺问题拜访了萧伯纳和艾斯特夫人，到苏联莫斯科梅耶荷德剧院，同梅耶荷德进行了一次关于戏剧艺术的交谈。1933—1934 年执教于美国夏威夷大学。20 世纪 30 年代，张彭春曾到荷兰、芬兰、德国、波兰、奥地利、瑞士、法国等欧洲国家考察教育。1936 年受国民政府教育部聘请，张彭春赴英国伦敦、牛津、剑桥等 10 所大学讲学，总题为《中国文化变迁的几个方面》，并考察该国教育。1936 年 2 月受英国牛津大学邀请，赴英国伦敦各大专院校讲演，题目是《中国戏剧传统和技巧》，后在剑桥、爱丁堡大学巡回讲演。与黄佐临参加斯特拉福英国大戏剧家莎士比亚诞辰纪念会，张彭春的讲演题目是《中国人对莎士比亚的赞誉》。《新闻纪事》（News Chronicle）用大字标题报道了张彭春的精彩演说，称"张博士是这次讲演中的明星"。后经黄佐临及其导师圣丹尼引荐，张彭春在伦敦戏剧学馆和老维克剧院做了《京剧艺术及技巧》的学术报告，受到听众热烈欢迎，一度引发了英国的"京剧热"①。

4. 费孝通

费孝通（1910—2005），字彝江，江苏吴江人。1933 年入清华大学研究院，1935 年毕业并取得庚款公费留学资格，1936 年赴英入伦敦经济学院学习研究社会人类学。1938 年获伦敦大学哲学博士学位，撰写并发表了著名论文《江村经济》（即《中国农民生活》）。中华人民共和国成立后，曾获颁英国赫胥黎奖章，1982 年被伦敦大学政治经济学院选为荣誉院士。

费孝通曾在 1946 年 11 月应中英文化交流协会邀请访问英国，翌年 1 月 30 日在伦敦大学政治经济学院发表演讲，题目为《中国社会变迁中的文化结症》②。

这次演讲主要涉及文化转型、小农经济、儒家思想等内容。他在开篇写

---

① 民国杂志《图书展望》第四期报道："张彭春将赴英讲学 南开大学教育哲学教授张彭春，倾应英国伦敦牛津剑桥等十余所大学邀往讲学，二十六日（1936 年 12 月，笔者注）晨由津抵京，筹备出国，据谈：本人此次赴英讲学题目为《中国文化变迁的几个方面》。月底乘胡佛号轮出国，本年七月可返国。教育部并命考察该国教育，深期与该国教育界人士多有接触，对两国间文化多有联络，有所增进。"

② 费孝通. 乡土中国 生育制度 乡土重建 [M]. 北京：商务印书馆，2011：352.

"当前的中国正在变迁的中程，部分和片面的观察都不易得到应有的分寸"，因此他在后来的演讲中就直接说"我并不想讨论本题所包括的全部，我只想贡献一种见解，希望能帮助我们了解中国社会变迁的方向"①。接下来，他先对"位育"和"变迁"两个词语进行了注释，然后对"丰裕经济"和"匮乏经济"进行了对比论证。接下来，他又从心理、思想方面来探讨匮乏经济形成的原因。然后他简要论述了中国这种匮乏经济和知足思想与当下西洋思想的激烈碰撞后，中国应该怎么办的问题②。最后，他表达了对于将来的期望，他这样说道："中国社会变迁，是世界的文化问题。若是东方的穷困会成为西方社会解体的促进因素，则我们共同的前途是十分暗淡的，我愿意在结束我这次演讲之前，能再度表达我对欧美文化的希望，能在这次巨大的惨剧之后，对他们文化基础作一个深切的研讨，让我们东西两大文化共同来擘画一个完整的世界社会。"③

（三）中英文化协会对汉学向英国传播的推动

除了个人主动前去或者被邀约前去讲学外，英国的中英文化协会还开辟了一个新机制，就是使中英两国的知名教授学者开展一定时间的对等交流讲座，从而达到中英教育、文化互通有无，互相增进的目的。据1936年第94期《北洋周刊》记载，"该会前准伦敦各大学中国委员会来函，请推荐中英交换讲座人选，当中该会讲座委员会讨论决定推荐南开大学哲学教授张彭春博士赴英讲学……"④ 经笔者查阅有关资料，可以确定至少有两人是通过此渠道往返中英讲学的，一是李四光，另一个是张彭春。

二、英国大学汉学研究的概况

事实上，自17世纪以来，英国人对中国及中国文化的了解和研究是比较落后的，不仅落在欧洲汉学先驱法国之后，且赶不及后起之秀的德国。虽

---

① 费孝通. 乡土中国　生育制度　乡土重建 [M]. 北京：商务印书馆，2011：339.
② 费孝通. 乡土中国　生育制度　乡土重建 [M]. 北京：商务印书馆，2011：340 – 349.
③ 费孝通. 乡土中国　生育制度　乡土重建 [M]. 北京：商务印书馆，2011：352.
④ 中英文化协会交换讲 [J]. 北洋周刊，1936 (94)：9 – 10.

然托马斯·海德被称为英国汉学研究的第一人，但在他之后的很长一个时期内，其后继者乏善可陈。其后，虽然英国方面派人派使节两次前往中国，准备与中国通商，但都被当时的中国皇帝——乾隆断然拒绝，并且被下达了逐客令①。

面对大门紧闭的中国，传教士或许是一个不错的选择。尤其是当鸦片战争爆发后，传教士在中国的工作开展得更为顺利些，且地方政府和乡民不敢多加干预。这对于很多有学识、有知识和喜欢探索未知世界的传教士来说，打开了一扇大门，他们开始细致地观察和记录着这个独特的中国。

在最初的日子里，英国人对于中国所写的各种描述都具有各式各样的偏见，如：盗匪暴行、酷刑、屠杀、砍头、丢弃女婴以及其他种种能够证明中国人邪恶的"惨状"。就连曾在中国居住过的麦都思（Walter Henry Medhurst）用汉语撰写的 59 部著作也不能完全客观地描述中国，他甚至认为中国应该被征服而不是被理解②。近代英国大学的汉学研究主要起始于 19 世纪后半叶，此时英国进入了"汉学时期"，英国许多外交官和传教士为促进这一时期的到来做出了重要的贡献。天津条约签订后，英国外交官、传教士在中国各地星罗棋布，对华研究的范围不断扩大。内容也日臻充实，政治、经济、地理、文学、语言等学科都开始进入了研究者的视野。

以下按照各大学分别论述其研究情况。

（一） 牛津大学的汉学研究

本章第三节将对牛津大学的汉学研究做个案研究，因此本部分仅简要介绍。

清道光五年（1825 年），在对华贸易、传教事业和殖民扩张的多重刺激下，早期传教士、汉学家马礼逊（Robert Morrison）倡议在英国设立汉学讲座。这一提议一直到半个世纪后才付诸实现，这主要是由于当时的商业政策以及英国政府的不重视。当然知识界的目光短浅也是其中原因之一，英国汉学研究也因此启动较晚，研究成果较为有限。后来鉴于这种情况，英国最终在 1876 年牛津大学设立汉学教授职位，理雅各（James Legge）受聘为首任

---

① 雅克·布洛斯. 从西方发现中国到国际汉学的缘起 [M]. 北京：商务印书馆，1995：467.
② 何寅，许光华. 国外汉学史 [M]. 上海：上海外语教育出版社，2002：193.

汉学讲座教授。其后，在华英商与一些官员共同募集资金，设立了"德庇时奖学金"（Davis Chinese Scholarship）专门颁发给在汉语学习方面成绩突出的学生，每年 50 英镑，一直持续到了 1892 年。任教后，理雅各采取语言与文化并重的教学策略和注重翻译的教学模式。但他并不注重口语教学①，因此时常出现"哑巴汉语"的情况，即学生能够书写并认识汉字及句子，却不能够读说出来，这算是当时教学的一种局限。此外，理雅各在牛津也开设一些讲座，以给学生们提供更多了解中国的窗口，其讲座的主要内容包括儒学、皇帝制度、秦汉历史、易经、道德经、佛教、中国诗歌等内容。理雅各在牛津汉学这块园地辛勤耕耘了数十个寒暑，主要贡献是译介和阐释中国古籍，目的在于摒除主观曲解，消减宗教附会，求得对中国文化的精深理解。所著译本皆附绪论、注释，堪称体例完备。由于治学勤奋，成就卓著，不乏开创之功，他遂被中国学者誉为英国汉学界的玄奘，他的 28 卷本中国经典可谓早期英国研究中国传统文化的基础。他在汉学教授的位置上工作了 22 年，直至 1897 年去世。时隔一年后，1899 年布勒克（Thomas Bullock）接任了这一职位。在中国领事机构供职 28 年的经验使他娴熟地掌握了中文，布氏于 1915 年离职，其间为汉学学生们出版了《汉语书面语渐进练习》（*Progressive Exercises in the Chinese Written Language*，1902）一书。其后是苏慧廉（William Soothill），他是第三任讲座教授。在 1920 年到职牛津之前，他一直在中国担任传教和督学工作。《中西交通史大纲》（*China and the West：A Sketch of Their Intercourse*，1925）、《中国简史》（*A History of China*，1927）和《中国与英国》（*China and England*，1928）是他的代表作。1935 年苏慧廉去世。牛津大学于 1938 年聘请陈寅恪先生出任汉学教授。其间诸多波折，陈寅恪于 1946 年到达英国后，因眼疾不治，憾未赴任。此间，他与发起牛津汉学改革的修中诚（Ernest Richard Hughes）教授有过几次共处和商讨，但是天不遂人愿，他的唐书翻译计划、对于"西方批评"的渴求等终都落空。1939 年，修中诚先生创立的汉学科（The Honor School of Chinese）标志着牛津的中国研究由经院派向开放式教育的转向。虽有二战的影响，10 年间亦培养了学士 5 人。

在陈寅恪辞去在牛津大学的职务之后的第二年，即 1947 年，将班固的

---

① 胡优静. 英国 19 世纪的汉学史研究［M］. 北京：学苑出版社，2009：71.

《前汉书》本纪部分译为英文出版的美国汉学家德效骞（Homer Hasenflug Dubs，号闵卿，又作德和美，1892—1969）①到牛津大学担任中国学教授职务，讲授中国语文，在牛津任教二十余年。

（二）剑桥大学的汉学研究

1875年5月，剑桥大学董事会就曾提出过要注意中国学的建议，其后，当时的东方系于1875年11月提出设置汉学教授职位。1888年剑桥大学正式设立了汉学教授职位，其工作地点位于东方研究院（Faculty of Oriental Studies）。经过选举会推选，1888年4月21日学校任命威妥玛（Sir Thomas Francis Wade，1805—1875）为首任汉学教授。威妥玛第一次接触中国始于第一次鸦片战争，后担任英驻港部队的翻译，之后陆续担任了各式职务，包括领事馆副领事、翻译、英国驻华全权公使等职务。威妥玛驻华期间翻译了不少中文书籍，同时在返回英国时捐献了大量从中国购买的图书。这些丰富的经历和资料奠定了剑桥汉学研究的基础。但由于剑桥大学开设汉学较晚，同时汉学又为一新兴学科，因此在当时愿意报考此门专业的学生十分有限，威妥玛自担任教授直到逝世，"据说学生不到两三名"②。据档案记载，威妥玛唯一一次的讲座是在王子学院礼堂举行的一次关于《中国、朝鲜和日本：远东局势》的全校性讲座。除此以外，就再也没有其他讲座了③。另外，威妥玛在剑桥大学担任首任汉学教授后是不领取薪金的，他所担任的讲座教授职务是一种名誉职务。

威妥玛去世后，由翟理斯（Herbert Allen Giles，1845—1935）于1897年12月3日接任汉学教授，其最大贡献是编撰威氏—翟氏（Wade & Giles）

---

① 德效骞，1918年以圣道会（Evangel Mission）传教士的身份来华，他是曾经主持中国湖南省遵道会（United Evangelic Church Mission）的查尔斯·牛顿·达布斯（Charles Newton Dubs）的儿子。1918—1924年在河南省进行传教活动。1925年获得芝加哥大学哲学博士学位，论文标题为《荀子：古代儒学的塑造者》。1925—1927年担任明尼苏达大学哲学讲师，在这以后曾在美国马歇尔大学等多所大学讲授中国学。1928年将《荀子》一书译为英文，英文标题为 *The Words of Hsuntze*。1938、1944和1947年先后陆续出版了《前汉书》的英文译本第1卷、第2卷和第3卷，该译本的英文书名为 *The History of the Former Han Dynasty by Pan Ku*，即班固著的《前汉书》。第二次世界大战后，德效骞曾获得法兰西学院铭文研究院汉学儒莲奖金。

② 艾超世. 威妥玛爵士与剑桥大学汉学研究一百年（1888—1988）[J]. 汉学研究（台湾），1989（7-2）：405-422.

③ 阚维民. 剑桥汉学的形成与发展 [J]. 国际汉学，2004（1）：202.

拼音。翟理斯的多数汉学作品是在执教剑桥期间出版的，如《古今诗选》（*Chinese Poetry in English Verse*，1898）、《中国的文明》（*The Civilization of China*，1911）、《中国与满人》（*China and the Manchus*，1912）、《中国文学史》（*A History of Chinese Literature*，1923）、翻译《庄子》（*Chuang Tzu*，*Mystic*，*Moralist and Social Reformer*，1926）等。

而令翟理斯最引以为豪的则是《华英字典》（*A Chinese-English Dictionary*）的出版。在这部作品里，翟理斯对威妥玛的汉语拼音系统进行补充和修订，促使威妥玛拼音系统变得更为科学和系统。主要表现在用相同字母加点的办法来标识送气和不送气的汉语双唇音（p-p'）、舌尖中音（t-t'）、舌根音（k-k'）、舌尖前音（ts-ts'）和舌尖后音（ch-ch'），被誉为"威妥玛—翟理斯系统"（Wade-Giles System）。经过改进的威妥玛—翟理斯汉语拼音系统很快得到了西方汉学界的认同和使用①，无论是使用人数之多、时间跨度之长还是采用范围之广都是最好的②。尽管翟理斯有如此丰硕的学术研究成果，但由于汉学属于新兴学科，因此当时愿意学习的学生很少。但尽管人数极少，翟理斯还是教出了后来能够影响欧洲学术界的学者——亚瑟·韦利（Arthur Waley，1889—1966）。

慕阿德（Arthur Christopher Moule，1873—1957），生于杭州，其父慕稼谷（George Evans Moule，1828—1912）1858 年来华，任安立甘会华中教区主教。慕阿德在中国度过童年后回英国上学，37 岁时再次来华在山东传教。1933 年接任翟理斯在剑桥大学的中国语言和历史教席，是一位研究中西交通历史的汉学家。他的主要著述有《1550 年前中国的基督教徒》（*Christians in China Before the Year* 1550，1930）、《大秦景教流行中国碑考证》（*Christian Monument at Si An Fu*，1918）、《中国历代的统治者（公元前 221 年至公元 1949 年）》（*The Rulers of China*，221 *B. C. to A. D.* 1949，1957）、《行在所（杭州）考，附马可波罗游记校注补》（*Quinsai*：*with Other Notes on Marco Polo*，1957）等③。

古斯塔夫·哈隆（Gustva Haloun，1898—1951），1898 年 1 月 12 日出生

---

① 熊文华．英国汉学史［M］．北京：学苑出版社，2007：94–95.
② 熊文华．英国汉学史［M］．北京：学苑出版社，2007：96.
③ 熊文华．英国汉学史［M］．北京：学苑出版社，2007：111.

于捷克斯洛伐克。哈隆曾在德国莱比锡大学攻读中国学，毕业后曾在 1926 年到 1927 年间担任捷克布拉格大学讲师，1928 年到 1931 年间担任德国哈雷大学讲师，1931 年到 1938 年间担任德国格廷根大学讲师，1935 年同时担任英国剑桥大学讲师。后来由于当时德国推行排外主义，哈隆也未能幸免于难。他于 1938 年出任英国剑桥大学汉学教授，这一方面避免了德国种族主义者的侵犯，另一方面也能够找到一份适合自己学术研究的工作。但由于其经历特殊，因此他是一位无国籍的中国学家。他从事中国古籍尤其是散佚了的诸子典籍的整理复原工作，致力于对于中国古籍中出现的有关大夏知识的综合研究以及大月氏问题的答案探索工作。除此之外，他还曾为任职过的布拉格、哈雷、格廷根、剑桥各所大学搜集善本汉籍图书，晚年曾投身于《管子》的研究工作[1]。哈隆的英文著作《中国古代部落分布研究》（1924 年）、德文著作《中国人知道大夏人或印欧人始于何时》（1926 年）在英国乃至在欧洲中文学术圈里都是占据重要地位的。另外，由于哈隆出身于"汉学科班"，因此他对于第一手资料特别看重，1949 年哈隆就曾赴中日两国购置书籍。德国著名汉学家福赫伯（Herbert Franke）曾称赞说，剑桥图书馆的中文收藏之有今日，首先应归功于哈隆[2]。

另一位知名的剑桥大学汉学家为李约瑟教授（Joseph Terence Montgomery Needham，1900—1995）。李约瑟教授毕业于剑桥大学生物化学系，后在剑桥大学担任研究员、院长等职，是剑桥著名的生物化学学者。1937 年，受来自中国三位博士学生的影响，他开始关注并研究中国的科学技术史。后来，李约瑟于 1942 年在抗战中的重庆主持成立了中英科学合作馆（Sino-British Science Co-operation Office），先后有 6 位英国科学家和 10 位中国科学家在这个机构中工作，竺可桢曾盛赞李约瑟在中国的工作是"雪中送炭"[3]。此外，李约瑟还走访了其他学术机构搜集资料，并与中国专家讨论中国科技的发展及理论。这些经历及探讨均收录于李约瑟教授主编的《中国的科学与文明》（Science and Civilization in China）一书中。1943 至 1946 年，李约瑟实地考察了中国的科技、文化、历史等，并前往滇、川、贵、闽、甘、

---

[1] 黄长著，孙越生，王祖望．欧洲中国学 [M]．北京：社会科学文献出版社，2005：306．
[2] 张国刚．剑桥大学中国学的历史与现状 [J]．中国史研究动态，1995（3）：4．
[3] 余廷明，周星．汉学泰斗李约瑟和《中国科学技术史》[J]．海南大学学报（人文社会科学版），1994（3）：46．

陕、南京、北平等地。在游历途中,李约瑟还购买相关中文书籍,这些经历和书籍都为此后写出《中国科学技术史》一书提供了重要的第一手资料。

(三) 伦敦大学的汉学研究

1846 年 2 月斯当东 (Sir George Thomas Staunton) 正式提出要成立汉学教席,校行政管委会表示,对于资金事宜学校不予资助,需要由斯当东来解决。当斯当东募集完资金后便成立了中文讲习基金 (Chinese Professorship Fund)。此后,学校和斯当东便开始了寻访首任汉学教授事宜,曾经考虑过法国的儒莲、荷兰的荷夫曼,但由于国别、薪资等原因,最终没有确定。1847 年 3 月 26 日,斯当东向校行政管委会递交了最新人选——费伦 (Samuel Turner Fearon)。校委员会看过费伦的申请表和履历表后,当天即决定任命费伦为国王学院首任汉学教授。费伦在 1840 年前曾在广州商馆工作,在鸦片战争时担任英方翻译官[①],随后费伦进入中国香港先后担任公证人、副裁判司、香港首任总登记官等。而随着其在鸦片战争和香港工作的经历,其名声也开始渐渐地传播开来,他的名字不仅是在殖民地,更是在英国本土的官员中广为人知[②]。

国王学院的第二位汉学教授为苏谋斯 (James Summers, 1828—1891)。1852 年他接任国王学院第二任汉学教授之职,虽然这时他还没有任何学术经历,但接下来的事实证明了他的学者身份。1853 年他出版了其第一部汉学作品《中国语言与文字讲稿》(Chinese Language and Literal Lecture)。1854 年中英两国建立外交关系,为了建立驻华公使馆和中国各地的领事馆,英国外交部迫切需要大批通晓汉语的官员。当时由苏谋斯先后推荐了 21 名学生去中国香港和内地工作的官员担任翻译。1859 年国王学院委托苏谋斯为英国外交部培训汉语人才。但是后来由于他培训的学生只会讲广东话和上海方言,听不懂"官话",于是英国外交部在以后决定把学生直接送到中国去学习语言[③]。但即使如此,也并不代表苏谋斯在汉语教学方面没有建树。事实

---

① 关诗佩. 翻译与调解冲突:第一次鸦片战争的英方译者费伦 (Samuel T. Fearon, 1819—1854) [J]. "中央研究院"近代史研究所集刊, 2012.6 (76): 44.
② 关诗佩. 英国伦敦国王学院首任汉学教授费伦——兼论斯当东赞助人的角色 [J]. 国际汉学, 2013 (1): 3-20.
③ 黄长著, 孙越生, 王祖望. 欧洲中国学 [M]. 北京: 社会科学文献出版社, 2005: 259.

上，在听过苏谋斯的中文课之后成为知名人物的有英国驻华公使的萨道义爵士（Sir Ernest Mason Satow，1843—1929），萨道义在国王学院学习期间受苏谋斯影响，对日本产生浓厚兴趣。另外还有日后成为驻神户及横滨领事的琼·兰黛（Jone Lauder）。庄延龄（E. H. Parker）在1867年曾随苏谋斯学习汉语。1872年苏谋斯辞职，前往日本教学①。

苏谋斯之后，便是道格斯（Robert Kennaway Douglas，1838—1913）。道格斯于1858年首度赴华，1859年在广州英国领事馆任职。1865年辞职回国，转入英国伦敦不列颠博物馆担任东方书籍部主任，主管东方书籍和手稿，直到1907年退休。同时，1903年起接替他老师苏谋斯担任伦敦大学帝王学院的汉文教授一职②。当时由于学生人数不多，所以他把相当多的精力放在建立和组织不列颠图书馆的中文部和搜集藏书方面。他另一项汉学贡献是筹备1874年在伦敦召开的"第二届国际东方学家会议"（the Second Session of the International Congress of Orientalists），并负责编辑出版了这次会议的会议纪要（Transactions of the Second Session of the International Congress of Orientalists）。他还曾担任英国皇家亚洲学会（Royal Asiatic Society）副会长，在1975年5、6月间在英国皇家学会上作了两次演讲，并于同年出版了演讲稿的单行本《中国的语言与文学》（The Language and Literature of China）。

道格斯在中国的语言、文学、宗教、历史上都有很深的造诣。他写了许多有关中国研究的著作。1879年，道格斯出版了作为"非基督教宗教体系丛书"之一的《儒教与道教》（Confucianism and Taoism）。整部书分为两个部分，分别论述了中国的儒教与道教，全书共计287页。其中，儒教部分分为八章，依次记述了导言、孔子生平、孔子的教导、要想成为"君子"必须接受必要的训练、治理国家、非主要的孔子教导、孟子以及近代儒学；道教部分分为八章，依次记述了导言、道德经、道德经（续）、老子与庄子、其后的道教、感应篇、阴骘文以及道家的众神仙。1889年，道格斯出版了《中文指南》（A Chinese Manual），全书共计376页。这是一本包含了惯用短语和对话的简明中文语法手册，书末还附有多音字表、中国十八省、中国历代皇帝表、度量衡等，附录的风格也很接近现代词典的一般编排。1895年，

---

① 胡优静. 英国19世纪的汉学史研究［M］. 北京：学苑出版社，2009：64.
② 黄长著，孙越生，王祖望. 欧洲中国学［M］. 北京：社会科学文献出版社，2005：259.

道格斯还出版了一本《李鸿章传》（*Li Hungchang*），编制了李鸿章大事年表，基本采用现代人物传记的编撰及研究方法，按时间顺序记述了自出生到1895年之前的李鸿章。1901年，道格斯所著《中国社会》（*Society in China*）在伦敦出版，全书共计446页，分为28章，具体包括皇帝和朝廷、国家治理、律例、法律的执行、乡村社会、文人学士与农民、机械与商人、医疗、科举制、孝顺与女性地位、婚姻、葬仪、中英商业关系、1860年战争、外交、对传教士的暴行、谒见礼仪、与中国的外贸、中国的建筑、家奴、杀婴、衣食、花园与旅行、娱乐、货币与艺术、中国宗教、战争、近事等，从各个方面介绍了中国社会的整体概况①。

庄士敦（Reginald Fleming Johnston，1874—1938），出生于苏格兰，毕业于牛津大学历史系。1898年考入英国殖民部，1899—1904年任香港立法与行政委员会职员、助理秘书，1904—1906年调到威海卫任行政公署长官，1918年担任末代皇帝溥仪的英语教师②。1924年离开北京，庄士敦在返回英国后担任伦敦大学汉文教授，并任英国皇家地理学会特别会员。1935年曾专门赴中国长春觐见溥仪，却无心留下，此后返回英国直至逝世。

他的主要著作有：《狮与龙相遇华北：英国租借时期的威海卫》（*Lion and Dragon in North China: Weihaiwei*，1910）、《佛教徒的中国》（*Buddhist China*，1913）、《致传教士函》（*Letters to a Missionary*，1918）、《中国戏剧》（*The Chinese Drama*，1921）、《儒教与现代中国》（*Confucianism and Modern China*，1934）、《紫禁城的黄昏》（*Twilight in the Forbidden City*，1934），等等。

英国的汉学讲座最早是在伦敦举办的。早在1825年至1828年间，马礼逊曾办过短期的伦敦东方语学校（School of Oriental Studies）。在伦敦大学担任中文教授并开设讲座的先后有毕尔、道格斯、文书田、禧在明、瑞思义、卜道成等。此后在讲座的基础上，汉学人才培养的规模有所扩大。1904年中国协会开办的中文专科学校并入伦敦大学，1912年时该校已有10个学习中文的班级，含30多个学生。1917年元旦，英国政府成立了伦敦大学东方学院，英国政府有组织地推进对于包括中国在内的东方地区的研究，并在短

---

① 胡优静. 英国19世纪的汉学史研究［M］. 北京：学苑出版社，2009：65-66.
② 黄长著，孙越生，王祖望. 欧洲中国学［M］. 北京：社会科学文献出版社，2005：314-315.

期内得到了迅速发展，后来伦敦大学东方学院成为英国汉学研究的重要学术机构①。

（四）利物浦大学、维多利亚大学欧文学院的汉学研究

作为当时英国新建大学之一，利物浦大学的汉学研究处于起步阶段，与牛津、剑桥这类老牌学校自然不能相比。经过多方找寻，利物浦大学最终敲定了庄延龄作为首席汉学教授。

庄延龄（Edward Harper Parker，1849—1926），1867年开始跟随其老师苏谋斯（James Summers）学习汉语，1869年开始在北京担任英国驻华公使馆翻译学生。此后直到1894年，相继在中国天津、汉口、九江、广州、福州、镇江、温州、上海、海口，韩国釜山、汉城的英国领事馆和缅甸殖民当局机构中任职。1895年退休回到英国，1896年任利物浦大学学院汉文讲师，1901年起担任维多利亚大学欧文学院汉文教授，直到1926年逝世②。他阅历丰富，熟悉外交事务，对中国文化有深刻了解，经常在《中国评论》《大不列颠和爱尔兰皇家亚洲学会会刊》《皇家亚洲文学会华北分会会刊》《教务杂志》《通报》等刊物上发表文章。从他的著述中可以窥见19世纪下半叶一位英国职业外交家兼汉学家的思路和心态。

他的主要译著和著述有：《蒙古游记》（*Travels in Mongolia*，1871）、《关于鸦片战争的汉文记载》（*Chinese Account of the Opium War*，1888）、《鞑靼千年史》（*A Thousand Years of the Tartars*，1895）、《中国风俗》（*Chinese Customs*，1899）、《中国古代简史》（*Ancient China Simplified*，1908）等③。

三、活跃在牛津大学的汉学教授

（一）牛津大学设立汉学教授岗位

牛津大学与中国的结缘可以追溯到1604年，那时牛津大学波得雷安图

---

① 何寅，许光华. 国外汉学史［M］. 上海：上海外语教育出版社，2002：218.
② 黄长著，孙越生，王祖望. 欧洲中国学［M］. 北京：社会科学文献出版社，2005：259.
③ 熊文华. 英国汉学史［M］. 北京：学苑出版社，2007：101-102.

书馆（Bodleian Library）的创建者托马斯·博德利爵士（Sir Thomas Bodley）向该馆捐献了首批中文书籍。1876年，著名传教士及汉学家理雅各（James Legge）牧师被聘为首任汉学讲座教授。20世纪初，时任中国哲学和宗教讲师的修中诚（Ernest Richard Hughes）创立了基于开放式教育理念的汉学科。从此，伴随着各类研究机构的建立和图书、艺术品收藏的完善，牛津大学的中国研究经过几代学人的努力而蓬勃地发展起来。

对中国的研究最早始于收藏中国图书。欧洲图书馆对中国图书的收藏最早开始于大约16世纪。1573年，耶稣会士公匦勒斯（Gregorio Gonzales）将五六本中文书籍呈送给西班牙国王腓力二世，并将其藏入埃斯科里亚尔图书馆。1604年第一批进入牛津大学波得雷安图书馆的中国书籍或许暗示了明中叶中国出版经济的繁盛，我们现在还可以看到那些来自建阳和金陵的版本。之后，自1635年始，76届坎特伯雷大主教兼牛津大学校长威廉·劳德（William Laud）先后四次向波得雷安图书馆赠送书籍，其中包括6本中文书籍。除此之外，荷兰东印度公司（Dutch East India Company）、英国东印度公司（English East India Company）、杰科布斯·高里乌斯（Jacobus Golius）的收藏等都是牛津大学波得雷安图书馆17世纪中文图书的来源，这使得波得雷安图书馆在17世纪的中文书藏书量达到约90种170卷。继沈福宗之后，爱德华·伯纳德（Edward Bernard）对这一时段的藏书目录进行了整理。这份约占同期欧洲中文书籍收藏四分之一的书单现可以在波得雷安图书馆的专门网站查询到，其中包括经典、哲学和历史书籍、医书、流行类书、文学作品、地图、历书、年鉴、耶稣教士和新教教士的作品。《三国志传》《顺风相送》《天主降生出像经解》是其中值得一提的珍品。同在万历年间，大学艺术收藏（University Art Collection）也在牛津起步。

如果说文艺复兴的浪潮让西方对未知世界的人与物充满了好奇，复辟时期则使得这一趋势趋于沉寂。整个18世纪到19世纪初期，波得雷安图书馆的中文馆藏几乎没有增加，留下记录的只有马斯（Marsh）1771年和弗朗西斯·杜斯（Francis Douce）1834年的捐赠书目，《视觉》和康熙朱印是其中的珍品。这种僵局于19世纪初期在新教传教士的努力下被打破。波得雷安图书馆和牛津大学下属的多间学院图书馆从那时起购进了大量中文藏书，这种情况在19世纪末理雅各接受汉学讲座教授的任命和传教士艾约瑟（Joseph Edkins）对馆藏中文书目加以整理后得到更加有序的呈现。1882 年，牛津大学收购了伟烈亚力（Alexander Wylie）图书馆，使牛津大学的中文藏书系统化地增加了两倍。大约同时进入波得雷安图书馆的还有 1876 年来自费城和 1884 年来自伦敦的两批传教士出版物，这些反映西方宗教在中国适应过程的文献在波得雷安图书馆以外并不多见，它们现在依然是图书馆珍贵的收藏。波得雷安图书馆在 20 世纪初收到的最大捐赠是拜克斯爵士（Sir Edmund Backhouse）于 1913 到 1922 年间在北京获得的大批书籍，他们还保留着当时装订的模样。

早期牛津学者对中国图书文物的兴趣主要出于对神秘的东方的好奇和向往，谈不上学术性的研究，直至 1875 年牛津大学才开始开设中文课程①。1876 年，牛津大学设立汉学讲座，开始了对中国的学术研究。当时在整个英国只有伦敦大学在 1837 年开设有中文讲座，尽管水平有限，但已是开英国汉学研究之先河。

在聘请首任汉学教授方面，牛津大学高层曾经在汉学圈内进行了广泛搜集和调查。在此期间，理雅各的朋友阿尔弗雷德·豪威尔（Alfred Howell）、泰勒（J. B. Tayler）曾向牛津学校管理层推荐了他。这两位朋友在后来的回忆录中回忆了这段故事。阿尔弗雷德·豪威尔这样写道："我能在无与伦比的工作中起到了一丁点作用，这真是我一生的荣耀。"后来牛津耶稣文集学院比较语言学教授穆勒（Prof. Max Muller）与当时的牛津副校长李德尔博士（Dr. Liddell）进行了一番商量。理雅各之前就与穆勒教授熟识，后来穆勒教授在写给理雅各的信中热情地向他邀约。随后的问题便是汉学教授的工资问题，除了牛津能够提供的基本工资外，还需要 3000 英镑的捐助。后来牛津发布公告②，希望一些经常游走于英中两国的商人能够慷慨解囊，资助牛津的汉学研究，后来这个问题是由一些在华的英国商人一起解决的。自此，理

---

① 英国汉学教学的开始时间迟于法国。由于耶稣会士在北京出现较早，法国曾出现过中国热，于是在 1814 年就设立了汉学学科，在欧洲是最早的。6 年之后在英国才有涉及中英殖民史的研究。

② 出于商业、政治和宗教目的，为了英国的在华利益，为了解中国人，在牛津大学开设汉学具有相当的现实和长远利益。牛津大学的首任汉学教授由理雅各博士担任，有关委员会必须筹集经费。理雅各在华居留三十多年，深谙汉语言和典籍，是该职位的合适人选。理雅各在一年中（10 月 10 日至第二年 7 月 1 日）留在学校的时间须在 6 个月以上，在此期间不得在其他大学担任教授。

雅各正式走马上任。

（二）研究与传播汉学的先锋学者：理雅各①

理雅各就任牛津汉学教授时已经61岁了，他不是毕业于传统名校，也非达官贵人，只因其在汉学方面的造诣极深，牛津大学才聘其为首任汉学教授，由此可见其在汉学方面的成就在当时的英国无人可及。此次理雅各就任牛津首任汉学教授还打破了一个一直以来存在于牛津大学的惯例，那就是非国教者不可以做教授。所以他的任职可以认为有些破例，至少传统上没有这样的惯例。牛津大学副校长李德尔与理雅各在1875年的通信中曾明确地谈论了这个问题②。

理雅各于1876年10月27日发表了就职演说，他在演说中表达，对中国的研究有助于英国未来的长远利益，"从政治方面看，大不列颠在中国的利益关系并不亚于俄国……今天，这个理由仍然存在，而且变得更加充分。俄国是从北面接近中国的，而我们是从西边。显然，随着时间的推移，我们与中国的接触会更多、更重要。在不远的未来……我们将打开通往中国西部各省的条条道路"。"用'巨大'这个词来形容我们在中国的商业利益可能最为恰当。我们与中国的贸易额超过了欧洲所有其他国家与中国的贸易总额，超过了世界上所有其余国家与中国的贸易总额……另外，根据由中国海关总监下令为1873年在维也纳举办的世界博览会而编制的清单统计，我发现，以1870、1871、1872这三年平均计算，从中国所有通商口岸进出的中外货物（包括再出口货物），总价值在115,000,000英镑到116,000,000英镑之间，其中由英国海运的货物超过了60,000,000英镑，达到总数的一半以上。"③

---

① 理雅各进入的教学机构是牛津大学的耶稣文集学院（Corpus Christi College）。18至19世纪期间，耶稣文集学院的学生通常不超过20人，理雅各任职期间接近30人。

② 理雅各在牛津执教之后，如同他加入伦敦会的经历一样，没有改变自己的教派。而且他还加入牛津大学最早的女子学校之一——萨默维尔学院（Somerville College）。创建于1879年的理事会坚持不分教派的原则，这个原则使得学生入学的身份比较宽松，多年后甘地（Indira Gandhi）夫人曾入学该校。此外，理雅各加入牛津大学耶稣文集学院（Corpus Christi College）后还加入牛津一家非国教俱乐部，支持第一所培训非国教者的曼斯菲尔德神学院（Mansfield College）。

③ 理雅各. 牛津大学设立汉语教席的就职演讲[J]. 沈建青, 李敏辞, 译. 国际汉学, 2015(2): 20-21.

他也表达了设立汉学教授的迫切性。他说道:"在过去的34年里,我们与中华帝国达成了不止三个条约。从东部海路进入该帝国以后,我们现在在北京有了公使馆;沿着该帝国的海岸线和长江,我们还有十多个领事馆。这些地方,每处都需要高水平的翻译供职。""除了政府,英国的各种教会对中国都有广泛而浓厚的兴趣。因此,设立一个汉语教授席位应该会受到所有与我们传教团体目标一致者的热烈拥护。长期在中国从事传教的经历,在我脑海刻下一个再深刻不过的信念,即由于传教士与中国文人和百姓接触最多,而这些中国人对西方文化和特点的印象也来自传教士。因此,传教士应该得到最全面、最慷慨的教育培训。应该让他们在牛津或伦敦开始学习汉语,同时有机会学习其他课程,其教育程度至少不亚于那些想去印度从事文职的年轻人。"①

对于未来的牛津汉学教育,他这样说道:"中国的历史与文学不应再被排除在我们大学教育的规划之外了。""经过近20年的初步研究,我于1861年开始出版我的劳动成果。计划内的七部书中,已经有五部印刷成8卷出版,另外两部还有待完成,篇幅大概还需要增加3至4卷、或许5卷。这是一项很有价值的工作,甚至对在中国的传教事业的成功也是必需的。""在中国的那些岁月里,我常常希望我国著名的大学能拥有中国语言文学的教席,但我从未想到过我自己会在其中占据一席。大约18个月前,当得知这个提议时,我犹如梦中一般。我接受这一职位……我将竭诚证明其选择的正确,在上帝的帮助下,在研究和教学两方面竭尽全力,永远以使这个教席实用有益作为自己的首要目标。"②

理雅各在就职之后就积极地开展了自己的教学和研究工作,他积极地推动学校的汉学教育。他不仅广开讲演(内容涉及汉字、儒学、宗教、中国历史等主题,时间上从1876年12月持续到1897年11月),还勤勉授课、传播汉学(时间上从1877年1月持续到1897年10月),而且还不辞辛苦地翻译中国著作。凭借他在中国所学,他翻译的中国著作真可谓是信达雅,其

---

① 理雅各. 牛津大学设立汉语教席的就职演讲 [J]. 沈建青,李敏辞,译. 国际汉学,2015 (2): 22 - 23.
② 理雅各. 牛津大学设立汉语教席的就职演讲 [J]. 沈建青,李敏辞,译. 国际汉学,2015 (2): 23 - 24.

中《中国经典》和《东方圣书》当为翻译界的典范之作，至今都令人津津乐道。

综上所述，理雅各破除牛津传统，成为牛津汉学第一人。当理雅各被牛津大学高层任命担任首任汉学教授时，便破除了一个牛津大学一直以来的传统，即非国教者不得做教授，这不得不说是牛津大学领导层对于理雅各汉学造诣的认可。一直以来，很多牛津学者由于宗教因素都无法被评为教授。理雅各的到来不仅破除了这个学校一直以来不成文的规定，而且还成为牛津汉学教学的第一人，真可谓是开山鼻祖。

理雅各在就任汉学教授后，为汉学的传播做出了自己应有的贡献。他除了翻译汉籍之外，也积极地讲授课程和开办讲座，使牛津学生能够尽可能地对中国产生更多的了解。在担任汉学教授后，他主要翻译了"中国经典"和"东方圣书"两个系列丛书。在讲座方面，他开设了关于中国历史、儒家思想等讲座。在课程方面他也是尽可能地覆盖全部的中国古代文化。从这几个方面来看，我们不得不佩服理雅各对于中国文化、历史的了解深入的程度。

（三）研习汉学的典型：布勒克

1. 布勒克生平研究概况

从笔者目前收集到的资料和了解的信息来看，布勒克（Thomas Lowndes Bullock）及其作品尚未引起国内学术界相关学者的重视。到目前为止，除了关于布勒克《汉语书面语渐进练习》（*Progressive Exercises in the Chinese Written Language*）的研究论文①外，没有发现国内其他有关布勒克的专著和专题论文，因此，这方面的历史资料亟待挖掘和探讨。

对于布勒克本人的介绍也只是零星地散见于个别历史资料和书籍中。部分研究欧洲汉学史或早期西方人汉语学习的著作中对布勒克的生平做了简略的论述，笔者将找到的资料一一列举如下。

1915年《通报》（*T'oung Pao*）第16卷3月刊载了布勒克逝世的消息，

---

① 陈丽. 英国外交官布勒克《汉语书面语渐进练习》研究［D］. 上海：上海师范大学，2011.

并对其生平成就做了简单的回顾①。

中国社会科学院近代史研究所翻译室编的《近代来华外国人名辞典》（1981）介绍：布勒克（1845—1915），英国外交官。1869 年进入英国驻华领事界，1897 年退休返回英国，1899 年继理雅各后为牛津大学汉文教授，编写《汉语书面语渐进练习》②。

岳峰的《理雅各与牛津大学最早的汉语教学》（2003），记述了英国牛津大学汉语学科的设立以及首任汉语教授理雅各的上任经过，在分析理雅各的教学情况时提到，理雅各逝世后，由布勒克接替了其职位③。

黄长著、孙越生、王祖望主编的《欧洲中国学》（2005）"英国篇"在介绍牛津大学东方研究院时提到，理雅各于 1897 年去世以后，由布勒克和苏慧廉相继担任了牛津大学中国学教授的职务，并提到了《汉语书面语渐进练习》（译为《汉语书面循序练习》）④。

陈政三的《布洛克⑤台湾中部内山行》（2006）一文简要介绍了布洛克跟随台湾南部基督教长老教会甘为霖牧师（Rev. William Campbell）与美国博物学者史蒂瑞（Joseph Steere）一起到台湾中部进行考察。其中文章开头介绍了布洛克的生平⑥。

陈丽的《英国外交官布勒克——〈汉语书面语渐进练习〉研究》（2011）一文主要研究的是其著作《汉语书面语渐进练习》，对其生平仅简要概述。

以上著作及论文都只是简略概括性地介绍布勒克，并未对其本人及汉学著作做出实际的评价，而尚未发现学术界专门研究布勒克的论文，实为憾事。

笔者根据收集到的资料，将布勒克的生平资料做了一定的整合，详见表 4-1，可一览布勒克的生平。

---

① CORDIER H. Thomas Lowndes Bullock [J]. T'oung Pao, 1915, 16 (1)：165.
② 中国社会科学院近代史所翻译室. 近代来华外国人名辞典 [M]. 北京：中国社会科学出版社，1981：64 - 65.
③ 岳峰. 理雅各与牛津大学最早的汉语教学 [J]. 世界汉语教学，2003 (4)：100 - 103.
④ 黄长著，孙越生，王祖望. 欧洲中国学 [M]. 北京：社会科学文献出版社，2005：393.
⑤ 台湾译为布洛克，大陆译为布勒克。为保证原文含义，笔者未做改变。
⑥ 陈政三. 布洛克台湾中部内山行 [J]. 历史月刊（台湾），2006 (223)：56.

表 4-1 布勒克生平资料对比表

时间	职务	
	大陆资料①	中国台湾资料②
1869		进入英国驻华领事圈服务
1872.6—1873.9	担任第三助理	19 世纪 70 年代,曾服务于淡水、打狗③、台南等领事馆当翻译官,之后调往中国大陆
1877.9—1878.4	在广州领事馆担任翻译	
1878.4.15	提拔为第二助理	
1879.4—1879.7	在汉口领事馆任职	
1880.4.1	提拔为首席助理	
1879.9—1880.9	在镇江领事馆任职	
1880.10—1881.8	在汉口领事馆任职	
1881.10—1882.7	在天津领事馆任职	
1885		任英国驻北京公使馆会计
1886.3—1887.5	任驻京公使馆代理汉文副使	1886 代理汉文副使、汉务参赞
1887.5—1888.11	任驻京公使馆汉文副使	1888 实授汉文副使
1889.7.1	上海领事馆副领事,但未就职	
1888.5—1890.3	任职于天津领事馆	
1891.4—1892.8	在九江领事馆担任领事	
1894.11—1896.2	在上海担任助理法官及领事	
1897.7.1	退休回国	1897 年出任驻上海领事、同年退休
1899—1915	担任牛津大学汉文教授	
1915.3	逝世	逝世

2. 布勒克学术成就及《汉语书面语渐进练习》(第一版)的详尽介绍

虽然当下学者对于布勒克的详尽生平知之甚少,但对于其学术成果,笔者尽可能地找到相关资料,并且整合成成果表,见表 4-2。

---

① 陈丽. 英国外交官布勒克《汉语书面语渐进练习》研究 [D]. 上海:上海师范大学,2011:7.
② 陈政三. 布洛克台湾中部内山行 [J]. 历史月刊(台湾),2006(223):56.
③ 今中国台湾高雄。

表4-2 布勒克学术成果

时间	英文名	中文名	刊物、期	主要内容
1874	*Formosan Dialects and Their Connection with the Malay*	中国台湾"原住民"方言与马来语的联系	*The China Review, or Notes & Queries on the Far East*/Vol. 3 No. 1	根据布勒克以及美国学者在中国台湾搜集到的六种台湾方言进行对比研究所写成的文章。主要简单介绍了六种中国台湾方言的发音及其与马来语的关联。其中通过列表展示了一百多个常用英文单词所对应的方言发音。并且布勒克依据这些发音做出了一些推断。
1877	*A Trip Geographical into the Interior of Formosa*	中国台湾中部内山行	*The Royal Society*	布勒克与中国台湾牧师、美国学者三人共同前往中国台湾少数民族聚居区进行考察的见闻。文中记载了他在台湾所见到的少数民族的风俗、语言、服饰、相貌、礼仪、所用工具等。
1887	*Canton and Peking Plants*	广东与北京的植物名称	*The China Review, or Notes & Queries on the Far East*/Vol. 15 No. 5	布勒克对之前 Mr. Parker's Canton Plants 文章的评论,他简要列出了一些南北方即北京和广东在植物名称方面的异同。如酸枣、大枣、花椒、大麻等。
1902	*Progressive Exercises in the Chinese Written Language*	汉语书面语渐进练习(第一版)	后文详细介绍	
1909	*Reviewed Work(s): Ancient China Simplified by E. H. Parker*	对庄延龄《古代中国》的评论	*The English Historical Review*/Vol. 24,No. 93(Jan., 1909)	布勒克在文章中对周朝的发展,中国人种、语言、文字的发展以及日本与中国的交流发表了一些自己的看法。这些是不同于庄延龄的,并且也指出了庄氏在论述中国历史时的缺漏和错误。

（续表）

时间	英文名	中文名	刊物、期	主要内容
1911	*Reviewed Work(s): The International Relations of the Chinese Empire; The Period of Conflict, 1834—1860 by H. B. Morse*	对马士①《中华帝国对外关系史：冲突期（1834—1860）》的评论	*The English Historical Review*/Vol. 26, No. 103 (Jul., 1911)	布勒克称赞了这本书，他说这本书对于人们了解鸦片战争的历史来说是堪比教科书的。文中详细介绍了第一次鸦片战争的起因、经过和结果。在文末布勒克还表示："虽然五十年过去了，但鸦片问题当时没有解决，它仍然在我们身边。"
1912	*Reviewed Work(s): The Economic Principles of Confucius and His School by Chen Huanchang*	对陈焕章②《孔门理财学》的评论	*The English Historical Review*/Vol. 27, No. 107 (Jul., 1912)	布勒克称赞了陈焕章的文章，说他作为一个儒家学者，用英文告知外国人孔子的经济思想，这是前所未有的，是值得称道的。之后，布勒克围绕陈焕章描述孔子的一些具体的经济政策如税收展开了自己的一番简单的评价。

《汉语书面语渐进练习》（第一版）（*Progressive Exercises in the Chinese Written Language*）由布勒克在担任牛津大学汉学教授后亲自撰写。布勒克于1899年担任牛津大学第二任汉学教授，接替已经逝世的理雅各教授。布勒克上任之后，积极推动汉学研究，此书就是在此期间他为了方便学生和前往中国工作的人员学习汉语而编撰的教科书。

此书于1902年由上海别发洋行（Kelley & Walsh）发行，共计256页。到1912年，布勒克根据一些人的建议修改了部分内容，并再次由上海别发

---

① 马士（Hosea Ballou Morse, 1855—1934），美国人，后加入英国籍，1874年毕业于哈佛大学后考入中国海关，曾任天津海关帮办、上海副税务司、广州税务司。

② 陈焕章（Chen Huan-chang, 1880—1933），字重远，广东高要人，受学于康有为。1907年考入美国哥伦比亚大学经济系，学习政治经济学，1911年获哥伦比亚大学哲学博士学位。《孔门理财学》是其博士论文，当年即收入由哥伦比亚大学政治学教师编辑的"历史、经济和公共法律研究"丛书，该书是中国人最早的在西方正式出版的经济学著作之一。

洋行（Kelley&Walsh）出版，此为第二版，共计 305 页。1923 年，布勒克已经逝世，此书经由剑桥大学汉学家翟理斯（Giles Herbert Allen）、金璋（Hopkins Lionel Charles）修订、出版了第三版，共计 295 页。此后该书多次旧版重印。本部分内容研究以 1902 年第一版为主。

作为一位外交官出身的汉学家，布勒克深知，要与中国政府官员或者知识分子交流，不会书写汉语是十分不利的，这便是他编写此书的初心。当时的中国书面语以文言文为主，因此布勒克在选取课文材料时，很多都是选自中国传统文献，如"四书五经"、《三字经》等。布勒克在前言中也说道，此书属于写作书，是练习写作专用的，不以教授口语为主。另外，他也说到，此书是学习中文书面语的初级用书，学习者有一定基础后就可以进行进一步的深入学习了。可以说，这本书就是外国人学习汉语写作的基础。

《汉语书面语渐进练习》（第一版）共分为四个部分（最后包含一个表，简称"四部一表"）。

第一部分：序言（Introductory Chapter）。布勒克在这部分简要介绍了此书所使用的语音来源。他使用的是当时京城的北京话，这里既是清朝皇都，同时也是当时的官话所在地，中国各地主要使用的语音都是以北京话为主。在书中，他使用威妥玛拼音方案来对中文进行注音，这方便了当时的外国人学习中国话。但由于此书是以书面语为主，因此，作者只简单地介绍了汉语的发音方法、拼读方式、声调。布勒克也专门提到，这是一种学习方法，是一个速学速记汉语的小办法，但不算是科学方法。

第二部分：汉字部首（The Radicals）。汉字是由偏旁部首构成的，很多汉字共有一个偏旁，并且同一个偏旁的汉字的含义基本相近，类似于英语的词根词缀。因此，要想学好汉字，首先必须先掌握汉字的偏旁部首。布勒克以笔画为序，列出了汉字 214 个部首，并且根据部首的读音、意义、书写顺序、常见的变化形式以及是否淘汰或过时来进行详细的介绍。最后，他还亲自设计了一些练习题，使学生能够进行对应训练。

本部分的编排体例：所有的部首按照笔画的多少，共分为 17 类，也即一画至十七画，并竖向排列。每一个部首从左到右是由四部分（部首编号、部首注音、部首形状、英文解释）组成的。若部首在汉语中已经淘汰或者成为不常用的，作者则在编号右边用"＋"表示；若部首有更常见的变化形式，则在该部首的右边用"＊"号表示，然后在部首表后写出常见部首的常见变化形式（Modified Forms）。

此外，在本章最后，还附练习题部分（Radical Test Table），共计211道题，以方便学生自测。布勒克在出题时还强调，学生在做题时一定要仔细，特别是要会分辨某些部首的变形样式。

第三部分：课文学习和注释（Exercises and Notes）。这是整本书最重要的部分，一切围绕此部分展开。一共有72篇文章，其中14篇文章基本是选自孔孟以及其他古代哲人的语录改编而来。还有数十篇是人们平时所说的俗语或书面常用语。其他文章主要涉及当时的领事公务、海关法规和司法裁判制度等官方文件，还有一些是小故事。

本部分的课文编排体例都一样：首先是学习生词，其次是汉语课文，课文中的每一句话都在句末汉字的右下方用顿号和句号标记。每句句首汉字的右上角由阿拉伯数字标注，将课文按照句号分为几句话，也就标注多少数字。接下来，按照所标序号依次对汉语句子进行翻译，也即逐句翻译。最后是注释，注释的代码与句子的代码相同。生词部分的顺序是：汉字—汉字注音（威妥玛式）—英文释义（由于某一汉字有多种意思，因而英文释义也将多种意思都列出来，中间用分号隔开）。课文也是按照中国当时的排版，从右到左竖行排版，每课通常有2～4段（或篇）文章，每段（或篇）文章都比较短，便于学习、理解和接受。

书中虽没有专门的语法教学，但是经常在课文的注释中穿插对语法点的讲解。本部分课文来源[①]：

第一，直接取自中国古代典籍。

（1）子曰、知之者不如好之者。（第六课，出自《论语》）

（2）子曰、吾未见好德如好色者也。（第六课，出自《论语》）

（3）子欲善、而民善矣。君子之德风、小人之德草。（第七课，出自《论语》）

（4）养不教、父之过。（第九课，出自《三字经》）

第二，常用文言短句或词语。

（1）古之人皆用之。我有子无女。身无衣口无食。（第二课）

（2）我有大事。君使臣、臣事君。（第四课）

[①] 课文内容皆为原文录入，错字、符号皆未改动。

（3）十年行善不足。求仁而得仁。（第五课）

（4）人皆有所不为。（第七课）

（5）齐家治国平天下。（第十四课）

第三，当时法规和官方文书。

（1）此货在口岸内、无论或在本行、或在买客之手、除海关进口税外、一概不得向其抽收。（第五十二课）

（2）为照会事、接准总理衙门文开、总税务司议定、运照之货听其沿途发卖、只需将运照在彼处呈官查验、文内又声明、运照之货、一到所指之地、即刻将单缴销、一经缴销、便与无单之货无异、等语、而洋商所领运照近来往往不缴、应请贵领事官、谕饬各洋商、以前不再追问、以后运照务宜随到随缴、如仍然不缴、只可行饬税务司、以后何商不缴、何商停发也。（第五十三课）

最后一部分是汉字索引。此部分按音序排列。在初版中，只有音序索引，没有按部首排列的汉字索引。在第二版中此部分增加了按汉字部首笔画顺序排列的索引。

在书的末尾，布勒克加上了一个汉字注释表（Index To Notes）。按音序排列。此表将本书在之前课文中提到过的一些字进行了汇总，便于学习者在学习时及时查阅。它的注释顺序是威妥玛拼音—汉字字形—英文释义—本字所在文章号码—本字所在文章的注释号码。学习者可以按此顺序轻松地寻找汉字的含义，也能寻找该字在文章中的含义，非常便于学习。

《汉语书面语渐进练习》（第一版）是针对初到或即将前往中国的外国人的学习用书。它的特点和价值如下。

第一，编写目的明确，实用性强。《汉语书面语渐进练习》（第一版）是要使得初到或即将前往中国的外国人能够在较短的时间内学习好中文的书面语，从而尽快适应中国的语言环境，便于开展工作，因此这本书目的很明确。具体表现在：首先是课文的选取。课文主要由中国典籍中常用的话语摘录组成，以使得这些初到或者即将到达中国的外国人能够提前了解到中国人的思想和文化，从而使他们能够针对一些特定的问题提出有针对性的解决办法。其次，一些课文涉及常用的文言用语。对这部分的学习能够使外国人学会使用中国人常见的俗语，从而有助于他们写出能够使中国人理解的文章，利于他们开展工作。最后是法规和制度。对这一部分的学习能够使外国人了解到中国人常用的法律法规是什么，礼节是什么，外国人已经在中国设立了哪些制度和法规，从而能够使得他们更好地融入一个新的环境。他相信通过这三部分的学习，外国人能够在较短的时间内学习好中文书面语。

第二，课文编排合理，适合初学者。布勒克根据自己学习的经历以及对于他人经验的吸取，总结并设计了该书的编排体例。为了方便初学者，布勒克首先将部首介绍给初学者。并且对于部首的变化、意义是否常用等一一做了详细的解释，还在其后准备了 200 多道题来让初学者进行练习，这能极大方便初学者的学习。之后就是正文的编排，为了使初学者能够完全理解文章，他除了要翻译每句话的意思外，还写有生字词、注释以及部分语法，并解释得非常细致，非常方便学习。最后便是汉字索引和注释表。这部分的编排使初学者在学习时可以及时查阅。更为重要的是，若初学者在其他地方遇到了相同的文字，则可以由此来查询该字的含义。它方便了初学者的继续学习和巩固。它从最基本的部首入手，到字、词、句、章，循序渐进，由简入繁，逐步过渡。既涵盖了基本学习要素，又较为科学合理，充分体现了"渐进性"（progressive）的原则。

"头号中国通"——哈佛东亚研究中心创始人费正清在使用《汉语书面语渐进练习》时曾这样夸赞道："学汉语始于……布勒克著《汉语书面语渐进练习》……这是一本内容充实的自学手册，使初学者通晓简单的古典文学语句，附加逐词（或逐字）的英语译文。书中之所以加上这种译文，其目的在于实用易学，譬如说，把古文中表示所属关系的符号 chih（之）要译作'arrive'。因此 jen chih ch'u（人之初）就译为'man arrive-at beginning'。古文句子给人们以富有中国味而遥远的感觉。I chih wei shen（一之谓甚）就变成'one arrive is very'，意为'一次已是够受的了'。我觉得'这些聪明透顶的中国人'或许说成是'这些聪明透顶的英国人'较好。"布勒克没有谈四声，只解释部首，并且列举了 214 个部首。"我仅仅凭借它们的形状和结构开始熟记部首和其他汉字，这是新颖的切身体会。汉字的美学形态开始产生魅力。"①

第三，注重汉字和中国文化常识。该书的编排体现了对汉字学习的重视。从部首开始，然后将汉字放在文章中进行学习，还介绍了每个汉字在文

---

① 费正清. 费正清对华回忆录［M］. 陆惠勤，陈祖怀，陈维益，等译. 上海：知识出版社，1991：23-24.

章中的意思。接下是对于句子的学习，每个句子都有翻译，并且还有注释，最后是汉字和注释索引。因此说该书从头到尾贯穿了布勒克对于汉字学习的重视。此外，这本书还十分重视对中国文化常识的介绍，如"仁""礼""天子""民""君""臣""父""母""孝""五行""四书五经"等内容。这些内容让外国人提早接触到中国传统文化思想，方便他们融入新的工作环境中的文化氛围。

综上所述，由于布勒克是外交官转任学者，因此他对纯学术的研究似乎并不是很感兴趣。相反他更关注的是现实生活中的实际需求，由此布勒克所关注的往往是实用的内容。他发表的文章中有中外政治关系方面的，如对马士《中华帝国对外关系史：冲突期（1834—1860）》的评论；在经济方面，如对陈焕章《孔门理财学》的评论；最突出的当数他编辑出版的《汉语书面语渐进练习》（第一版）。为了实用，他甚至在此书中将读音作为次要内容，直接教人写作，颇有些"哑巴汉语"的感觉。但这一点也不妨碍它的实用，后人对布勒克的许多称赞多来源于此书的实用效能。

很多来往中英之间的翻译者、驻华使官等都是读过此书后逐渐地掌握了中国文言文的书写规律，了解到了一些简单的书面用语、常用短语及儒家思想。故此，笔者认为，在汉语西传的过程中，布勒克的《汉语书面语渐进练习》（第一版）起到了沟通中西文化的简易桥梁的作用。说它简易是由于该书确实是学习汉语的基础性读本，说它是桥梁则是因为它真正起到了中西方人员沟通的作用。

（四）从归国传教士到汉学家：苏慧廉

1. 苏慧廉简介

苏慧廉，又名苏路熙（William Edward Soothill，1861—1935），著名的英国在华传教士。在中国温州传教 26 年，曾任牛津大学中文教授，英国知名汉学家。

苏慧廉 1883 年初到浙江温州传教，传教期间创办西式学校和西医医院，推动了晚清温州的基督教、文化、医学发展的近代化进程。在他即将离开温州时，苏慧廉的弟子——中国人夏正邦①于 1900 年发表了一篇名为《碧莲

---

① 生辰不详，字殿士，温州第一代牧师，曾任苏慧廉书童。其子夏廷耀是我国第一位华人税务司。

后学殿士夏正邦直叙苏慧廉牧师寓殴十九年行述》① 的文章，文中大加称赞了苏慧廉在温州传教所作出的努力。"迨稍长，以传道救人为己任，因闻中华有误入迷途者，心窃忧之，于是被圣灵感动，遂历艰险，涉重洋"。在到达温州传教后，虽遇到一些有敌意的、捣乱的中国人，但苏慧廉依然"跋涉山川，栉沐风雨，既逢人以说道，复善气以迎人"。夏正邦说，"吾牧不惟忍受且为之祈祷，其甘心为道受屈如此，而顽愚卒因以化"。最后说"是岁秋，吾牧例得归国""临歧饯别，人士赠遗诗歌颂德甚至泪数行下""同人留之不得，从之不能，惟有共述吾牧阅历之甘苦，功德之高深，以表各教会②悦服之，诚而已"。1907 年，他离开温州前往太原，担任山西大学堂西斋总教习一职，就职四年③。由于清末新政正在进行中，当时的大学还十分稀少，因此这给了苏慧廉开始认真研究中国文化的机会。可以说，他的汉学学术生涯是从山西大学堂开始的④。

2. 苏慧廉在牛津大学的教学与研究

（1）苏慧廉在牛津大学的教学工作

1911 年离开山西后，苏慧廉回英国休养，在此期间，苏慧廉被剑桥大学授予荣誉文学硕士学位，后应邀赴牛津大学皇后学院，为即将赴华的传教士提供培训。1920 年，苏慧廉正式成为牛津大学三一学院汉学教授，并获授牛津文学硕士学位。此后直到 1935 年逝世，苏慧廉将自己的全部精力投到了汉学的教学和研究当中。苏慧廉的汉学研究已经不仅仅局限于汉语发音、汉字书写和中国传统典籍，他开始将研究目光转向了中国佛经和明堂研究。苏慧廉到任后，积极地推动汉学的教学和研究。他在牛津多次召开讲座，宣传自己在中国温州和山西的所见所闻、所思所感。后来牛津大学出版社将他所作的数次汉学演讲结集成书并出版。这些书分别是《中西交通史大纲》（*China and the West: A Sketch of Their Intercourse*, 1925）、《中国简史》（*A History of China*, 1927）、《中国与英国》（*China and England*, 1928）。除

---

① 夏正邦. 碧莲后学殿士夏正邦直叙苏慧廉牧师寓殴十九年行述［J］. 万国公报，1900 (135)：31.
② 据夏正邦所言，苏慧廉在温十年乃开支会二十余所，终温十九年，共开支会九十余所。
③ 现存于山西大学西学专斋工科大楼大厅东墙的《山西大学堂西学斋教职员题名碑》上，上面共刻西斋教职员 36 人，其中 15 人为外籍教习，苏慧廉名字在其中相当醒目。
④ 端木敏静. 融通中西，守望记忆——英国传教士、汉学家苏慧廉研究［D］. 杭州：浙江大学，2015：122.

了在牛津大学召开讲座之外,苏慧廉也前往剑桥大学、美国哥伦比亚大学进行演讲,演讲的内容都涉及中国的历史、宗教、民俗等。

以下是他在牛津大学所作的一些演讲中英文对照,"中国与西方"系列讲座见表4-3,"中国与英国"系列讲座见表4-4。

表4-3 "中国与西方"系列讲座①

演讲题目	
英文	中文
Introductory: Early Foreign Intercourse	入门:早期对外交往
Foreign Intercourse before the Mongol Conquest of China	蒙古征服中国之前的对外交往
Buddhists, Arabs, Christians and Others, before the Mongol Invasion	蒙古入侵前佛教徒、阿拉伯人、基督徒和其他人
The Mongols	蒙古人
Marco Polo, the Early European Missionaries, and the Fall of the Mongols	马可·波罗、早期的欧洲传教士和蒙古的衰败
The Opening of the Sea Route and the Advent of the English	海路的开放和英国人的到来
Chinese Expansion and the Advent of Other Nations	中国的扩张和其他国家的到来
English Trading Relations	英国对外贸易关系
Opium and the Opium War	鸦片及鸦片战争
The Taiping Rebellion and the "Arrow" War	太平天国战争及亚罗战争
The Customs; Rebellions; Wars with France and Japan	海关、叛乱、与法国和日本的战争
Reform	清朝改革
Reaction	清朝反应、对策
Revolution, Republic, Ruin, Renaissance	革命、共和、毁坏、新文化运动
East and West	东方与西方

---

① 《中国与西方》是苏慧廉于1924年在牛津大学给现代历史与地理学院学生以及东方研究的学者做有关中国与西方关系六次讲座的结集。参考资料为:SOOTHILL W E. China and the West: A Sketch of Their Intercourse [M]. Oxford: Oxford University Press, 1925. 此处"中文"为笔者翻译。

表4-4 "中国与英国"系列讲座①

演讲题目	
英文	中文
England's Political History in China	在中国的英国政治历史
Political Relations: The First Conflict and After	政治关系：第一次冲突及以后
Extra-territoriality: Its Rise and Cause as Relating to Persons	治外法权：它的产生和关于人的原因
Extra-territoriality of Persons: Present Position	人的治外法权：现在的地位
Extra-territoriality: The Concessions and Settlements	治外法权：让步和解决
Extra-territoriality: Abolition	治外法权：废除
Trade and the Industrial Revolution	贸易和工业革命
Tariffs: The Maritime Customs and Other Services	关税：海关和其他服务
Cultural Importations: Early Stages	西方文化输入：早期阶段
Cultural Importations: Later Introductions	西方文化输入：后来阶段
Revolution and Republic	革命与共和
Nationalism in China: Its Meaning	民族主义在中国及其含义
Sun Yat-sen's First National Principle	孙中山的第一民族原则
The Second and Third	第二及第三原则（民权和民生）

苏慧廉在牛津大学教学生涯中最负盛名的高徒是费正清。费正清（John King Fairbank，1907—1991），哈佛大学终身教授，著名历史学家，美国最负盛名的中国问题观察家，美国中国近现代史研究领域的泰斗，"头号中国通"，哈佛东亚研究中心创始人。

很显然，大家熟悉费正清是由于他对中国的了解以及他有关中国的著作。但大家所不知的是，在他即将开启对中国的研究之时，是苏慧廉帮助了他学习汉语。费正清在自己的一篇回忆录里回忆了他与苏慧廉的故事，他这样写道："一位退休的传教士苏慧廉博士，即汉文教授，经大学当局聘定为我的文学士论文导师。苏博士是个宽厚长者，他向我解释，他刚巧在校对他

---

① 英文题目参见 SOOTHILL W E. China and England [M]. Oxford: Oxford University Press, 1928. 此处"中文"为笔者翻译。

的《汉语佛教术语词典》，但乐意在午茶之际的任何时间接见我，并同意无论如何会与退职隐居在伦敦郊外的马士写信联系。"经苏慧廉的引荐，费正清认识了另一位"中国通"——马士。

后来，费正清为了自己的学术论文研究开始学习汉语。他这样记述道："我自学汉语始于苏慧廉博士送给我一本布勒克著《汉语书面语渐进练习》。"①

我们可以从费正清的记述得知，他在学习汉语时受到了苏慧廉的关注和指导。虽然我们不知道具体的指导方式和内容，但从费正清对苏慧廉的描述可以得知，苏慧廉耐心细致地教导费正清学习汉语，并且在他学习之时给了他一本专门学习汉语的书籍。不仅如此，对于费正清向他求助的事情，他也尽力帮忙。他帮助费正清联系到了马士，这为费正清以后的博士论文的写作提供了重要帮助。

（2）苏慧廉在牛津大学的研究工作

苏慧廉到牛津后，研究的主要方向在于中国的佛教和道教。随着研究的逐渐深入，他开始慢慢地形成了自己的观点，不再追随李提摩太和理雅各在宗教上的一些观点。他觉得李提摩太用《圣经》经文翻译中国佛经的做法很不恰当。他根据自己对于中国佛教历史和现状的研究得出了另一种翻译的办法：区别于李提摩太，他不再将佛翻译为 God，而是翻译为 Buddha，不再将寺庙翻译为 Church，而是翻译为 Temple。后人对此的评价是苏慧廉对佛经的翻译更加保持了原文的意思，使得字句对应、简单明了、易于理解。如《妙法莲华经》中偈颂的英译，见图 4-1。

汝听观音行	Listen to the deeds of the Cry-Regarder.
善应诸方所	Who well responds to every quarter;
弘誓深如海	Vast is his vow as deep the sea.
历劫不思议	Age-long, and inconceivable.

图 4-1 《妙法莲华经》中偈颂的中英文对照

---

① 费正清. 费正清对华回忆录 [M]. 陆惠勤，陈祖怀，陈维益，等译. 上海：知识出版社，1991：21-23.

苏慧廉在研究中国佛教方面主要是发表了《儒道释三教》（*The Three Religions of China*，1913），翻译了《妙法莲华经》（*The Lotus of the Wonderful Law*，1930），校译了《法华三部经》，编著了《中英佛学辞典》（*A Dictionary of Chinese Buddhist Terms*，1937）。其中《中英佛学辞典》花费了苏慧廉10年时间，出版以后该辞典受到了欧洲汉学家的一致好评，他们一致认为该书是西方汉学界绝无仅有的两本英汉中国佛教术语词典之一①。鉴于艾德《中国佛教学习手册》（*Handbook for the Student of Chinese Buddhism*）没有把中文的佛教术语包含在内，因此苏慧廉觉得艾德的那本书有所缺憾。不仅如此，苏慧廉还把中国佛经中与梵文的对照和部分巴利文也一并写入了词典中。因此，在这本词典中有四种语言，顺序为中文—梵文—巴利文—英文释义。这样的编排增加了翻译中国佛经的准确性，可与佛经原文梵文或巴利文进行对比研究，从而使得翻译更加准确明白，使人们能够理解佛经最初的含义。此外，苏慧廉在编排词典的查询方式方面也是另辟蹊径，独树一帜。他改变了以往的查询方式，该词典的正文部分是按照每个术语的首个汉字的笔画数目从少到多排列，同笔画的又按照偏旁部首的顺序进行的编排。何乐益②高度评价了苏慧廉，称他有"敏锐的理解力与非常出色的翻译能力，将深奥的术语翻译成简洁的英文"。

经过在温州传教、担任山西大学堂教习以及翻译众多中国佛教经典之后，苏慧廉的观点也慢慢地从原来的传教士视角转变为学者视角，他看问题的方法和水平都跟以前不太一样了。如果说之前他写的自述《中国传教纪事》还带有一些错误或偏见的话，那么，在后来出版的一些关于中国和佛

---

① 另一本是艾德（Ernest John Eitel）1870年出版的《中国佛教学习手册》（Handbook for the Student of Chinese Buddhism）。艾德（1838—1908），耶稣会传教士。清同治元年（1862）由巴色会（Basel Mission）派遣入华，在广州传教。1865年入伦敦会。1879年辞教职，任香港政府学校视察，并兼香港总督轩尼诗爵士之私人秘书。曾任《中国评论》（*China Review*）编辑数年。撰有许多有关中国的文章。著《客家人的历史》《在中国的欧洲——香港史》等书。另编有《广州方言汉英辞典》。

② 何乐益（Lewis Hodous，1872—1949），出生于波希米亚，后在美国读书，1901年被任命为公理会传教士并派往中国福州进行传教。1902—1912年任福州神学院院长，其中，1911年辛亥革命时在中国红十字会工作，1914—1917年任福州神学院联盟主席，1917年返回美国，之后一直担任哈特福德神学院基金会肯尼迪使命学院中国文化教授，其中，1928—1941年担任神学院历史与宗教哲学教授，二战期间曾担任政府翻译。1949年逝于美国。

教的著作里，他能够比较客观地对一些历史现象、观点思想等做出清晰的判断了。他认为，中国佛教不仅对中国古代历史、中国文化以及东亚文化圈产生了重大的影响，而且对西方的人文思想产生了一些影响。苏慧廉在经过研究之后得出了一个结论，他认为现代的佛教形式是在模仿西方基督教的形式。同时，他也认为不能因此就抹杀佛教的影响，尤其是佛教对基督教的影响可能要比平时西方学者估计的要大。另外值得一提的是，苏慧廉对佛教研究有很大影响的李提摩太的一些观点并不完全认同，如李提摩太认为景教对中国佛教产生了重要影响，但苏慧廉对此却并不认同。

正如苏慧廉在《中国与英国》的"序"中所说："不管我如何评述中国，我都是带着一种对中国和中国受苦受难的大众真挚情感而发的。我曾服务于他们，并在那里度过了我的半生。"他又说："也许有人说中国的安宁与英国无关，我却不这样认为。"① 苏慧廉的汉学研究寄托了他对中国历史、中国文化、中国佛教的喜爱和热忱，寄托了他对英中两国保持良好的外交关系的美好期待，寄托了他对中国文化的最高赞美。

苏慧廉的前半生是在中国传教的传教士，后半生是在英国研究和推广汉学的教授学者。身份的转换没有改变他对中国的热爱。为了减轻中国人的苦难，他前半生历尽艰难险阻在温州传教，最终广施布道，得分会90余所；为了中国文化的传播，他后半生呕心沥血在牛津著书立说，最终成为英国一代汉学大师。

综上所叙，苏慧廉对于汉学西（英）传的主要贡献在于：苏慧廉担任牛津汉学教授后，积极推动汉学在英伦传播。在这方面，苏慧廉充分发挥自己在中国居住19年的优势，将中华文化的许多方面都尽可能地讲授给学生。他在牛津期间编辑了《中西交通史大纲》《中国简史》《中国与英国》三本书。另外，他也多次在英美大学间开办讲座，讲授自己所了解的中华文化和历史。由此很多学生慕名而来，其中著名的当数费正清了。费正清的出现可以说是苏慧廉传播中华文化后结出的最大硕果，许多后来的学者都是通过费正清对中国的研究而开始关注这个东方大国。

---

① SOOTHILL W E. China and England [M]. Oxford：Oxford University Press，1928：Preface.

(五) 未能成行的牛津大学汉学教授：陈寅恪

1. 陈寅恪简介

陈寅恪（1890—1969），字鹤寿，江西修水人。中国现代最负盛名的集历史学家、古典文学研究家、语言学家、诗人于一身的百年难见的人物。曾是清华的四大哲人之一、史学四大家之一。在此之中，还有一个值得后人称道的是他被英国牛津大学聘为汉学教授的经历，其经历坎坷、终未成行，后人阅此常为之唏嘘不已。

2. 选任陈寅恪

1935 年苏慧廉辞世后，牛津大学就开始寻找下任汉学教授的工作了，并且希望在 1939 年元旦前完成选聘汉学教授的任务。1938 年 10 月，伦敦大学教授颜慈（Perceval Yetts）向牛津大学转达了来自中国的杭立武对陈寅恪的推荐信。之后由于当时的通信条件较差，信件在中英两国、在中国各地来回辗转之后造成了很多时间延误，这使得陈寅恪在很久之后才知晓牛津大学有意聘请他做汉学教授。杭立武后来再次给牛津大学的回信除了附上胡适的推荐信外，还有一份对于陈寅恪总体介绍的信。

牛津大学在收到这封信之后更加确定了自己的选择，他们希望中国方面能够使陈寅恪尽快同意并启程。牛津大学还专门为此拨款 100 英镑作为陈寅恪的旅费，1939 年 6 月陈寅恪终于动身离开昆明，前往香港乘船。

也许是天意，陈寅恪准备自香港去英国，但恰巧此时第二次世界大战爆发，航线中断，不安全因素增多，旅英之行只好作罢。陈寅恪向牛津说明情况后，牛津复信同意他至 1940 年第一个学期就任。1940 年 5 月，陈寅恪写给牛津一封亲笔信，内容如下：

> 我谨通知你我计划在 9 月初自香港乘船前往英国，可望于 9 月抵达牛津，恳请代为安排下榻学院事宜。

但后来他抵达香港后却没有去英国，这一点让很多人困惑，也成了一段悬案。陈寅恪在1940年8月给梅贻琦的信①里讲了他为什么没去英国,他说当时驻英大使建议他再延缓一年再去,他只有照办②,但牛津方面得到的消息却是陈寅恪本人希望再延迟一年上任。后来有学者就此进行了研究,其中程美宝认为这可能是郭泰祺、杭立武由于某些个人的考虑而故意使陈寅恪不能抵英就任③。

1941年陈寅恪再次赴英,但是又未成行,此事的文字资料甚少。牛津大学档案显示是由于当时有紧急情况④,但并不清楚具体是什么紧急情况。

3. 陈寅恪的教学研究计划书

虽然经历了这么多的推迟,但牛津大学对于陈寅恪赴英之事依然抱有希望,并且希望派人前去中国看望陈寅恪。1942年牛津大学中文讲师修中诚⑤到访中国并且拜访了陈寅恪。他们两个相见如故,修中诚深深地被陈寅恪的学识所折服。他这样说道:

> 他不但是一个专家学者,也是一个天生的导师⑥。

有了这一次的交流之后,陈寅恪深感自己的责任重大,因此他在1944年9月委托修中诚将自己起草的有关中国研究学科发展的计划书《高级中国研究计划》交给牛津大学东方研究院。该计划书主要内容如下:

> 1. 负责将《旧唐书》及《新唐书》在五六年内翻译完成,此项任务需要一些中外学者和翻译的参与。

---

① 陈寅恪1940年8月24日致梅贻琦函。清华大学校史研究室. 清华大学史料选编·第3卷(上)[M]. 北京:清华大学出版社,1994:203.
② 月涵吾兄先生左右:别来不觉月余,想起居佳胜。弟到港即接郭大使自英来电,因时局关系欲弟再缓一年赴英,当即托英庚款会代复照办。
③ 程美宝. 陈寅恪与牛津大学[J]. 历史研究. 2000 (3):157 - 158.
④ Acts, 28 April 1941, Vol. 179, p. xii, CP/1, File 1.
⑤ 修中诚(Ernest Richard Hughes, 1883—1956),英国伦敦会教士。1911年来华,在福建汀州传教18年。1929—1932年在上海中华基督教青年会全国协会任职。自1934年1月起,在牛津大学任中国宗教和哲学高级讲师。
⑥ 修中诚1943年11月29日至牛津大学校长函复本,CP/1, File 20。

2. 参与译制的学者和翻译需要运用新的研究方法，利用敦煌手稿，写出有关唐代文化的中英文论文或著作。

3. 牛津大学需委托宙海宗①、邵循正②、孙毓棠③编辑一套三卷本约一千五百页并附地图和索引的全英文的中国历史，另外此书的编辑需征求一个顾问委员会的意见，此顾问委员会的成员有陈寅恪、修中诚、汤用彤④、冯友兰⑤、罗伯特·佩恩⑥等。

4. 完成该计划所需资金约四千镑。

5. 对此计划的其他说明。

这实在是一份雄心勃勃的计划，它计划在五六年的时间里将中国古籍翻译为英文。这种短时间内的巨大工作量让笔者在当下也依然钦佩不已。虽然里面有许多计划不一定能够实现，但看罢这份计划书会使人更加觉得伤感和遗憾。如果陈寅恪能够到达牛津执掌汉学教授，那么我们几乎都可以预见到牛津的汉学会繁荣地发展到何种地步。

4. 反复推迟，终未赴任

虽然陈寅恪反复推迟到英国的时间，但是最后他终于成功了。陈寅恪于1945年秋抵达了英国，但这次他的目的地不是牛津，而是医院。严重的眼疾使他不得不前往英国进行治疗。也因此，他抵达英国的时候也正是他辞别牛津的时候。他在1945年12月托人⑦写了一封信⑧给牛津校长，表达了自己不能前往牛津执教的遗憾和歉意。

> 他决定，他不得不谢绝接受牛津大学中文教席的荣誉。他为把这个决定告知你而深感遗憾，并且希望你相信这是一个经过深思熟虑的决定。

---

① 哈佛大学博士，清华大学历史系主任。
② 清华大学硕士，曾在巴黎和柏林读研究生。
③ 清华大学硕士，曾在日本读研究生。
④ 哈佛大学博士，研究中国佛教的历史学家。
⑤ 哥伦比亚大学博士，中国哲学史学家。
⑥ Robert Payne，清华大学英国文学系教授，小说家及诗人。
⑦ 当时在伦敦的联合国教科文组织中国代表、武汉大学教授陈源。
⑧ 陈源致牛津大学校长 Sir Richard Livingstone 函（1945年12月31日，CP/1, File 20）。

牛津大学最终于1946年1月21日正式公布了陈寅恪的辞职。这一段特殊的缘分也就此结束。

时光虽老人不老，牛津汉学传播的历史就是由这四位大家一点一滴书写的。一路走来，筚路蓝缕，恐怕只有四位大师对其中的苦难与艰辛感受最为深刻。作为后来者的我们，都是站在他们的肩膀上开始新的研究。百年来正是靠着这些前人的艰辛努力，现代的中英文化教育交流才能变得如此和谐、通畅。

结　语

　　1840—1949 年是近代中国沉沦和奋斗交织在一起难解难分的一段历史。当具象到中英教育交流史时，呈现出来的是：中英两种文化在相互接触中，产生的碰撞、冲突、对抗以及相互之间的适应与融合。在这个过程中，英国表现出面对文化的输出与输入，在异域中生长的种种困惑与困境；中国则表现出在沉沦中的挣扎，在奋起时的觉醒。

　　近代中英教育交流意指中英两国之间在教育方面的相互沟通、相互交往、相互作用，既体现在中英教育交流的主体（传教士、留英学生、教育家、汉学家等）之间的活动上，又体现在客体（教会学校、教育著作、期刊、杂志、教材等）之间的互换上。近代中英教育交流史是一个双向、动态以及复杂的发展过程，这个过程往往是在不同时段的诸多"事件"交叉进行的。所以，在研究时，以时间为纵向，以重大历史事件和人物为横向，既能再现中英教育交流的生动场景，也能解释历史变化过程中的各种复杂因素的形成与影响。通过研究，笔者得出三个基本结论。

　　1. 近代中英教育交流史是一个双向互动过程

　　研究近代中英教育交流史的时间起点是 1840 年，这是一种以鸦片战争为节点的常规做法。鸦片战争失败后，清政府与英国签订了《南京条约》，这个不平等条约给传教士在中国传播西方宗教披上了合法的外衣。传播一种宗教——或者更确切地说是在几乎没有宗教传统的中国传播之前被中国禁止的基督教、天主教谈何容易。种种困难和阻挠，迫使那些甘愿冒险、不远万里来到中国的英国传教士在传播福音的文化殖民背景下寻求到基督征服中国的另一种途径——兴办教育。

　　然而，在中国创办教会学校并非易事。由于中国学子都是以学习"四书五经"为路径登上封官晋爵、光宗耀祖的仕途的，这早已成为中国人祖祖辈辈深入骨髓的一种追求，因此当教会学校在中国大地上传授自然、算术、外文、唱歌、绘画、游戏等知识之时，几乎完全不被中国上流社会接受。在保守的官绅口中，这种知识只是有损天理、有伤风雅的奇技淫巧。传教士们不得不将部分中国传统学习内容纳入其中，以便教会学校更好地为中国社会所接纳，从而达到将迥异于东方的近代西方教育融入中国的目的。事实上，英国传教士在华办学正是从依附于教堂的蒙馆和小学堂开始的，招收的仅仅是信徒子女和贫穷失学的流浪儿童。但是，这种不尽如人意的状态并没有影响到传教士的执着。到20世纪初，英国成为在华建设初等教会学校数量最多的国家。与此同时，英国教会也开始提高在中国办学的层次，使得中等学校和高等学校的数量也在不断增长。英国传教士以传播西学主导者自居，积极推动晚清中国教育改革，不断向清政府及其官员提建议、拟订方案、发表意见，并直接参与中国的新式教育运动。在传播方式上，英国传教士利用创办的刊物将先进思想和技术介绍到中国，加强了西方文化在中国传播的速度，增强了英国文化教育思想对中国教育变革的渗透力。

英国教育思想、教育制度和方式经过传播在中国生根发芽、开花结果，并且刺激中国教育主动去追求世界的先进文化教育。早期，去海军学校留学的福州船政学堂的学生，不避艰险、不怕困难，在海上实习5年再回国服务就是最好的佐证。民国后，人文社会科学留英博士群体学成归国的教育作为，预示着近代中国教育一步一步地走向自主创新的漫漫征程。另外，严复和曾宝荪作为留学英国的杰出代表，更充分展现了近代中英教育交流的丰硕成果。

在近代中英教育交流中，汉学也经过传教士、中国汉学家、留英学生等传入英国，促进了汉学在英国的研究与传播。以理雅各为代表的牛津大学汉学家们及其所从事的翻译、著书、教学等活动是最为显著的代表人物和事件。牛津大学的本国汉学教授几乎都有在中国生活、工作的经历，对中华文化有切身体验和一定的独到见解。基于此，他们才能成功地把中国的传统经典著作翻译介绍给英国学生与公众。中英教育交流就是这样一个从英国到中国、从中国到英国的互动互惠过程。只有描述出这个双向互动过程，才能呈现出近代中英教育交流史的整体面貌。

2. 近代中英教育交流史是一个多层次、多向度的复杂过程

一般来说，教育涵盖诸多方面的内容，再加之东西方文化和地域的巨大差异，就使得近代中英教育交流是一个多层次、多向度的复杂过程。表现如下。

首先，英国在华创办的教会学校具有多样性和多层次的特点。在华的英国教会学校涵盖面较为广泛，从初等教育、中等教育到高等教育均有涉及。尤其是英国在华建立教会学校之初，只能从社会底层的贫困人群入手，给予食物、衣服等物资，引导其入学，这些措施使一些无缘接受中国传统教育的孩子在教会学校里获得受教育的权利。英国教会女学的兴办以及英国教会在华盲人学校的创办为中国社会边缘人群提供了接受教育的机会，客观上扩大了中国受教育者的范围。英国在华的教会学校导入西方教育思想、价值观念、知识结构和人才培养模式等，以其一定的先进性对中国传统教育形成强力冲击，客观上扩展了中国受教育者的视野。

其次，留英学生派遣具有多渠道和多向度的特点。留学是跨文化的经历，这种经历会使不同的社会文化得以传播。从清末一直到南京国民政府时期，中国历届政府都十分重视赴英留学。近代官费留英派遣的形式众多，分别有中央派遣、地方派遣、军队派遣以及中英庚款公费留学。留英生作为中英文化教育连接的中介，通过政府和民间力量，齐头并进，加速了近代中英教育在空间上的流动和传播。

最后，英国庚款资助中国教育事业具有覆盖广和复杂化的特点。英国庚款在中国的发放和使用渠道十分多样化，有支持中国博物馆建设和维护的，有支持各地区教师培训的，有支援偏远地区建立学校的，有拨付各所大学支持其研究的，支持中英学者往来对方国家讲学的，还有支持部分优秀学子赴英留学的。今天，当我们走进剑桥大学，就会在十分醒目的地方看到英文版的徐志摩诗集，《再别康桥》也成了中国学生脍炙人口的经典诗句。我们很难说是留学剑桥大学成就了诗人徐志摩，还是徐志摩的诗丰富了剑桥大学在中国人头脑中的想象。这就是中英教育交流复杂性的一种表征，呈现出的是中英教育交流史的生动画卷。

3. 近代中英教育交流史是一个既依赖于政治经济关系又相对独立的发展过程

近代中英教育交流是在特殊的历史背景中进行的。老牌帝国主义、殖民主义的工业化国家与饱受外国列强欺辱的半殖民地半封建社会的中国相遇，中英教育交流一开始就是在不平等的条件下展开的。1840年大批英国传教士、外交官和商人到达中国，在完成他们的政治经济使命的同时，还带来了英国的教育制度、教育思想，对中国人的教育意识的改变与生活产生一定的影响。

中英文化教育交流首先是在政治经济关系的裹挟下发生的，无法规避，也无可辩驳。但是，它一旦产生，就必然受到教育内在规律的制约，呈现出相对独立性。它在一定范围内超越了现实政治经济约束，出现对政治经济的偏离现象，即在空间上，文化教育的影响可以超越一定经济共同体、政治共同体的区域范围而流动。例如：1920年，"这个时代唯一赢得全球尊重的英国思想家"罗素应邀来华讲学，为当时中国教育界带来新气象。一种"罗素化"的尝试，在近代中外教育交流史上画下了浓重的一笔。

由于时间的限制，系统全面的中英教育交流史研究还只是刚刚起步，还有更多课题有待开发，这也是我今后的努力方向。

参考文献

一、著作类

[1] 国民外交丛书社. 中英关系略史 [M]. 上海：中华书局, 1929.

[2] 邰爽秋. 庚款兴学问题 [M]. 上海：教育编译馆, 1935.

[3] 中共中央马克思恩格斯列宁斯大林著作编译局. 马克思恩格斯选集（第二卷）[M]. 北京：人民出版社, 1972.

[4] 马士. 中华帝国对外关系史（第1、2、3卷）[M]. 张汇文, 等译. 上海：上海书店出版社, 2006.

[5] 舒新城. 近代中国留学史 [M]. 上海：中华书局, 1927.

[6] 田正平. 中外教育交流史 [M]. 广州：广东教育出版社, 2004.

[7] 王伟. 中国近代留洋法学博士考（1905—1950）[M]. 上海：上海人民出版社, 2011.

[8] 杭立武. 国民政府时代之中英关系：附访英简笔 [M]. 台北：台湾商务印书馆, 1983.

[9] 黄俊英. 二次大战中的中外文化交流史 [M]. 重庆：重庆出版社, 1991.

[10] 撒本仁, 潘兴明. 20世纪的中英关系 [M]. 上海：上海人民出版社, 1996.

[11] 王介南. 中外文化交流史 [M]. 北京：人民出版社, 2011.

[12] 钱乘旦, 许洁明. 英国通史 [M]. 上海：上海社会科学院出版社, 2002.

[13] 祝怀新. 英国基础教育 [M]. 广州：广东教育出版社, 2003.

[14] 易红郡. 英国教育的文化阐释 [M]. 上海：华东师范大学出版社,

2009.

[15] 何伟强. 英国教育战略研究 [M]. 杭州：浙江教育出版社，2014.

[16] 朱镜人. 英国教育思想之演进 [M]. 北京：人民教育出版社，2014.

[17] 杨晓. 中日近代教育关系史 [M]. 北京：人民教育出版社，2004.

[18] 杨晓，杨飔. 矛与盾——近代日本民族教育之管窥 [M]. 北京：知识产权出版社，2015.

[19] 王小丁. 中美教育关系研究（1840—1927）[M]. 成都：四川大学出版社，2009.

[20] 张士伟. 近代中法教育交流史 [M]. 天津：南开大学出版社，2014.

[21] 周棉，等. 中国留学生论 [M]. 南京：南京大学出版社，2012.

[22] 刘晓琴. 中国近代留英教育史 [M]. 天津：南开大学出版社，2005.

[23] 谢长法. 中国留学教育史 [M]. 太原：山西教育出版社，2006.

[24] 李喜所. 中国留学通史（晚清卷）[M]. 广州：广东教育出版社，2010.

[25] 李喜所. 中国留学通史（民国卷）[M]. 广州：广东教育出版社，2010.

[26] 安宇，周棉. 留学生与中外文化交流 [M]. 南京：南京大学出版社，2000.

[27] 汪一驹. 中国知识分子与西方——留学生与近代中国（1872—1949）[M]. 梅寅生译. 新竹：枫城出版社，1978.

[28] 熊月之，高俊. 上海的英国文化地图 [M]. 上海：上海锦绣文章出版社，2011.

[29] 李喜所. 近代中国的留学生 [M]. 北京：人民出版社，1987.

[30] 王奇生. 中国留学生的历史轨迹（1872—1949）[M]. 武汉：湖北教育出版社，1992.

[31] 黄新宪. 中国留学教育的历史反思 [M]. 成都：四川教育出版社，1991.

[32] 张倩仪. 大留学潮 [M]. 北京：北京联合出版公司，2016.

[33] 胡连成. 走向西洋　近代中日两国官派欧美留学之比较研究（1862—1912）[M]. 长春：吉林大学出版社，2007.

[34] 邹小站. 西学东渐：迎拒与选择 [M]. 成都：四川人民出版社，

2008.

[35] 李明春,吉国. 海洋强国梦 [M]. 北京:海洋出版社,2014.

[36] 谭树林. 马礼逊与中西文化交流 [M]. 杭州:中国美术学院出版社,2003.

[37] 王扬宗. 傅兰雅与近代中国的科学启蒙 [M]. 北京:科学出版社,2000.

[38] 戴吉礼. 傅兰雅档案 [M]. 桂林:广西师范大学出版社,2010.

[39] 沈迦. 寻找·苏慧廉 [M]. 北京:新星出版社,2013.

[40] 王李金. 中国近代大学创立和发展的路径——从山西大学堂到山西大学(1902—1937)的考察 [M]. 北京:人民出版社,2007.

[41] 胡优静. 英国19世纪的汉学史研究 [M]. 北京:学苑出版社,2009.

[42] 何寅,许光华. 国外汉学史 [M]. 上海:上海外语教育出版社,2002.

[43] 李孝迁. 近代中国域外汉学评论萃编 [M]. 上海:上海古籍出版社,2014.

[44] 费孝通. 乡土中国 生育制度 乡土重建 [M]. 北京:商务印书馆,2011.

[45] 志刚. 初使泰西记 [M]. 长沙:湖南人民出版社,1981.

[46] 张德彝. 航海述奇 [M]. 长沙:湖南人民出版社,1981.

[47] 张德彝. 欧美环游记 [M]. 长沙:湖南人民出版社,1981.

[48] 李兴业,王淼. 中欧教育交流的发展 [M]. 济南:山东教育出版社,2010.

[49] 熊月之. 西学东渐与晚清社会 [M]. 上海:上海人民出版社,1994.

[50] 斯密司,等. 文化的传播 [M]. 周骏章,译. 上海:上海文艺出版社,1991.

[51] 费正清. 剑桥中国晚清史(1800—1911)(上卷)[M]. 北京:中国社会科学出版社,1985.

[52] 张宪文. 中国民国史纲 [M]. 郑州:河南人民出版社,1985.

[53] 卢茨. 中国教会大学史(1850—1950)[M]. 曾钜生,译. 杭州:浙江教育出版社,1987.

[54] 阿朗·佩雷菲特. 停滞的帝国:一次高傲的相遇,两百年世界霸权的

消长［M］．新北：野人文化股份有限公司，2015．

［55］张岱年，程宜山．中国文化精神［M］．香港：三联书店（香港）有限公司，2016．

［56］胡卫清．普遍主义的挑战——近代中国基督教教育研究（1877—1927）［M］．上海：上海人民出版社，2000．

［57］柯文．在中国发现历史——中国中心观在美国的兴起［M］．林同奇，译．北京：中华书局，2002．

［58］卫道治．中外教育交流史［M］．长沙：湖南教育出版社，1998．

［59］李立国．工业化时期英国教育变迁的历史研究：以教育与工业化的关系为视角［M］．桂林：广西师范大学出版社，2010．

［60］费正清．费正清对华回忆录［M］．陆惠勤，陈祖怀，陈维益，等译．上海：知识出版社，1991．

［61］郭嵩焘．郭嵩焘：伦敦与巴黎日记［M］．长沙：岳麓书社，1984．

［62］薛福成．出使英法义比四国日记［M］．长沙：岳麓书社，1985．

［63］曾纪泽．出使英法俄国日记［M］．长沙：岳麓书社，1985．

［64］蔡尔康，戴鸿慈，载泽．李鸿章历聘欧美记 出使九国日记 考察政治日记［M］．长沙：岳麓书社，1986．

［65］郑大华．采西学议——冯桂芬 马建忠集［M］．沈阳：辽宁人民出版社，1994．

［66］李提摩太．亲历晚清四十五年——李提摩太在华回忆录［M］．李宪堂，侯林莉，译．天津：天津人民出版社，2005．

［67］王念祖．我的九条命——王念祖回忆录［M］．北京：中国财政经济出版社，2002．

［68］钱歌川．苦瓜散人自传［M］．北京：中国华侨出版社，1994．

［69］老舍．老舍自传［M］．南京：江苏文艺出版社，1995．

［70］徐志摩．徐志摩未刊日记（外四种）［M］．北京：北京图书馆出版社，2003．

［71］高增德，丁东．世纪学人自述（第1、2、3、4、5、6卷）［M］．北京：北京十月文艺出版社，2000．

［72］杨宪益．漏船载酒忆当年［M］．薛鸿时，译．北京：北京十月文艺出版社，2001．

[73] 曾宝荪，曾纪芬．曾宝荪回忆录 附崇德老人自订年谱［M］．长沙：岳麓书社，1986．

[74] 柳无忌．柳无忌散文选——古稀话旧［M］．北京：中国友谊出版公司，1984．

[75] 钱昌照．钱昌照回忆录［M］．北京：东方出版社，2011．

[76] 金岳霖．金岳霖回忆录［M］．北京：北京大学出版社，2011．

[77] 舒新城．近代中国教育史料（1）［M］．上海：中华书局，1928．

[78] 中华民国国民政府外交部．解决中英庚款换文 欧美第6号 中、英文本［M］．中华民国国民政府外交部，1930．

[79] 国民政府教育部中国教育年鉴编审委员会．第一次中国教育年鉴［M］．上海：开明书店，1934．

[80] 国民政府教育部中国教育年鉴编纂委员会．第二次中国教育年鉴［M］．上海：商务印书馆，1948．

[81] 上海留英同学会．留英同学录 民国廿三年［M］．上海：留英同学会，1934．

[82] 国民政府行政管理院中英庚款董事会．管理中英庚款董事会第一届留英公费生考试试题 二十一年度［M］．国民政府行政管理院中英庚款董事会，1933．

[83] 中英庚款董事会．管理中英庚款董事会第三届留英公费生考试试题 民国二十四年度［M］．中英庚款董事会，1935．

[84] 中英庚款董事会．管理中英庚款董事会第四届留英公费生考试试题 民国二十五年度［M］．中英庚款董事会，1936．

[85] 管理中英庚款董事会．管理中英庚款董事会考选第五届留英公费生章程 民国二十六年度［M］．中英庚款董事会，1937．

[86] 王铁崖．中外旧约章汇编（1）［M］．北京：三联书店，1957．

[87] 舒新城．中国近代教育史资料（上）［M］．北京：人民教育出版社，1981．

[88] 朱有瓛．中国近代学制史料（第一辑，上，下）［M］．上海：华东师范大学出版社，1983．

[89] 朱有瓛．中国近代学制史料（第二辑 上册）［M］．上海：华东师范

大学出版社，1987.

[90] 朱有瓛. 中国近代学制史料（第四辑）[M]. 上海：华东师范大学出版社，1993.

[91] 汤志钧，陈祖恩. 中国近代教育史资料汇编：戊戌时期教育 [M]. 上海：上海教育出版社，1993.

[92] 郭卫东. 近代外国在华文化机构综录 [M]. 上海：上海人民出版社，1993.

[93] 杨志本. 中华民国海军史料 [M]. 北京：海洋出版社，1987.

[94] 潘懋元，刘海峰. 中国近代教育史资料汇编：高等教育 [M]. 上海：上海教育出版社，1993.

[95] 中国第二历史档案馆编. 中华民国史档案资料汇编（第五辑）[M]. 南京：江苏古籍出版社，1994.

[96] 李天纲. 万国公报文选 [M]. 上海：中西书局，2012.

[97] 周琇环. 中英庚款史料汇编 [M]. 台北："国史馆"，1992.

[98] 中华续行委办会调查特委会. 1901—1920 年中国基督教调查资料（上、下卷）[M]. 北京：中国社会科学出版社，2007.

[99] Fowler T. The History of Corpus Christi College：with Lists of Its Members [M]. Oxford：Clarendon Press，1893.

[100] Soothill W E. China and the West：A Sketch of Their Intercourse [M]. Oxford：Oxford University Press，1925.

[101] Soothill W E. China and England [M]，Oxford：Oxford University Press，1928.

[102] Soothill W E. Timothy Richard of China [M]. London：Seeley, Service & Co. Limited，1924.

[103] Russell B. Education and the Good Life [M]. New York：Boni & Liveright，1926.

[104] Latourette K S. A History of Christian Missions in China [M]. New York：The Macmillan Company，1929.

[105] Russell D, Blewitt T. The Modern Schools Handbook [M]. London：Victor Gollancz，1934.

[106] Garnier A J. A Maker of Modern China [M]. London: The Carey Press, 1945.

[107] Evans E W P. Timothy Richard: A Narrative of Christian Enterprise and Statesmanship in China [M]. London: The Carey Press, 1945.

[108] Schilpp P A. The Philosophy of Bertrand Russell [M]. New York: Tudor Publishing Company, 1951.

[109] Schwartz B. In Search of Wealth and Power: Yan Fu and West [M]. Cambridge: The Belknap Press of Harvard University Press, 1964.

[110] Nakosteen M. The History and Philosophy of Education [M]. New York: The Ronald Company, 1965.

[111] Bennett A A. John Fryer: The Introduction of Western Science and Technology into Nineteenth Century China [M]. Cambridge: Harvard University Press, 1967.

[112] Pritchard E H. Anglo-Chinese Relations During the Seventeenth and Eighteenth Centuries [M]. New York: Octagon Books, 1970.

[113] Barr P. To China with Love: The Lives and Times of Protestant Missionaries in China (1860—1900) [M]. London: Doubleday & Company, 1973.

[114] Lowe P. Britain in the Far East: A Survey from 1819 to the Present [M]. London: Longman, 1981.

[115] Cui D. The Cultural Contribution of British Protestant Missionaries and British—American Cooperation to China's National Development during the 1920s [M]. Lanham: University Press of America, 1998.

[116] Ling O K. The Changing Role of the British Protestant Missionaries in China (1945—1952) [M]. London: Associated University Press, 1999.

[117] Rempel R A, Haslam B. The Collected Papers of Bertrand Russell, Volume 15 [M]. New York: Routledge, 2000.

[118] Girardot N J. The Victorian Translation of China: James Legge's Oriental Pilgrimage [M]. Berkeley: University of California Press, 2002.

二、论文类

[1] 叶隽. 留英学人的文化史意义与英国思想的功用追问 [J]. 中国图书评论, 2007 (6).

[2] 邓亮, 韩琦. 《重学》版本流传及其影响 [J]. 文献, 2009 (3).

[3] 聂馥玲. 《重学》底本考 [J]. 自然科学史研究, 2010 (2).

[4] 张雷. 民国时期地理留学 [J]. 地理学报, 2013 (4).

[5] 龚敏, 宋晓丹. 英国传教士笔下的汉口教会学校教育 [J]. 武汉文史资料, 2012 (12).

[6] 刘雪河. 我国最早的科技期刊 [J]. 上海高校图书情报学刊, 1995 (2).

[7] 崔华杰. 晚清英国传教士赫真信与《孔子家语》译介 [J]. 齐鲁学刊, 2013 (2).

[8] 吴艳玲. 苏慧廉夫妇在华音乐活动及创作 [J]. 人民音乐, 2013 (11).

[9] 黄修义. 论近代外国传教士对彝族教育的影响 [J]. 民族教育研究, 1995 (1).

[10] 刘开军. 来华传教士与晚清史学批评 [J]. 人文杂志, 2013 (4).

[11] 张恩耀. 基督教对苗族文化教育的影响 [J]. 中央民族学院学报, 1989 (5).

[12] 何幼兰. 从近代石门坎民族教育得到的启示 [J]. 云南民族大学学报 (哲学社会科学版), 2007 (2).

[13] 马玉华. 国民政府对贵州石门坎苗民基督教文化的改造政策 [J]. 民国档案, 2008 (2).

[14] 崔薇圃. 近代中国女子学校教育论述 [J]. 妇女学苑, 1996 (1).

[15] 刘雅军. 李提摩太与《泰西新史揽要》的译介 [J]. 河北师范大学学报 (哲学社会科学版), 2004 (6).

[16] 邹振环. 麦都思及其早期中文史地著述 [J]. 复旦学报 (社会科学版), 2003 (5).

[17] 顾长声. 传教士与近代中西文化交流：兼评《剑桥中国晚清史》关于基督教在华活动的论述 [J]. 历史研究, 1989 (3).

[18] 刘汝举. 傅兰雅对中西文化交融的贡献 [J]. 兰台世界, 2014 (19).

［19］徐淑兰．傅兰雅与中西文化交流［J］．兰台世界，2013（4）．

［20］邹振环．《大英国志》与晚清国人对英国历史的认识［J］．复旦学报（社会科学版），2004（1）．

［21］高海，杜永清．《格致汇编》对晚清物理学的影响［J］．山西大同大学学报（自然科学版），2010（3）．

［22］孙宏云．布赖斯政治学著作在近代中国之译介［J］．政治思想史，2016（3）．

［23］章燕．20世纪上半叶华兹华斯在中国文化语境中的接受［J］．国外文学，2013（4）．

［24］吴宁．播道与兴学——晚清英国循道会女传教士在广州活动考述［J］．西北民族大学学报（哲学社会科学版），2012（4）．

［25］汪晓勤．德摩根：19世纪的数学名师、数学家和科学史家［J］．自然辩证法通讯，2001（1）．

［26］汪晓勤，陈慧．华里司：自学成才的数学家、欧洲大陆微积分的传播者［J］．自然辩证法通讯，2010（6）．

［27］俞晓霞．从布鲁姆斯伯里集团到新月派：民国自由知识分子群体的形态构建［J］．学术月刊，2014（11）．

［28］张德明．冲击与调适：义和团运动前后的英国浸礼会在山东传教事业［J］．山东师范大学学报（人文社会科学版），2011（2）．

［29］赵春娥，张建国．“管理中英庚款董事会湟川中学”的创建［J］．青海师范大学学报（哲学社会科学版），2014（1）．

［30］马宗英．庚子赔款与西北教育——英国庚子赔款与国民党西北政策的调整［J］．宁夏社会科学，2004（6）．

［31］程美宝．庚子赔款与香港大学的中文教育——二三十年代香港与中英关系的一个侧面［J］．中山大学学报（社会科学版），1998（6）．

［32］刘茜．庚子退款与近代中国图书馆事业［J］．大学图书情报学刊，2015（2）．

［33］郭炳通，冀爱莲．胡适与英国庚款兴学研究［J］．福建师范大学学报（哲学社会科学版），2014（4）．

［34］李湘敏．民国时期的福建教会学校［J］．教育评论，2000（1）．

［35］吴少静．民国时期福建教会学校的音乐教育［J］．长沙大学学报，

2010（6）.

[36] 刘中猛. 论李提摩太的教育思想［J］. 淮阴师范学院学报（哲学社会科学版），2007（4）.

[37] 刘振宇. 论民国时期高校导师制的施行［J］. 高教探索，2012（6）.

[38] 沈建青，李敏辞. 从《就职演讲》看理雅各的汉学思想［J］. 中国文化研究，2011（2）.

[39] 理雅各. 牛津大学设立汉语教席的就职演讲［J］. 沈建青，李敏辞，译. 国际汉语，2015（3）.

[40] 岳峰. 理雅各与牛津大学最早的汉语教学［J］. 世界汉语教学，2003（4）.

[41] 王国强. "侨居地汉学"与十九世纪末英国汉学之发展——以《中国评论》为中心的讨论［J］. 清史研究，2007（4）.

[42] 周雷鸣. 李四光与民国时期中外地质学交流［J］. 阅江学刊，2009（1）.

[43] 史降云，申国昌. 李提摩太与山西大学堂［J］. 山西师大学报（社会科学版），2006（4）.

[44] 肖朗，傅政. 伦敦会与在华英国教会中等教育——以"英华书院"为中心的考察［J］. 浙江大学学报（人文社会科学版），2010（6）.

[45] 肖朗，傅政. 伦敦会与中国近代知识分子——中西文化教育交流的视角［J］. 河北师范大学学报（教育科学版），2013（3）.

[46] 向中银. 论晚清时期外籍雇员的构成［J］. 社会科学辑刊，2009（1）.

[47] 吴霞. 论英国伦敦会传教士艾约瑟与中国女子教育［J］. 哈尔滨学院学报，2010（7）.

[48] 郭卫东. 论中国近代特殊教育的发端［J］. 教育学报，2007（3）.

[49] 张志建. 严复在近代教育史上的贡献［J］. 北京师范大学学报（人文社会科学版），1980（2）.

[50] 周德昌. 严复教育思想述评［J］. 现代教育论丛，1983（1）.

[51] 雷克啸. 批判旧教育 提倡新教育——严复教育思想研究［J］. 东北师大学报（教育版），1986（4）.

[52] 许维勤. 严复的教育救国思想简论［J］. 教育评论，1989（5）.

[53] 毛剑峰.严复的教育近代化思想初论[J].中山大学研究生学刊（社会科学版），1994（1）.

[54] 黄新宪.严复与中国教育的近代化[J].教育科学，1994（1）.

[55] 张永新.简论严复"鼓民力、开民智、新民德"的教育观[J].教育评论，1997（1）.

[56] 马征里.论严复教育思想的特色[J].江苏高教，1998（6）.

[57] 张立芳.严复的现代化教育思想[J].中国成人教育，1998（7）.

[58] 高中理.严复：会通中西与教育维新[J].北京大学学报（哲学社会科学版），1998（2）.

[59] 肖朗.异源同流　殊途同归——严复与王国维导入西方教育思想的比较研究[J].华东师范大学学报（教育科学版），2001（4）.

[60] 周建超.论严复与近代中国教育的现代化[J].历史档案，2003（1）.

[61] 辛红光.力主西学·阔视远想·披沙见金——严复眼中的教育文化功能浅析[J].首都师范大学学报（社会科学版），2011（5）.

[62] 陆小兵，王飞.传统与现代博弈场域中孕育的中国近代教育哲学——以严复教育哲学思想为考察中心[J].西南民族大学学报（人文社会科学版），2013（5）.

[63] 林启彦.严复与何启——两位留英学生近代化思想模式的探讨[J].近代史研究，2004（3）.

[64] 王越.爱国救国：晚清留学生道路之选择——以容闳和严复为例[J].文教资料，2016（15）.

[65] 陈政三.布洛克台湾中部内山行[J].历史月刊，2006（223）.

[66] 程美宝.陈寅恪与牛津大学[J].历史研究，2000（3）.

[67] 孙平华.张彭春——享誉全世界的人权活动家[J].人权，2011（6）.

[68] 姜春林，杜维滨，李江波.经济学研究热点领域知识图谱：共词分析视角[J].情报杂志，2008（9）.

[69] 刘则渊，尹丽春.国际科学学主题共词网络的可视化研究[J].情报学报，2006（5）.

[70] 陈悦，刘则渊.悄然兴起的科学知识图谱[J].科学学研究，2005

（2）．

[71] 潘黎，王素．近十年来教育研究的热点领域和前沿主题——基于八种教育学期刊 2000—2009 年刊载文献关键词共现知识图谱的计量分析 [J]．教育研究，2011（2）．

[72] 史静寰．马礼逊与英华书院 [J]．文史知识，1988（12）．

[73] 仇华飞．马礼逊教育会与马礼逊学校的创办 [J]．华东师范大学学报（哲学社会科学版），1995（2）．

[74] 王扬宗．《格致汇编》与西方近代科技知识在清末的传播 [J]．中国科技史料，1996（1）．

[75] 朱秀平，马明霞．简论教会书院的产生及其影响 [J]．晋图学刊，2004（3）．

[76] 丁伟．布朗与马礼逊教育会学校的英语教学 [J]．广西社会科学，2004（5）．

[77] 商颖．论马礼逊学校西式教育模式及其对中国近代教育的影响 [J]．浙江社会科学，2007（3）．

[78] 李敏，王金凤．傅兰雅在华英语教学研究——以上海英华书馆为个案研究 [J]．中国西部科技，2006（23）．

[79] 宫宏宇．基督教传教士与西国乐法东渐——从傅兰雅的教学实践看"主音嗖乏"教学法在晚清的传播 [J]．南京艺术学院学报（音乐与表演版），2012（3）．

[80] 于潇．在历史与现实之间——格致书院办学特色及其启示 [J]．河北师范大学学报（教育科学版），2009，11（1）．

[81] 汪晓勤．艾约瑟：致力于中西科技交流的传教士和学者 [J]．自然辩证法通讯，2001（5）．

[82] 王李金，段彪瑞．李提摩太的教育主张及参与创建山西大学堂的实践 [J]．高等教育研究，2011，32（3）．

[83] 段彪瑞，王李金．关于李提摩太"庚款"办学问题的思考 [J]．山西大学学报（哲学社会科学版），2012，35（5）．

[84] 柯惠娟．英国传教士李提摩太对中西文化交流的影响 [J]．兰台世界，2015（13）．

[85] 谷雪梅．基督教传教士与近代浙江女子教育 [J]．宁波大学学报（教

育科学版），2008（5）.

[86] 蔡香玉. 清末民国潮汕新旧教会的妇女事业［J］. 汕头大学学报（人文社会科学版），2012（5）.

[87] 刘晓琴. 同文馆与晚清留英教育［J］. 史学月刊，2004（8）.

[88] 张莉. 山西大学堂西学专斋两批留英生考［J］. 山西档案，2014（4）.

[89] 熊亦周. 略论英国对近代中国高等教育影响之限度——以留学教育为切入点［J］. 湖北师范学院学报（哲学社会科学版），2016（4）.

[90] 杨波. 郭嵩焘与牛津大学［J］. 中州大学学报，2014（2）.

[91] 黄树生. 批判科举倡导新学——论薛福成的近代教育思想［J］. 湖南师范大学教育科学学报，2005（5）.

[92] 田正平. 论民国时期的中外人士教育考察——以1912年至1937年为中心［J］. 社会科学战线，2004（3）.

[93] 青士. 国联教育考察团报告书中之中国大学教育［J］. 教育与职业，1933（4）.

[94] 青士. 国联教育考察团报告书中一个值得注意的观察［J］. 教育与职业，1933（4）.

[95] 刘艳. 1931年国联教育考察团对华教育考察概述［J］. 历史教学（下半月刊），2010（6）.

[96] 覃丽君，王建梁. 国联教育考察团报告之职业教育的主张、建议及影响述评［J］. 河北师范大学学报（教育科学版），2012，14（9）.

[97] 张建中，张传燧. 国联教育考察团的来华与民国中后期高等教育的演进［J］. 现代大学教育，2013（2）.

[98] 孙邦华. 中国教育现代化运动中的中国化与美国化、欧洲化之争——1932年国联教育考察团报告书《中国教育之改进》的文化价值观及其反响［J］. 教育研究，2013（7）.

[99] 周谷平，朱有刚.《教育杂志》与近代西方教育的传播［J］. 教育评论，2002（3）.

[100] 张晓玮.《教育杂志》与近代外国高等教育理念在中国的传播［J］. 社会科学辑刊，2014（1）.

[101] 肖朗. 科教兴国的强音：斯宾塞教育思想在近代中国［J］. 华东师

范大学学报（教育科学版），2008（2）.

[102] 朱季康，胡金平.民国海外学前教育思想引进的模式、路径与内容[J].安徽师范大学学报（人文社会科学版），2017（3）.

[103] 柯遵科，李斌.斯宾塞《教育论》在中国的传播与影响[J].中国科技史杂志，2014（2）.

[104] 王宪明，宛钧.近代中、日两国引介斯宾塞学说的差异及原因[J].河北学刊，2017（3）.

[105] 吴义雄.国史、国际关系史与全球史：晚清时期中外关系史研究的三个视角[J].史学月刊，2017（7）.

[106] 元青，潘崇.中国文化走出去的一段经历——以20世纪上半期中国留英学生为中心的考察[J].社会科学战线，2013（4）.

[107] 吴霞.英国伦敦会传教士艾约瑟研究[D].福州：福建师范大学，2005.

[108] 端木敏静.融通中西，守望记忆——英国传教士、汉学家苏慧廉研究[D].杭州：浙江大学，2015.

[109] 张夷弛.马礼逊对华语言及文化传播策略研究[D].重庆：重庆师范大学，2012.

[110] 尹翼婷.近代中国妇女宣教运动研究：以东方女子教育促进会和英国圣公会女部为中心[D].济南：山东大学，2013.

[111] 王红霞.傅兰雅的西书中译事业[D].上海：复旦大学，2006.

[112] 赵中亚.《格致汇编》与中国近代科学的启蒙[D].上海：复旦大学，2009.

[113] 陈丽.英国外交官布勒克《汉语书面语渐进练习》研究[D].上海：上海师范大学，2011.

[114] 李思颖.1894年之前晚清驻外公使教育考察思想评述——以郭嵩焘、曾纪泽、薛福成为例[D].石家庄：河北师范大学，2010.

[115] 东人达.滇黔川边基督教传播研究（1840—1949）[D].北京：中央民族大学，2003.

[116] 张艳芳.丁文江在中国地质学中的贡献和评价[D].武汉：中国地质大学，2013.

[117] 岳峰.架设东西方的桥梁——英国汉学家理雅各研究[D].福州：

福建师范大学，2003.

[118] 杜晓华. 教会在石门坎的办学经验及现代启示——以课程设置及语文教材教法为中心［D］. 贵阳：贵州师范大学，2014.

[119] 田晶洁. 近代山西留学生研究［D］. 天津：天津师范大学，2012.

[120] 高明. 近代湖南教会学校研究［D］. 长沙：湖南师范大学，2003.

[121] 邹丹丹. 近代中国东北基督教教会学校研究［D］. 长春：东北师范大学，2006.

[122] 胡发群. 近代杭州教会学校研究［D］. 杭州：浙江大学，2008.

[123] 唐伯友. 近代重庆教会学校教育之初步研究（1886—1952）［D］. 重庆：西南大学，2009.

[124] 赵倩. 近代陕西教会学校研究（1891—1952）［D］. 西安：陕西师范大学，2016.

[125] 于诗琦. 抗战时期大后方出国留学生群体研究——以国民政府教育部派遣为中心［D］. 重庆：西南大学，2013.

[126] 孟凡明. 中英庚款用途争议研究（1923—1931）［D］. 武汉：华中师范大学，2009.

[127] 康兆庆. 抗战时期管理中英庚款董事会科研资助研究［D］. 济南：山东大学，2016.

[128] 王晓红. 跨文化视角下的晚清留英学生研究［D］. 北京：北京外国语大学，2014.

[129] 林炜. 福建教会学校的历史演变及其对现代教育影响研究［D］. 福州：福建师范大学，2014.

[130] 林宁. 理雅各与王韬的对比研究［D］. 上海：华东师范大学，2008.

[131] 杜志明. 罗丰禄研究［D］. 福州：福建师范大学，2012.

[132] 陈瑞. 严复对中国近代教育思想的贡献［D］. 合肥：安徽大学，2002.

[133] 廖芹. 严复教育思想研究［D］. 重庆：西南师范大学，2004.

[134] 乐璐璐. 马礼逊学校与中西文化交流［D］. 南昌：江西师范大学，2016.

[135] 赵萍萍. 近代浙江教会女校研究［D］. 宁波：宁波大学，2011.

[136] 李蔚. 云南少数民族女子教会教育的历史研究（1881—1949）［D］.

成都：四川师范大学，2012．

[137] 王默．近代直隶教会女子教育研究 [D]．石家庄：河北师范大学，2014．

[138] 黄树生．薛福成研究 [D]．苏州：苏州大学，2005．

[139] 蔡旭．薛福成教育思想研究 [D]．北京：北京师范大学，2010．

[140] 崔菲菲．20世纪20年代西方教育理论在中国的传播——以《教育杂志》《中华教育界》《新教育》为研究对象 [D]．太原：山西师范大学，2009．

[141] Bullock T L. Reviewed Work(s)：Ancient China Simplified by E. H. Parker [J]．The English Historical Review，1909，24（93）．

[142] Bullock T L. Reviewed Work(s)：The International Relations of the Chinese Empire；The Period of Conflict，1834—1860 by H. B. Morse [J]．The English Historical Review，1911，26（103）．

[143] Bullock T L. Reviewed Work(s)：The Economic Principles of Confucius and His School by Chen Huanchang [J]．The English Historical Review，1912，27（107）．

[144] Wugh W. Strong. Modern Oxford and Nonconformity [J]．London Quarterly，1899（2）．

[145] Lauren F P. Some New Dimensions in the Study of the Works of James Legge（1815—1897）：Part I [J]．Sino-Western Cultural Relations Journal，1990（xii）．

[146] Christopher Lawrence. The Shaping of Things to Come：Scottish Medical Education 1700—1939 [J]．Medical Education，2006（40）．

[147] Timothy Richard. The New Education in China [J]．The Contemporary Review，1903（53）．

[148] E. W. Burt. Timothy Richard：His Contribution to Modern China [J]．International Review of Missions，1945（34）．

[149] Lawrie B R. Educational Missionaries in China：A Case Study of the Educational Enterprise of the Canadian Methodist Mission in Szechwan，West China（1891—1925）[D]．Toronto：University of Toronto，1979．

[150] Johnson E V. Educational Reform in China（1880—1910）：Timothy

Richard and His Vision for Higher Education [D]. Gainesville: University of Florida, 2001.

[151] Fischer B L. "Opium Pushing and Bible Smuggling": Religion and the Cultural Politics of British Imperialist Ambition in China [D]. South Bend: University of Notre Dame, 2008.

[152] Eastberg J R B. West Meets East: British Perceptions of China Through the Life and Works of Sir George Thomas Staunton (1781—1859) [D]. Milwaukee: Marquette University, 2009.

[153] Bright R M. China as I See It: The Resident Writing of British Women in China (1890—1940) [D]. Philadelphia: Temple University, 2008.

后 记

本书是在笔者的博士论文基础上修改而成的,同时本书也是对我 5 年博士学习生涯的一个阶段性总结。

这一阶段的学习生活,就此告一段落。提笔写此后记之时,心中满是不舍,满是留恋,甚至是惆怅。可能是这一阶段的学习生活真的让人难忘,难以忘怀恩师的帮助和细心指导,难以忘怀日日夜夜的灯光加汗水,难以忘怀身边给予我帮助的所有人,难以忘怀生活给予我的馈赠与磨炼……

曾有人感慨,每位博士从博士入学考核到论文顺利完成,都经历着学术上的困惑、精神上的洗礼、体力上的考验,只不过是困难呈现的方式不同。诚然如此。为了完成这篇论文,我在老师的带领下,辗转于中国第一历史档案馆、国家图书馆、辽宁省档案馆、中国医科大学盛京医院档案管理中心、浙江大学、复旦大学、北京大学、华东师范大学、上海徐家汇藏书楼、上海图书馆、香港沙田的商务印书馆、海港城的诚品书店等处,拜访名师,搜寻资料。面对着如海般的资料,我有过畏难;面对在职学习的同时,家庭与工作带来的压力,我有过焦虑;面对每次外出时,孩子红红的眼圈,我也犹豫过……但好在"日拱一卒无有尽,功不唐捐终入海"。这与老师和家人的支持鼓励是分不开的,他们的一个眼神、一句问候、一杯牛奶、一把雨伞,都能让我重新抖擞,再次振作。这一阶段的学习,让我对"人是社会的人"这句话体会更深。所有的困难、疑惑终究还是过去了,我信奉罗曼·罗兰的话:"世界上只有一种真正的英雄主义,那就是看清生活的真相之后,依然热爱生活。"所以,我不愿过多地去讲那些细节,我心中唯有满满的感恩。

首先,我要感谢我的导师——杨晓教授。初识杨老师是在 2012 年 5 月的一个上午,在外语学院宁平教授的办公室,宁平老师将我推荐给教育学院德高望重的杨晓教授。杨晓老师并未因我非教育学专业出身而拒绝,对我很热情,并且叮嘱我在工作之余,需要跟随老师学习以及坚持自学相关课程。后来,在 2014 年 6 月,我如愿以偿地成为杨晓老师教育史专业中外教育交流史方向的博士生。杨晓老师又独具慧眼,因材施教,结合我的学习经历,将"近代中英教育交流史研究"定为我学位论文的主攻方向。

杨老师的指点、督促、鼓励与言传身教,激励着我排除最初的畏难情绪。博士生学习的第一年,杨老师便督促我参加教育史年会,让我认识并了解中国教育史的专家及同仁们研究的最新进展与关注的领域,让我从交流中开阔视野,汲取不同的养分。

在论证选题的可行性时,杨老师带着我前往上海,引荐我认识华东师范大学教育学院杜成宪教授和黄书光教授,并聆听二位老师的指导。

在开题后的写作中,杨老师极力促成我求教北京大学历史系著名教授王晓秋先生的机会。首稿初成之后,杨老师又为我斧正数次,字里行间,深深浸透着对学问的认真,对研究的不苟,为我树立了榜样和标杆。

总之,论文写作过程中从选题、大纲拟定、开题、撰写直至修订成稿,都凝聚了杨老师的心血,包括成书过程中,杨老师仍在鼓励和督促我。这一阶段的学习、生活过程中遇到困难时,杨老师的细心,耐心,指导之用心,关怀之善心,好似极北的雪光和月光化作的亮光,驱散我脚下的黑暗,伴我走过漫漫极夜。

在这里,也要感谢华东师范大学教育学院杜成宪教授和黄书光教授。二位老师真知灼见,厚德博学,给了我极具方向性的指导与可操作性的建议。杜成宪教授指出,借助《基督教新教传教士在华名录》一书,搜寻英国传教士在华所开展的文教活动及所作出的相应贡献,并给予辩证评价。黄书光教授在肯定选题的可行性的同时,提及研究时需注意全面性和典型代表性的有机结合。

感谢在辽宁师范大学教育学院求学期间,教育我、帮助我的教授。睿智博学的傅维利先生、朱宁波教授、蔡敏教授、李德显教授、张桂春教授、陈大超教授和闫守轩教授，授课时各显其学术特长，让我领略学者的风范与追求。他们在我的博士生论文汇报、开题和预答辩中均给予我启发和指导。

感谢我在国家图书馆、中国第一历史档案馆、上海图书馆、上海徐家汇藏书楼、辽宁省档案馆、中国医科大学盛京医院档案管理中心、北京大学图书馆、南京大学图书馆、浙江大学图书馆、华东师范大学图书馆、复旦大学图书馆等搜寻资料过程中帮助过我的硕士生王艳成、于子洋、刘丽丽、李俊秀。感谢辽宁师范大学图书馆文献传递中心的李睿及同事的鼎力相助。感谢香港特别行政区大学图书馆长联席会（JULAC）为我提供的英文文献传递服务。感谢英国 Adam Matthew Publications 出版公司的中国代理商的帮助，感谢剑桥大学中国留学生博士张丹阳、美国弗吉尼亚大学访学的曲大鹏博士、美国阿尔弗莱德大学访学的王云老师惠寄资料。感谢谭皓博士、吴涛博士在本人写作过程中提出的宝贵修改建议。

感谢我的家人。从备考博士到论文写作，父母和公婆无条件的支持，让我得以全身心投入学习。此情此恩，自当尽心相伴、恪尽孝道。感谢我的先生曲华锋，陪伴鼓励我坚守梦想，共同成长。感谢妹妹王帅，身为品牌建设部总监，才情兼备，为我的论文润色添彩，留下她专业的烙印。感谢小女曲谦，随着年龄的增长，能理解妈妈博士写作的艰辛，变得自立自强。感谢小儿曲汗尘，陪伴我完成博士论文的写作。

感谢前人所有相关研究对我的启发与帮助，除引文注明了出处与作者之外，间接吸收的思想内容与观点均列入了参考文献之中。

纵观我五年的学习生活，真的收获颇丰，不仅是在学术上学有所成，更重要的是我收获了人间真情，我的老师、我的家人以及帮助过我的所有人，他们的理解、鼓励、支持、包容，让我能够在"山重水复疑无路"时，"柳暗花明又一村"，是他们让我在做学问的过程中不至于枯燥乏味，困惑迷茫。五年的学习经历，虽已讫了，但一切又是新的开始，正如这夜晚，一觉醒来又是一个清新明净的开始。人生亦是如此，我期待着新的体验。唯学无际，际于天地。

我将牢记恩师的教诲，带着亲友的祝福，继续秉承自己的理想信念，不断地学习，不断去探索，来回报生活给予我的馈赠——苦与乐以及所有对我充满善意、充满期冀的人。

愿爱我的、我爱的，一切安好！

前辈仰止，后生可畏，如若书中有不当之处，请诸位同人海涵，多多指教！

王 静

2021 年 12 月于辽宁师范大学